Silke Remiorz
Gender Mainstreaming in der Kommunalpolitik

Gender and Diversity

Herausgegeben von
Prof. Dr. Marianne Kosmann, Prof. Dr. Katja Nowacki
und Prof. Dr. Ahmet Toprak, alle Fachhochschule Dortmund

Band 12

Silke Remiorz

Gender Mainstreaming in der Kommunalpolitik

Eine empirische Analyse im Kontext von Migration und Integration

Centaurus Verlag & Media UG

Zur Autorin:
Silke Remiorz, Jg. 1985, Sozialarbeiterin & Sozialpädagogin (B.A.) und Sozialwissenschaftlerin (M.A.), zur Zeit wissenschaftliche Mitarbeiterin im Forschungsprojekt "Vaterschaft zwischen Jugendhilfeerfahrung und väterlicher Kompetenz" an der Fachhochschule Dortmund. Ihre Forschungsschwerpunkte liegen im Bereich der Genderforschung und der Kinder- und Jugendhilfe. Berufserfahrung u. a. in der Arbeit mit Kindern und Jugendlichen bei einem freien Träger der Jugendhilfe.

Bibliografische Informationen der Deutschen Nationalbibliothek
Die Deutsche Nationalbibliothek verzeichnet diese Publikation in der Deutschen Nationalbibliografie; detaillierte bibliografische Daten sind im Internet über http://dnb.d-nb.de abrufbar.

ISBN 978-3-86226-253-3   ISBN 978-3-86226-959-4 (eBook)
DOI 10.1007/978-3-86226-959-4

ISSN 2192-2713

Gedruckt auf säurefreiem und chlorfrei gebleichtem Papier.

Alle Rechte, insbesondere das Recht der Vervielfältigung und Verbreitung sowie der Übersetzung, vorbehalten. Kein Teil des Werkes darf in irgendeiner Form (durch Fotokopie, Mikrofilm oder ein anderes Verfahren) ohne schriftliche Genehmigung des Verlages reproduziert oder unter Verwendung elektronischer Systeme verarbeitet, vervielfältigt oder verbreitet werden.

© Centaurus Verlag & Media UG (haftungsbeschränkt), Herbolzheim 2014
www.centaurus-verlag.de

Umschlaggestaltung: Jasmin Morgenthaler, Visuelle Kommunikation
Umschlagabbildung: webphotographeer, Presentation, www.istockphoto.com
Satz: Vorlage der Autorin

„In der Wissenschaft gleichen wir alle nur den Kindern, die am Rande des Wissens hier und da einen Kiesel aufheben, während sich der weite Ozean des Unbekannten vor unseren Augen erstreckt."

Isaac Newton (1643-1727)

Vorwort

„Gender – watt is datt denn?"

Geschlechterforscher_innen, die sich gleichstellungspolitisch engagieren, befinden sich in einem Dilemma: Auf der einen Seite sprechen sie theoretisch begründet vom ‚doing gender' und der sozialen Konstruktion von Geschlecht; auf der anderen Seite fordern sie praktisch angewendet die Differenzierung der Geschlechter, wenn sie die Quote fordern und die Vereinbarkeit von Familie und Beruf zu einem Frauenthema erklären.

So scheint es, also ob feministische Wissenschaft und feministische Politik selbst ein Vereinbarkeitsproblem haben – denn wenn dekonstruktivistisches Räsonieren auf differenztheoretischen Aktionismus trifft, kann durchaus ein spannungsreiches Verhältnis entstehen. Die Soziologin Gudrun-Axeli Knapp plädiert vor diesem Hintergrund für eine theoretisch reflektierte Gleichstellungspolitik, die neue Ansätze der Geschlechterforschung aufgreift und in die Praxis hineinbuchstabiert. Sie hält die Entgegensetzung von Theorie und Praxis für falsch, da dies mit der Unterstellung einhergehe, Theorie sei unpraktisch. Doch wie kann eine theoretisch anschlussfähige, gleichstellungspolitische Intervention aussehen?

Meines Erachtens ist die vorliegende Studie von Silke Remiorz beispielhaft für eine feministische Praxis, die Wissenschaft und Politik miteinander in Verbindung bringt. Unter der Überschrift „Wissenschaft und Politik gehen Hand in Hand. Gender Mainstreaming im Spannungsfeld zwischen Wissenschaft und Praxis" begann im Wintersemester 2012/13 eine Kooperation der Ruhr-Universität Bochum mit der Stadt Bochum. Ziel war es, die Arbeit des Frauenbeirates der Stadt Bochum zu evaluieren, um Aufschluss über die Implementierung von gleichstellungspolitischen Maßnahmen auf den unterschiedlichen Ebenen der kommunalen Politik und Verwaltung zu erhalten. Studierende der Sozialwissenschaft und Gender Studies wagten sich in diesem zweisemestrigen Forschungsmodul in die Stadt und interviewten Ausschussvorsitzende, Personalverantwortliche und Ratsmitglieder. Im Gepäck hatten sie die oftmals unbequeme Frage nach der Geschlechterperspektive, die in der Regel noch immer als „Frauenfrage" gesehen wurde. Entgegen der Definition als Querschnittsaufgabe erschien Gender Mainstreaming eher als das berühmte *Gedöns*, für welches schon Gerhard Schröder nur ein Achselzucken übrig hatte. „Gender – watt is datt denn?" ist wohl der bezeichnenste Satz, der in einem der Interviews gefallen ist. Demzufolge sind die Ergebnisse der empirischen Studien zum kommunalpolitischen Genderwissens eher ernüchternd. Sieht man das Projekt jedoch nicht als eine Evaluation der Wirksamkeit von Gender Mainstreaming, sondern als eine Form der politischen Intervention, so ist es als ein voller Erfolg zu verbuchen – denn seit in Bochums Amtsstuben Studierende der Fakultät für Sozialwissenschaft unangenehme Fragen über das G-Wort stellten (welches so mancher Ausschussvorsitzender erst googeln musste), wird wieder über die „Frauenfrage" debattiert.

In dieses differenztheoretisch aufgeladene Feld wagte sich Silke Remiorz mit einer Fragestellung, die im Sinne Gudrun-Axeli Knapps durchaus eine pragmatische Lesart von Dekonstruktion mit sich führte: Sie untersuchte die Arbeit des Ausschusses für Migration und Integration aus einer intersektionalen Perspektive. Damit gelang ihr zweierlei: Zum einen eine hervorragende empirische Studie über das Verhältnis von Mehrfachdiskriminierung und Gender Mainstreaming in der Ausschussarbeit der Stadt Bochum; zum anderen ein Theorie-Praxis-Transfer, der durch die Frage nach der Vermittlung von komplexen sozialen Ungleichheiten neue Erkenntnisse der Geschlechterforschung in den kommunalpolitischen Alltag trug. Und dies scheint mir genau die theoretisch reflektierte Gleichstellungspolitik zu sein, die wir so dringend benötigen und die zu selten Anwendung findet.

Bochum, im März 2014   Prof. Dr. Katja Sabisch

Inhaltsverzeichnis

„Gender – watt is datt denn?" 7
Inhaltsverzeichnis 9
Tabellen- und Abbildungsverzeichnis 11
Abstract 13
Einleitung 15

1. Theorie 19
1.1 Gender Mainstreaming im kommunalpolitischen Handlungsfeld des Ausschusses für Migration und Integration der Stadt Bochum 19
   1.1.1 Gender Mainstreaming 21
      1.1.1.1 Entwicklung des Gender Mainstreaming 22
      1.1.1.2 Gesetzliche Verortung des Gender Mainstreaming 25
   1.1.2 Intersektionalität 27
1.2 Darstellung des Handlungsfeldes des Ausschusses für Migration und Integration der Stadt Bochum 31
   1.2.1 Menschen mit Migrationshintergrund in Deutschland 32
   1.2.2 Menschen mit Migrationshintergrund in der Stadt Bochum 35
      1.2.2.1 Anteil der Menschen mit Migrationshintergrund in der Stadt Bochum gemäß der Ergebnisse des Zensus 2011 37
1.3. Zusammenfassung der Theorie und Ableitung der Fragestellung 38

2. Methode 41
2.1 Untersuchung I 41
   2.1.1 Stichprobe 42
   2.1.2 Instrument 42
      2.1.2.1 Angaben zur Person 43
      2.1.2.2 Angaben zur persönlichen Arbeit im Ausschuss für Migration und Integration 43
      2.1.2.3 Angaben zur inhaltlichen Arbeit des Ausschusses für Migration und Integration 43
      2.1.2.4 Angaben zur persönlichen Einstellung zur Migration und Integration 44
      2.1.2.5 Angaben zur Kooperation mit anderen Institutionen, Vereinen, Zentren etc. 44
      2.1.2.6 Allgemeine Angaben zu gleichstellungspolitischen Themen im Ausschuss für Migration und Integration 44
      2.1.2.7 Angaben zur persönlichen Einschätzung gleichstellungspolitischer Themen im Ausschuss für Migration und Integration 44
   2.1.3 Durchführung der Datenerhebung 45
   2.1.4 Ergebnisse 46
      2.1.4.1 Ergebnisse der Angaben zur Person 46
      2.1.4.2 Ergebnisse der Angaben zur persönlichen Arbeit im Ausschuss für Migration und Integration 48
      2.1.4.3 Ergebnisse der Angaben zur inhaltlichen Arbeit des Ausschusses für Migration und Integration 49

2.1.4.4 Ergebnisse der allgemeinen Angaben zu gleichstellungspolitischen Themen
    im Ausschuss für Migration und Integration   55
2.1.5 Zusammenfassung der Ergebnisse   *66*
2.2 Untersuchung II   *67*
2.2.1 Stichprobe   *68*
2.2.2 Instrument   *69*
    2.2.2.1 Angaben zur Person   69
    2.2.2.2 Angaben zu den Hauptaufgaben des Ausschusses für Migration und
    Integration   69
    2.2.2.3 Angaben zu den Hauptgruppen der inhaltlichen Arbeit des Ausschusses für
    Migration und Integration   70
    2.2.2.4 Angaben zum besonderen Handlungsbedarf im Bereich der Migration und
    Integration in gesellschaftlichen, sozialen und politischen Bereichen
    innerhalb der Stadt Bochum   70
    2.2.2.5 Angaben zu geschlechts- und gleichstellungspolitischen Aufgaben im
    Ausschuss für Migration und Integration   70
    2.2.2.6 Angaben zu Kooperationen des Ausschusses für Migration und Integration
    mit gleichstellungspolitischen Institutionen der Stadt Bochum   71
    2.2.2.7 Angaben zum inhaltlichen Umgang mit Gender Mainstreaming   71
    2.2.2.8 Angaben zu möglichen Handlungen unter gleichstellungspolitischer
    Perspektive innerhalb des Ausschusses für Migration und Integration   71
2.2.3 Durchführung der Datenerhebung   *72*
2.2.4 Ergebnisse   *72*
    2.2.4.1 Ergebnisse zu den Hauptaufgaben des Ausschusses für Migration und
    Integration der Stadt Bochum   73
    2.2.4.1.1 Ergebnisse zu den Hauptgruppen der inhaltlichen Arbeit des Ausschusses
    für Migration und Integration   77
    2.2.4.1.2 Ergebnisse zu gesellschaftlichen, sozialen und politischen Bereichen mit
    besonderem Handlungsbedarf für Menschen mit Migrationshintergrund
    in der Stadt Bochum   80
    2.2.4.2 Ergebnisse zu geschlechtspolitischen Themen im Ausschuss für Migration
    und Integration der Stadt Bochum   82
    2.2.4.2.1 Ergebnisse zur Kooperation des Ausschusses für Migration und
    Integration mit gleichstellungspolitischen Institutionen der Stadt Bochum   85
    2.2.4.2.2 Ergebnisse zum Verständnis von „Gender Mainstreaming"   87
    2.2.4.2.3 Ergebnisse zu individuellen Wünschen und Anregungen für die weitere
    allgemeine inhaltliche Arbeit des Ausschusses für Migration und
    Integration   89
2.2.5 Zusammenfassung der Ergebnisse   *92*

3. Diskussion   **95**

**4. Handlungsempfehlungen für den Ausschuss für Migration und Integration und
den Frauenbeirat der Stadt Bochum**   **107**

Literaturverzeichnis   **111**

Anhang   **121**

Tabellen- und Abbildungsverzeichnis

Tabelle 1:	Nennungen der Herkunftsländer der Menschen mit Migrationshintergrund, die in den Stadtteilen leben, in denen die Mitglieder des Ausschusses für Migration und Integration der Stadt Bochum wohnen.	S. 48
Tabelle 2:	Angaben zur persönlichen Motivation für die Mitarbeit im Ausschuss für Migration und Integration der Stadt Bochum.	S. 49
Tabelle 3:	Angaben zu den Hauptaufgaben des Ausschusses für Migration und Integration der Stadt Bochum.	S. 50
Tabelle 4:	Angaben zur Wichtigkeit der genannten Hauptaufgaben des Ausschusses für Migration und Integration der Stadt Bochum.	S. 51
Tabelle 5:	Angaben zu Stadtteilen mit hohem Migrantenanteil.	S. 52
Tabelle 6:	Angaben zu inhaltlich stadtteilbezogenen Aufgaben.	S. 53
Tabelle 7:	Angaben zu den Gruppen, welche die inhaltliche Arbeit des Ausschusses hauptsächlich umfasst.	S. 54
Tabelle 8:	Angaben zu den Gründen für einen besonderen Handlungsbedarfs bei bestimmten Migrant_innengruppen.	S. 55
Tabelle 9:	Angaben zur besonderen Förderung und/oder Integration von Mädchen und/oder Frauen innerhalb der Arbeit des Ausschusses für Migration und Integration.	S. 58
Tabelle 10:	Angaben zur besonderen Förderung und/oder Integration von Jungen und/oder Männern innerhalb der Arbeit des Ausschusses für Migration und Integration.	S. 59
Tabelle 11:	Nennungen der Gruppen die einer mehrfachen Förderung /Maßnahmen bedürfen und die in der thematischen Arbeit des Ausschusses für Migration und Integration bedacht werden.	S. 60

Tabelle 12:	Angaben der Themen, welche eine mehrfache Förderung/ Maßnahmen der zuvor genannten Gruppen durch die Arbeit des Ausschusses für Migration und Integration der Stadt Bochum, umfassen.	S. 61
Tabelle 13:	Angaben der Handlungsansätze, welche eine mehrfache Förderung/Maßnahmen der zuvor genannten Gruppen durch die Arbeit des Ausschusses für Migration und Integration der Stadt Bochum, umfassen könnten.	S. 62
Tabelle 14:	Angaben zum persönlichen Verständnis der Gleichstellung von Frauen und Männern der Mitglieder des Ausschusses für Migration und Integration der Stadt Bochum.	S. 62
Tabelle 15:	Angaben zum Kenntnisstand gleichstellungspolitischer Themen der Mitglieder des Ausschusses für Migration und Integration der Stadt Bochum.	S. 63
Tabelle 16:	Angaben zur Verbesserung des Kenntnisstandes gleichstellungspolitischer Themen der Mitglieder des Ausschusses für Migration und Integration der Stadt Bochum.	S. 64
Tabelle 17:	Angaben zum Bedarf in der Thematisierung und Umsetzung von gleichstellungspolitischen Themen für Menschen mit Migrationshintergrund der Stadt Bochum.	S. 65
Abb. 1:	Gleichstellungspolitische Kooperationen	S. 56
Abb. 2:	Besondere Förderung und/oder Integration von Mädchen und/oder Frauen mit Migrationshintergrund.	S. 57
Abb. 3:	Besondere Förderung und/oder Integration von Jungen und/oder Männern mit Migrationshintergrund.	S. 59
Abb. 4:	Möglichkeiten der Auseinandersetzung und Umsetzung von gleichstellungspolitischen Themen.	S. 66

Abstract

Gender Mainstreaming gilt als politische Querschnittsaufgabe die einer Ungleichbehandlung der Geschlechter auf der politischen Handlungsebene und innerhalb von Institutionen und Organisationen entgegenwirken und auf vorhandene Defizite hinweisen soll. Ungleichbehandlungen geschehen jedoch nicht allein aufgrund der Kategorie Geschlecht, sondern auch aufgrund der Schichtzugehörigkeit und der Ethnizität eines Menschen. Als Analyseansatz von Mehrfachdiskriminierungen kann die Intersektionalitätstheorie herangezogen werden. Die drei Hauptkategorien, Geschlecht, Klasse und Ethnizität, können um weitere Kategorien erweitert werden, um verschiedene Ebenen einer möglichen Diskriminierung zu analysieren. Der Schwerpunkt liegt in dieser empirischen Analyse jedoch auf den Kategorien Geschlecht und Ethnizität.

Der vorliegende Forschungsgegenstand der zuvor genannten theoretischen Ansätze ist das Handlungsfeld der Kommunalpolitik. Hierbei stehen die Stadt Bochum und der Ausschuss für Migration und Integration der Stadt Bochum und dessen Mitglieder im Mittelpunkt der Forschung.

Die Gesamtstichprobe gliedert sich in zwei Teiluntersuchungen. In der ersten Untersuchung wurden die Mitglieder des Ausschusses für Migration und Integration anhand eines speziell entwickelten Fragebogens zu deren Erfahrungen, Umsetzungen und Handlungsansätzen von gleichstellungspolitischen Themen im Handlungsfeld des Ausschusses befragt. Die zweite Erhebung umfasste vertiefende qualitative Interviews zu denen in der Fragebogenerhebung ausgewerteten Ergebnissen.

Als zentrales Ergebnis beider Untersuchungen lässt sich eine primäre Fokussierung auf migrations- und integrationspolitische Themen innerhalb der inhaltlichen Arbeit des Ausschusses festhalten. Gleichstellungs- und geschlechtspolitische Themen werden laut der Aussage der befragten Ausschussmitglieder in der Arbeit des Ausschusses mitbeachtet. Die Umsetzung der gleichstellungs- und geschlechtspolitischen Themen zeigt sich jedoch problematisch und wird folglich kritisch diskutiert. Gleichwohl ist den befragten Ausschussmitgliedern die inhaltliche Bedeutung des Begriffes „Gender Mainstreaming" nicht bekannt. Die Umsetzung des Gender Mainstreaming rückt folglich in den Hintergrund der Politik. Konkrete Handlungsempfehlungen sollen dazu dienen, die bereits angestoßenen Maßnahmen zur Umsetzung gleichstellungs- und geschlechtspolitischer Themen voranzutreiben.

Einleitung

In der Bundesrepublik Deutschland leben rund 15 Millionen Menschen mit Migrationshintergrund. Dies ergibt einen Anteil von 23,23% an der gesamten deutschen Wohnbevölkerung (80,2 Millionen) (Statistisches Bundesamt, 2013). Mehr als die Hälfte der in Deutschland lebenden Menschen mit Migrationshintergrund sind weiblichen Geschlechts (50,77%). Gemessen am Anteil der weiblichen Wohnbevölkerung ohne Migrationshintergrund, ergibt sich prozentual zu den männlichen Einwohnern ohne Migrationshintergrund, sogar ein Verhältnis von 48,6% (31,4 Millionen männlichen Einwohnern) zu 51,4% (33,2 Millionen weiblichen Einwohnerinnen). Frauen sind folglich mit einem Anteil von 51,4% in der Gesamtbevölkerung der Bundesrepublik Deutschland repräsentiert (Statistisches Bundesamt, 2013). Selbst die oberste politische Führung Deutschlands ist weiblich. Angela Merkel, als erste weibliche Bundeskanzlerin, repräsentiert demnach mehr als die Hälfte der Einwohner_innen dieser Republik, was in Europa einzigartig ist (Fücks, Drewes & von Bargen, 2009). Auch durch weitere bekannte Politiker_innen wie z. B. Ursula von der Leyen, Johanna Wanka oder Manuela Schwesig als deutsche Bundesminister_innen, erscheint die einstige frauenpolitische Forderung aus den 1960er Jahren, nach der Hälfte der Macht, für eine gleichberechtigte Teilhabe von Frauen und Männern in der Gesellschaft und Politik, als obsolet (Landesfrauenreferat MV e. V., 2012).

Holtkamp, Wiechmann und Schnittke (2009) sind in ihrer Studie für die Heinrich Böll Stiftung der Frage nach der Teilhabe von Frauen in der Kommunalpolitik nachgegangen und haben eine eindeutige Unterrepräsentanz von Frauen in kommunalpolitischen Gremien herausgestellt. Im aktuellen 18. Deutschen Bundestag (Legislatur von 2013-2017) beträgt der Anteil an weiblichen Abgeordneten aktuell 36,3% (Stand 23.09.2013) (Holzapfel, 2013), dies entspricht gegenüber dem 17. Deutschen Bundestag (Legislatur von 2009-2013) einem Anstieg von 3,5% (Frauenanteil in der Legislatur 2009-2013: 32,8%) (Deutscher Bundestag, 2010). Dies entspricht ungefähr dem Anteil an Frauen in kommunalpolitischen Gremien in Deutschland, mit rund 33,4% (Holtkamp, Wiechmann & Schnittke, 2009). Die Gründe für diese Unterrepräsentanz erscheinen vielschichtig. Die Studie von Holtkamp, Wiechmann und Schnittke (2009) nennt insgesamt sechs Thesen zur Begründung für diese Unterrepräsentanz von Frauen. So spielen neben einer geschlechtsspezifischen Sozialisation und der Sozialstruktur einer Gesellschaft auch die (Un)Abkömmlichkeit von Frauen in der Familie und dem Beruf eine wichtige Rolle.

Ferner gelten ungünstige Quotenregelungen in politischen Parteien und Gremien (z. B. eine Quotenregelung von 40% zu 60% innerhalb der Sozialdemokratischen Partei Deutschlands), ebenso wie das Wähler_innenverhalten als mögliche Gründe zugunsten des unterrepräsentierten Geschlechts, für eine fortgesetzte Unterrepräsentanz von Frauen, sowie die direkte Diskriminierung von Frauen durch Männer in politischen Gremien selbst (ebd., 2009). Frauen unterliegen im Handlungsfeld der Politik folglich einer strukturellen und direkten Diskriminierung aufgrund ihres Geschlechts. Die Frage danach welche politischen Maßnahmen folglich dazu beitragen können diese Diskriminierung und die damit verbundene Unterrepräsentanz aufzuheben ist allgegenwärtig. In Artikel 3 Abs. 2 des deutschen Grundgesetzes heißt es, dass Frauen und Männer gleichberechtigt sind und der deutsche Staat für eine gleichberechtigte Teilhabe eintreten muss (Bundesministerium der Justiz, 2013). Die Realität in den Rathäusern dieser Republik sieht jedoch anders aus (Holtkamp, Wiechmann & Schnittke, 2009). Doch was ist zu tun, um diese Unterrepräsentanz aufzuheben und die Chancengleichheit beider Geschlechter zu erreichen? Die Antwort der Politik lautet: Gender Mainstreaming. Die Umsetzung von Gender Mainstreaming, ist folglich eine politische Querschnittsaufgabe, die auf allen politischen Handlungsebenen, Organisationen und Institutionen der Ungleichbehandlung der Geschlechter entgegenwirken bzw. auf Defizite aufmerksam machen soll (Meuser & Riegraf, 2010). In der deutschen Gesellschaft muss folglich der Anteil von Frauen auf der politischen Handlungsebene, in Organisationen und Institutionen erhöht werden, um eine Chancengleichheit der Geschlechter zu erreichen. Hier wird der Fokus auf die Gleichstellung der Geschlechter gelegt.

Darüber hinaus gibt es aber weitere Dimensionen von Benachteiligungen. Wie sieht es z. B. mit der Repräsentanz von Frauen mit Migrationshintergrund in kommunalpolitischen Gremien aus? Die Studie „Einwanderinnen und Einwanderer in den Räten deutscher Großstädte" der Heinrich Böll Stiftung aus dem Jahr 2011 stellte heraus, dass der Frauenanteil von weiblichen Ratsmitgliedern mit Migrationshintergrund mit 40% rund 7% über dem Gesamtanteil an Frauen in deutschen Rathäusern lag (Schönwälder et. al., 2011). So stieg der Anteil der Migrant_innen in den Kreis- und Stadtparlamenten Deutschlands insgesamt von 2,5% auf 4,1% zwischen den beiden vergangenen Kommunalwahlen (2001-2006 und 2006-2011) an. Prozentual ist dieser Anteil jedoch so gering, dass eine Unterrepräsentanz von Menschen mit Migrationshintergrund in kommunalpolitischen Gremien festzuhalten ist (ebd., 2011). Die Implementierung von eigenständigen Gremien, die in den Kommunen die rund 15 Millionen Menschen mit Migrationshintergrund in Deutschland vertreten, sind meist in Form von kommunalpolitischen Ausschüssen für Migration und Integration organisiert. Aufgrund einer langen Migrationsgeschichte in Deutschland scheint es daher kaum verwunderlich, dass die Beschreibung des Schriftstellers Max Frisch aus dem Jahr 1967: „Man hat Arbeitskräfte gerufen, und es kommen Menschen" (S. 100) verdeutlicht, wie die einstigen Arbeitsmigrant_innen in Deutschland zu Mitbürger_innen in der deutschen Gesellschaft wurden. Durch die Verortung der zuvor genannten Gruppe von Migrant_innen wurde eine Veränderung im Bewusstsein von einem multikulturellen Zusammenleben deutlich. Dies ist vor allem in einem immer multikultureller werdenden Stadtbild vieler deutschen Kommunen zu erkennen. Das Ruhrgebiet als eines der größten Ballungszentren in Europa steht mit einer hohen Anzahl an Mitbürger_innen mit Migrationshintergrund besonders im Fokus einer spezifischen Migrations- und Integrationspolitik (Pries, 2013). In Bochum, einer der größten Städte im Ruhrgebiet, leben allein 22,82% Menschen mit Migrationshintergrund, gemessen an der gesamten Wohnbevölkerung in der Stadt (Statistisches Bundesamt, 2013). Dr. Ottilie Scholz, als Oberbürgermeisterin der Stadt Bochum, beschreibt die politischen und gesellschaftlichen Aufgaben einer gelingenden Migrations- und Integrationspolitik innerhalb der Kommune wie folgt:

> „Die gelingende Integration zugewanderter Menschen ist eine der wesentlichen Zukunftsherausforderungen für die Städte im Ruhrgebiet. Angesichts des demographischen Wandels kommt es nicht nur darauf an, den Rückgang und die tendenzielle Alterung der Gesamtbevölkerung zu bewältigen. Von zentraler Bedeutung ist vor allem die Nutzung der Chancen, die in der gewachsenen kulturellen, muttersprachlichen und religiösen Vielfalt der hier lebenden Menschen liegen: also Integration im Sinne von Chancengleichheit und aktiver Teilhabe der Zugewanderten." (Stadt Bochum, 2009a, S.4).

Chancengleichheit und aktive Teilhabe von Menschen mit Migrationshintergrund sind demnach als zentrale Handlungsmaximen der politischen Gremien, z. B. dem Ausschuss für Migration und Integration, innerhalb der Stadt Bochum festgeschrieben (Integrationskonzept der Stadt Bochum, 2009a). Chancengleichheit ist folglich erst dann umgesetzt, wenn jeder Mensch, ganz gleich welcher gesellschaftlichen und nationalen Herkunft, den gleichen rechtlichen Zugang zu gesellschaftlichen und politischen Ressourcen, z. B. Bildung, hat (Schubert & Klein, 2011). Im Sinne der Intersektionalitätstheorie nach Crenshaw (1989) ist Chancengleichheit auch mit dem Aufbruch einer Mehrfachdiskriminierung auf mehreren Ebenen zu betrachten. So ist neben der Schichtzugehörigkeit und des Geschlechts auch die

Ethnizität, als ein zentraler Aspekt der zu einer Diskriminierung führen kann, zu nennen. Eine Verbindung der Aspekte Migration und Integration mit dem Aspekt „Gender" ist somit theoretisch leicht herzustellen. Chancengleichheit ist demnach dann umgesetzt, wenn eine Gleichbehandlung von Menschen unabhängig von ihrer Herkunft, ihrer gesellschaftlichen Schichtzugehörigkeit und ihres Geschlechts stattfindet. Besonders im Hinblick auf Mehrfachdiskriminierungen im Sinne von Intersektionalität ist die Umsetzung der Querschnittsaufgabe „Gender Mainstreaming" im Ausschuss für Migration und Integration der Stadt Bochum zu betrachten. Das zentrale Anliegen ist hierbei, Erfahrungen, Umsetzungen und Handlungsansätze gleichstellungspolitischer Themen im Ausschuss für Migration und Integration (AMI) der Stadt Bochum zu betrachten. Konkret ist interessant, wie und ob „Gender Mainstreaming" in der inhaltlichen Arbeit des AMI vorkommt und wie diese Querschnittsaufgabe umgesetzt wird. Ferner ist es wichtig herauszustellen ob der Ausschuss in seiner inhaltlichen Ausrichtung nicht primär unter dem Fokus der Ethnizität handelt und geschlechts- und gleichstellungspolitische Aspekte im Hintergrund stehen.

So steht in der vorliegenden empirischen Analyse im Rahmen des Kooperationsprojektes „Gender Mainstreaming im Spannungsfeld zwischen Theorie und Praxis – Wissenschaft und Politik gehen Hand in Hand" zwischen der Ruhr-Universität Bochum und der Stadt Bochum die theoretische Verortung des Gender Mainstreaming in der Kommunalpolitik im Vordergrund. Forschungsgegenstand ist der Ausschuss für Migration und Integration der Stadt Bochum. Inhaltlich stehen vor allem die Entwicklung und die gesetzliche Verortung des Konzeptes, sowie die Intersektionalitätstheorie zur Analyse von Mehrfachdiskriminierungen im Vordergrund der Auseinandersetzung. Ferner wird das Handlungsfeld des Ausschusses für Migration und Integration der Stadt Bochum selbst beschrieben und die aktuelle Verortung von Menschen mit Migrationshintergrund in Deutschland und innerhalb der Stadt Bochum erläutert. Im darauffolgenden Methodenkapitel werden die beiden durchgeführten Untersuchungen und deren Ergebnisse ausführlich dargestellt. In der Diskussion der Ergebnisse werden die theoretisch hergeleiteten Aspekte mit den Ergebnissen der empirischen Untersuchungen diskutiert und anschließend Handlungsempfehlungen herausgestellt.

1. Theorie

Im Folgenden wird „Gender Mainstreaming", als ein Aspekt im kommunalpolitischen Handlungsfeld des Ausschusses für Migration und Integration der Stadt Bochum, beschrieben. Hierbei geht es insbesondere um die Verknüpfung zwischen einer Handlungsanweisung und Implementierung eines theoretischen Konzeptes, dem „Gender Mainstreaming" und einem innerhalb der Bochumer Kommunalverwaltung handelnden und entscheidenden Gremium in Form des Ausschusses für Migration und Integration. Ferner sind die Entstehung des Konzeptes „Gender Mainstreaming", sowie dessen gesetzliche Verortung für die inhaltliche Auseinandersetzung der vorliegenden Stichproben von Bedeutung. Intersektionalität, als Theorie für die Beschreibung von Mehrfachdiskriminierungen, wird an die zuvor genannten Ausführungen angefügt. Diese umfasst die Kategorien der ethnischen Herkunft, des Geschlechts und der Schichtzugehörigkeit (Klinger, 2008), die für die Menschen mit Migrationshintergrund als Zielgruppe des Ausschusses für Migration und Integration der Stadt Bochum als relevant erscheinen. Auch hier wird der Ursprung der Theorie, sowie dessen Weiterentwicklung beschrieben. Auf eventuelle gesetzliche Verortungen dieser Theorie wird an ausgewählter Stelle hingewiesen. Ferner wird das Handlungsfeld des Ausschusses für Migration und Integration der Stadt Bochum beschrieben. Diese Beschreibung umfasst nicht allein die Lebenslagen der in Bochum lebenden Migrant_innen, sondern es werden stets die übergeordneten Situationen von der zuvor beschriebenen Gruppe im gesamten Bundesgebiet beschrieben. Die Gruppe der Flüchtlinge und Asylbewerber_innen in Deutschland und in der Stadt Bochum werden ebenso erfasst, wie Menschen mit Migrationshintergrund in der alternden Gesellschaft und mit Pflegebedarf.

1.1 Gender Mainstreaming im kommunalpolitischen Handlungsfeld des Ausschusses für Migration und Integration der Stadt Bochum

Artikel 3 des Grundgesetztes (GG) der Bundesrepublik Deutschland bildet die gesetzliche Grundlage zur Vermeidung und Sanktionierung jeder Form von Ungleichbehandlung aufgrund verschiedener individueller und persönlicher Merkmale eines in Deutschland lebenden Menschen. Dazu heißt es in Art. 3, Abs. 2 und 3 des GG:

„Männer und Frauen sind gleichberechtigt. Der Staat fördert die tatsächliche Durchsetzung der Gleichberechtigung von Frauen und Männern und wirkt auf die Beseitigung bestehender Nachteile hin. Niemand darf wegen seines Geschlechtes, seiner Abstammung, seiner Rasse, seiner Sprache, seiner Heimat und Herkunft, seines Glaubens, seiner religiösen oder politischen Anschauungen benachteiligt oder bevorzugt werden. Niemand darf wegen seiner Behinderung benachteiligt werden." (Bundesministerium der Justiz, 2012).

Handlungsanweisungen, die eine Umsetzung der gesetzlichen Vorgaben, sprich der „[...] tatsächlichen Durchsetzung der Gleichberechtigung von Frauen und Männern [...]." (ebd.) beispielsweise innerhalb einer Kommune wie der Stadt Bochum entsprechen und voranbringen, gibt es auf Ebene der kommunalen Stadtverwaltungen in Form des Gender Mainstreaming. Dies ist eine Handlungsanweisung, welche eine gleichberechtigte Behandlung von Frauen und Männern z. B. innerhalb der Politik und gesellschaftlichen Institutionen und Organisationen als Querschnittsaufgabe voranbringen soll (Stiegler, 2002).

Das Integrationskonzept der Stadt Bochum beschreibt Gender Mainstreaming, wie folgt:

> „Ein zentrales Ziel der Integration muss die gleichberechtigte Teilhabe von Frauen und Mädchen mit Zuwanderungsgeschichte sein. [...] Dies gilt für alle Frauen und Mädchen im Sinne von Gender-Politik, es gilt aber besonders für Frauen und Mädchen mit Zuwanderungsgeschichte. Auch wenn kein eigenes Fachforum Frauen und Migration installiert wurde, sollen die besonderen Bedürfnisse der Gruppe der Frauen und Mädchen mit Zuwanderungsgeschichte bei den Zielen und Maßnahmen der Fachforen Berücksichtigung finden." (Stadt Bochum, 2009a, S.15).

Dies bedeutet, dass sich der Ausschuss für Migration und Integration der Stadt Bochum als ein Fachforum innerhalb der Bochumer Stadtverwaltung, im Integrationskonzept der Kommune dazu verpflichtet hat, den Aspekt des „Gender Mainstreaming" in seiner Arbeit als festen Bestandteil aufzugreifen und umzusetzen. Der Hinweis, auf eine gezielte Förderung und Teilhabe von Frauen und Mädchen mit Migrationshintergrund weist jedoch darauf hin, dass eine Differenzierung des biologischen Geschlechts innerhalb des Verständnisses, um den Aspekt des Gender Mainstreaming stattfindet. Gender Mainstreaming versteht sich in diesem Fall als eine gezielte Förderung des weiblichen Geschlechts (ebd., 2009a). Das männliche Geschlecht, sprich Jungen und Männer mit Migrationshintergrund, welche ebenso wie Mädchen und Frauen, gezielt gefördert werden sollten, werden in den Ausführungen nicht bedacht. Dieses Phänomen beschreibt auch Toprak (2007), der einen besonderen Förderbedarf von Jungen und Männern mit Migrationshintergrund in der deutschen Gesellschaft herausstellt und anmerkt, dass diese Gruppe häufig nicht bedacht wird. Demnach ist es wichtig, die Bedeutung des Gender Mainstreaming im Folgenden darzustellen, um ein genaues Verständnis dessen in der weiteren Auseinandersetzung mit dieser Thematik zu gewährleisten.

1.1.1 Gender Mainstreaming

Die frauenpolitische Forderung „Die Hälfte des Himmels, die Hälfte der Erde, die Hälfte der Macht" bestimmt seit den Anfängen der Frauenbewegungen in Deutschland in den 1960er Jahren, bis in die Gegenwart das politische Handeln von Akteur_innen für eine gleichberechtigte Teilhabe von Frauen und Männern in der Gesellschaft und Politik (Landesfrauenreferat MV e.V., 2012, S.3). Eine wichtige Implementierung für eine gleichberechtigte Teilhabe von Frauen und Männern, besonders im Handlungsfeld der Politik und deren Organisationen und Institutionen, bildet seit dem Inkrafttreten des von der Europäischen Union beschlossenen Amsterdamer Vertrags im Jahr 1999, das sogenannte „Gender Mainstreaming" (Bundesministerium für Familie, Senioren, Frauen und Jugend, 2012). Vor einer genaueren Definition des Begriffs Gender Mainstreaming, muss eine Differenzierung und Erläuterung der eigenständigen Begriffe „Gender" und „Mainstreaming" erfolgen. Entgegen dem deutschen Begriff „Geschlecht", welches primär das biologische Geschlecht von Frauen und Männern meint, wird im englischen Sprachgebrauch der Begriff „Geschlecht" mit dem biologischen Geschlecht „sex" und dem sozialen Geschlecht „gender" übersetzt (Krell, Mückenberger & Tondorf, 2011). Diese Differenzierung zeigt seit den 1970er Jahren innerhalb der Frauen- und Geschlechterforschung das Ungleichgewicht des biologischen- und dem sozialen Geschlechts auf, welches darauf hinweisen soll, dass es z. B. kulturelle und soziale Sozialisationsfaktoren von Mädchen und Jungen gibt, welche eine differenzielle Betrachtung des Geschlechts notwendig machen (ebd., 2011). Der Begriff „Mainstreaming" kann mit dem deutschen Begriff „Hauptstrom" übersetzt werden und wird im Zusammenhang mit dem Begriff „Gender" als politisches Hauptfeld verstanden, in dem politische Akteur_innen handeln (ebd., 2011). „Gender Mainstreaming" bedeutet demnach, dass Frauen und Männer, unabhängig von ihrem biologischen Geschlecht, gleichberechtigte Akteur_innen im Handlungsfeld der Politik und dessen Organisationen und Institutionen sein sollen. Der Europäische Rat definiert Gender Mainstreaming (Concil of Europe, 2004, S. 12) wie folgt:

> „Gender mainstreaming is the (re)organisation, improvement, development and evaluation of policy processes, so that a gender equality perspective is incorporated in all policies at all levels and at all stages, by the actors normally involved in policy-making.".

Gender Mainstreaming ist folglich als eine politische Querschnittsaufgabe zu verstehen, die auf allen politischen Handlungsebenen, Organisationen und Institutionen gleichermaßen, hierarchische Strukturen die zu einer Ungleichbehandlung der Geschlechter führen kann, entgegenwirken soll bzw. auf Defizite aufmerksam machen kann (Meuser & Riegraf, 2010).

1.1.1.1 Entwicklung des Gender Mainstreaming

Neben dem zuvor erläuterten Begriff des „Gender Mainstreaming" ist die inhaltliche Bedeutung dessen in einem zeitgeschichtlichen Rahmen zu betrachten. Dieser ist eng mit dessen gesetzlicher Verortung verwoben, die inhaltliche Implementierung dieses Konzeptes soll jedoch eigenständig erläutert werden. Allen Ursprung nahm die inhaltliche Implementierung des Gender Mainstreaming Konzepts auf der dritten und vierten Weltfrauenkonferenz der Vereinten Nationen in den Jahren 1985 in Nairobi, Kenia und 1995 in Peking, China (Meuser & Riegraf, 2010). Die dritte Weltfrauenkonferenz in Nairobi umfasste die inhaltliche Auseinandersetzung um eine gezielte Teilhabe von Frauen in gesellschaftspolitisch relevanten Bereichen, wie zum Beispiel innerhalb der Arbeitsmarkt- und Ausbildungspolitik (Meuser & Neusüß, 2004). Frauen sollten nach den inhaltlichen Überlegungen auf der dritten Weltfrauenkonferenz folglich stärker in den sogenannten „Mainstream" integriert werden und sich unter anderem gezielter im Bereich der Entwicklung der Partizipation von Frauen in Politik, Wirtschaft und Gesellschaft engagieren können (United Nations, 1986). Die Weltfrauenkonferenz in Nairobi gilt folglich als gedanklicher Grundstein für die spätere Implementierung und inhaltliche Umsetzung des Gender Mainstreaming nach der vierten Weltfrauenkonferenz in Peking. In Peking wurde Gender Mainstreaming als politische Querschnittsaufgabe erstmals inhaltlich, jedoch nicht wortwörtlich benannt, diskutiert und verabschiedet. Durch die Ratifizierung der teilnehmenden Nationen an der Weltfrauenkonferenz wurde dieses Konzept in den jeweiligen Nationen zur verpflichtenden Aufgabe in der inhaltlichen und praktischen Umsetzung politischer Vorhaben zur Gleichstellung von Frauen und Männern in Politik, Organisationen, Institutionen und Gesellschaft (Frey, 2004). Beschrieben wurde das Konzept mit der Aufforderung der gezielten Teilhabe von Frauen an politischen und gesetzgebenden Verfahren, sowie zur Verbesserung der Gleichstellung von Frauen und Männern. Dazu heißt es im Bericht der Vereinten Nationen unter anderem:

> „Women in politics and decision-making positions in Governments and legislative bodies contribute to redefining political priorities, placing new items on the political agenda that reflect and address women's gender-specific concerns, values and experiences, and providing new perspectives on mainstream political issues."
> (United Nations, 1996, S. 79).

Demnach sollen unter anderem Frauen als politische Akteur_innen in Entscheidungspositionen beispielsweise in nationalen Regierungen und gesetzgebenden Gremien dazu beitragen, politische Prioritäten im Sinne der Gleichstellung der Geschlechter neu zu definieren. Ihre frauenspezifischen Anliegen, sollen folglich globaler, also im sogenannten „Mainstream" behandelt, gedacht und umgesetzt werden (ebd., 1996). Auf europäischer Ebene wurde bereits ein Jahr vor der vierten Weltfrauenkonferenz in Peking ein wichtiger Schritt für die Gleichstellung der Geschlechter getan. Bereits 1994 implementierte die Europäische Union, in Form des Europäischen Rates, das Committee for Equality between Women and Men (CDEG), einen Ausschuss für die Gleichstellung von Frauen und Männern (Council of Europe, 2012). Dieser sollte die Konzeptionen des Gender Mainstreaming auf europäischer Ebene aufgreifen und zur Umsetzung dessen beitragen. Die Gleichberechtigung zwischen Frauen und Männern wurde folglich mit der Implementierung des Ausschusses zielgerichtet vorangetrieben (ebd., 2012). Zwei Jahre später, 1996, verpflichtete die europäische Kommission alle politischen Gremien der EU zur politischen Umsetzung des Gender Mainstreaming Konzepts auf allen politisch relevanten Ebenen der europäischen Gemeinschaft (Kommission der Europäischen Gemeinschaft, 1996). Im selben Jahr veröffentlichte die EU den ersten Jahresbericht zur Chancengleichheit von Frauen und Männern in der europäischen Union. Seit der Implementierung dieses Berichts, welcher zur Darstellung aller politischen Aktivitäten zur Gleichstellung der Geschlechter in Form der Umsetzung des Gender Mainstreaming aller Gremien der EU dienen soll, erscheint dieser Bericht seit 1996 jährlich (Gender Kompetenz Zentrum, 2010). 1997 wurde erstmalig in der Geschichte der Europäischen Union die Position einer Gender Mainstreaming Beauftragten eingerichtet. Diese soll unter anderem die weitere

Umsetzung des Gender Mainstreaming unterstützen und inhaltlich begleiten (ebd. 2010). Mit der offiziellen Herausgabe einer Definition des Begriffs des Gender Mainstreaming im Jahr 1998 (siehe Punkt 1.1.1) legte die Europäische Unionen einen weiteren Meilenstein in der tatsächlichen Implementierung des Konzeptes (Concil of Europe, 2004). Die erste rechtliche Verortung des Gender Mainstreaming auf europäischer Ebene wurde mit dem, im Jahr 1999 in Kraft getretenen, Amsterdamer Vertrag umgesetzt (siehe Punkt 1.1.1.2). In den darauffolgenden Jahren fanden sowohl auf europäischer, als auch auf der internationalen Ebene viele Evaluationsprozesse der bisherigen Umsetzungen des Gender Mainstreaming statt. Neue Denkanstöße zur besseren Umsetzung des Gender Mainstreaming wurden zudem unter anderem in internationalen Beschlüssen gefasst (United Nations, 2000). 2007 implementierte die Europäische Union das European Institute for Gender Equality (EIGE). Das Institut für Gleichstellungsfragen hat unter anderem die Aufgabe die Mitgliedsstaaten der Europäischen Union in der Umsetzung der Gleichberechtigung der Geschlechter zu unterstützen und Diskriminierungen zu bekämpfen. Offiziell heißt es dazu:

> „EIGE is a European agency which supports the EU and its Member States in their efforts to promote gender equality, to fight discrimination based on sex and to raise awareness about gender equality issues." (European Institute for Gender Equality, 2013)

Auf der bundesdeutschen Ebene ist die Implementierung des Gender Mainstreaming zu sehr großen Teilen mit dessen rechtlicher Verortung verbunden, unter anderem im Grundgesetz oder durch das Bundesgleichstellungsgesetz (siehe Punkt 1.1.1.2). Inhaltlich wurde erstmals 1999 durch die rot-grüne Bundesregierung, unter Bundeskanzler Gerhard Schröder, ein Leitprinzip zur Gleichstellung von Frauen und Männern auf Bundesebene festgelegt und eine Strategie zur Umsetzung des Gender Mainstreaming entwickelt und folglich gefördert (Bundesministerium für Familie, Senioren, Frauen und Jugend, 2012). Eine Novellierung dieser Strategie wurde im Jahr 2002 im Koalitionsvertrag der rot-grünen Bundesregierung selbst vorgenommen und eine Einrichtung eines eigenständigen Forschungszentrums, einem Gender Kompetenz Zentrums angestoßen. Dieses wurde im darauffolgenden Jahr 2003 in Berlin eröffnet (Gender Kompetenz Zentrum, 2010). Die durch das Gender Kompetenz Zentrum durchgeführten Forschungsprojekte dienten unter anderem den Implementierungsprozessen des Gender Mainstreaming in verschiedenen bundespolitischen Gremien (ebd., 2010). Die letzte offizielle Veröffentlichung eines Bundesministeriums mit einem Fokus auf der Umsetzung des Gender Mainstreaming Konzepts erschien in Deutschland im Jahr 2005 durch den vom Bundesministerium für Familie, Senioren, Frauen und Jugend publizierten und vom Deutschen Jugendinstitut erstellten „Gender-Datenreport". Darin sind die aktuellen Lebenslagen von Frauen und Männern in Deutschlang unter dem Fokus Gleichstellung dargestellt. Daraus geht hervor, dass sich die Lebenslagen von Frauen in Deutschland in den vergangenen Jahrzehnten zugunsten der Gleichstellung der Geschlechter tendenziell verbessert hat, es jedoch immer noch viele gesellschaftliche und politische Bereiche gibt, in denen eine tatsächliche Gleichstellung der Geschlechter noch nicht erreicht wurde (Bundesministerium für Familie, Senioren, Frauen und Jugend, 2005).

1.1.1.2 Gesetzliche Verortung des Gender Mainstreaming

Das Konzept des Gender Mainstreaming hat sowohl internationale und europäische, als auch deutsche Rechtsgrundlagen, in Bund und Ländern, welche eine Umsetzung dieses Konzeptes legitimieren. Ferner dienen die gesetzlichen Vorgaben auch zur strukturellen Umsetzung dieses Konzeptes z. B. in kommunalen Stadtverwaltungen, Institutionen und Organisationen (Gender Kompetenz Zentrum, 2012). Folglich werden nun die wichtigsten vorhandenen rechtlichen Vorgaben bezüglich des Gender Mainstreaming erläutert. Beginnend mit den rechtlichen Grundlagen internationaler Abkommen, welche ausschlaggebend für die Umsetzung des Gender Mainstreaming auf europäischer und nationaler Ebene waren. Hier ist ein Abkommen der Vereinten Nationen aus dem Jahr 1995 zu nennen. Dieses sollte zur Beseitigung jeder Form von Diskriminierung der Frau, unter anderem mit der Maßgabe das Konzept des Gender Mainstreaming umzusetzen, dienen. Das in Peking verfasste Abkommen, wurde unter anderem auch von Deutschland unterschrieben (Committee on the Elimination of Discrimination against Women, 1995). Durch eine Ratifizierung eines offiziellen Abkommens der Vereinten Nationen erhält dieses in dem jeweiligen Land, welches das Abkommen ratifiziert hat, den Status eines Gesetzes und ist folglich als rechtliche Grundlage in dem jeweiligen Land anzusehen (Gender Kompetenz Zentrum, 2012). Neben dem zuvor genannten Abkommen zur Beseitigung jeder Form von Diskriminierung der Frau, ist die Allgemeine Erklärung der Menschenrechte aus dem Jahr 1948 ebenfalls als international rechtlich gültige Handlungsgrundlage zur Beseitigung jeder Form von Diskriminierung des Menschen zu nennen (Department for General Assembly and Conference Management, 2009). Dazu heißt es in Artikel 2 der Allgemeinen Erklärung der Menschenrechte:

„Jeder hat Anspruch auf die in dieser Erklärung verkündeten Rechte und Freiheiten ohne irgendeinen Unterschied, etwa nach Rasse, Hautfarbe, Geschlecht, Sprache, Religion, politischer oder sonstiger Überzeugung, nationaler oder sozialer Herkunft, Vermögen, Geburt oder sonstigem Stand." (Amnesty International, 2009).

Eine Diskriminierung von Personen aufgrund ihres Geschlechts ist folglich ein Verstoß gegen die allgemeinen Menschenrechte. Das Konzept des Gender Mainstreaming, welches eine Ungleichbehandlung beider Geschlechter aufheben soll, würde folglich bei einer Nichtdurchführung zu einer eventuellen Diskriminierung von Personen aufgrund des Geschlechts führen. Die Erklärung der Allgemeinen Menschenrechte ist folglich auf einer internationalen Ebene als rechtsgültige Grundlage jeder weiteren Rechtsvorschrift, welche eine Diskriminierung von Personen, z. B. auch aufgrund dessen Geschlechts, rechtlich entgegenwirken soll anzusehen. Auf der Ebene der Europäischen Union ist der im Jahr 1999 in Kraft getretene Amsterdamer Vertrag als erste Festschreibung des Gender Mainstreaming bzw. der Gleichstellung beider Geschlechter im Allgemeinen in einer europäischen Rechtsvorschrift zu nennen (Europäische Union, 1997). In diesem sind zwei Artikel für die Gleichstellung beider Geschlechter von besonderer Bedeutung. Der zweite Artikel des Europäischen Vertrages von Amsterdam beinhaltet die Forderung nach einer Gleichstellungsförderung von Frauen und Männern in der gesamten europäischen Gemeinschaft, insbesondere in dessen Wirtschafts- und Währungsunion, sowie gemeinsame politische Maßnahmen zur Erreichung dieser Zielvorgaben (ebd., 1997). In Artikel 3 Abs. 2 heißt es weiter: „Bei allen in diesem Artikel genannten Tätigkeiten wirkt die Gemeinschaft darauf hin, Ungleichheiten zu beseitigen und die Gleichstellung von Männern und Frauen zu fördern." (ebd., 1997, S. 25). Folglich schreibt dieser Artikel fest, dass Ungleichheiten durch die europäische Gemeinschaft beseitigt werden sollen und weiter heißt es in Artikel 13 des Europäischen Vertrages von Amsterdam, eine Gleichberechtigung beider Geschlechter unabhängig von deren Ethnizität, Religion, Weltanschauung, Rasse, Behinderung, Alters oder der sexuellen Orientierung erreicht werden und Diskriminierungen aufgrund der zuvor genannten Aspekten entgegengewirkt werden soll (ebd., 1997). Auf nationaler Ebene steht das deutsche Grundgesetzt (GG) im Mittelpunkt jeder verfassungsrechtlicher Verordnung, zur Gleichstellung von Frauen und Männern in unserem Rechtsstaat. Artikel 3 des Grundgesetzes ist als wichtigster Artikel der deutschen Verfassung in der Gleichstellungsfrage zu benennen. In einer Änderung des Grundgesetzes im Jahr 1994 wurde der zweite Absatz des dritten Artikels, wie bereits an vorangegangener Stelle bereits erwähnt, um die „tatsächliche Durchsetzung der Gleichberechtigung von Frauen und Männern [...]" und die „[...] Beseitigung bestehender Nachteile [...]." ergänzt (Deutscher Bundestag, 2012, S. 15). Diese Ergänzung verpflichtete die staatliche Gemeinschaft folglich nicht nur zur festgeschriebenen Gleichstellung von Frauen und Männern vor dem Gesetz, sondern diese soll eine tatsächliche Umsetzung der Gleichstellung bewirken. Zahlreiche einzelne Bundesgesetzte wie zum Beispiel das Bundesgleichstellungsgesetz (BGleiG) oder das Allgemeine Gleichbehandlungsgesetz (AGG) beinhalten außerdem Rechtsvorschriften, die eine Ungleichbehandlung beider Geschlechter unabhängig von bestimmten Faktoren, die außer dem Geschlecht, zu einer Diskriminierung führen können, untersagen (Bundesministerium für Familie, Senioren, Frauen und Jugend, 2001; Bundesministerium der Justiz, 2006). Das Bundesgleichstellungsgesetz (BGleiG) wurde vor allem zur Durchsetzung einer Gleichstellung und Gleichbehandlung von Frauen und Männern in der gesamten Bundesverwaltung verankert. Insbesondere Paragraph 2 enthält eine exemplarische Beschreibung der Verpflichtung zur tatsächlichen Durchsetzung der Gleichstellung von Frauen und Männern auf der Verwaltungsebene (Bundesministerium für Familie, Senioren, Frauen und Jugend, 2001). Das Allgemeine Gleichbehandlungsgesetz, welches im Jahr 2006 in Kraft trat, umfasst vor allem privat und öffentliche arbeitsrechtliche Regelungen zur Gleichstellung von Frauen und Männern, sowie das Verbot von Diskriminierungen von Arbeitnehmer_innen von Seiten der Betriebsräte und Arbeitgeber_innen in jeglicher Form (Bundesministerium der Justiz, 2006).

1.1.2 Intersektionalität

> „Die Kluft zwischen arm und reich vertieft sich, Frauen verdienen nach wie vor deutlich weniger als Männer, Nicht-Heterosexuelle werden immer noch als von der Norm Abweichende stigmatisiert, Kinder mit Migrationshintergrund haben selbst in zweiter und dritter Generation deutlich schlechtere Bildungschancen als Einheimische, Alte und Kranke schauen vom gesellschaftlichen Rand in die Mitte, wo Junge und Gesunde sich zu behaupten versuchen." (Winker & Degele, 2009, S. 7).

Das Zitat von Winker und Degele (2009) beschreibt kurz und prägnant die aktuelle soziologische Sicht auf soziale Ungleichheiten in der bundesdeutschen Gesellschaft. Die in diesem Zitat genannten Aspekte verschiedener Diskriminierungen, von denen von der heteronormativen und patriarchal geprägten Gesellschaft abweichend lebenden Menschen in Deutschland betroffen sein können, werden in der wissenschaftlichen Auseinandersetzung mit Mehrfachdiskriminierungen unter dem Begriff der Intersektionalität zusammengefasst. Darin steht das Wechselverhältnis verschiedener sozialer Ungleichheiten im Vordergrund. Es werden drei Hauptfaktoren, welche zu Diskriminierungen führen können, unter der Trias Geschlecht, Klasse und „Rasse"[1] zusammengefasst (Klinger, 2008). Diese sind ineinander verwoben und können sich wechselseitig verstärken, schwächen, und / oder sogar verändern (Knapp, 2008). Der Ursprung des Begriffs bzw. die Mehrebenenanalyse Intersektionalität liegt im englischen Begriff „intersection" und / oder „Intersectionality Analysis". Dieser wurde im Jahr 1989 erstmals von der US-amerikanischen Juristin Kimberlé Crenshaw in den wissenschaftlichen Diskurs um Mehrfachdiskriminierungen eingebracht (Crenshaw, 1989). Crenshaw wählte den Begriff der Intersektionalität aufgrund seiner metaphorischen Verbildlichung der Wechselwirkung verschiedener Diskriminierungsformen aus. So steht die „Intersection" bildlich für eine Straßenkreuzung, auf der sich verschiedene Formen von Diskriminierungen überschneiden, aneinander vorbei laufen oder sich miteinander verbinden können (ebd., 1989). Die inhaltliche Aufstellung dieses Bildes konstruierte Crenshaw während ihrer Tätigkeit als Juristin. So vertrat sie einige Klient_innen vor Gericht, welche aufgrund mehrerer Merkmale gleichzeitig diskriminiert und eine Verbindung dieser Merkmale nicht anerkannt wurden (Winker & Degele, 2009). Winker und Degele (2009) beschreiben hingegen den deutschen Begriff der Intersektionalität aus soziologischer Sicht als eine Form der sozialen Ungleichheit innerhalb der Gesellschaft. Dies zeigt sich nach Einschätzung von Winker und Degele (2009) in der immer größer werdenden Einkommensspanne der gesellschaftlichen Schichten, der ungleichen Bezahlung von Frauen und Männern, der Diskriminierung u. a. von Homosexuellen, den geringen Bildungschancen von Kindern und Jugendlichen mit Migrationshintergrund und der sozialen und gesellschaftlichen Ausgrenzung von alten und kranken Menschen. Winker und Degele (2009) erweiterten in ihren Ausführungen die Ursprungskategorien Geschlecht, Klasse und „Rasse" zudem um den Faktor „Körper". Dieser bezieht in der Auseinandersetzung mit intersektionalen Ansätzen die gesundheitliche Verfassung, sowie die Attraktivität eines Menschen für den Arbeitsmarkt mit ein. Sie griffen die Argumentation von Klinger (2008) auf, die besagt, dass die

---

1 Der deutsche Begriff Rasse wird stets in Anführungszeichen gesetzt, anstand des Begriffs „Rasse" kann auch der englische Begriff *race* oder die Begriffe Ethnizität oder Herkunft verwand werden. Diese Schreibweise bedingt sich durch die Rücksichtnahme auf die nationalsozialistische Vergangenheit Deutschlands, in der der Begriff „Rasse" gewaltförmiger Natur war.

Teilhabe am gesellschaftlichen Leben durch die Teilhabe am Arbeitsmarkt bedingt wird. Dadurch rückte in der Intersektionalitätsdebatte erstmals der Aspekt der Arbeit als gesellschaftlicher Existenzpunkt in den Vordergrund des wissenschaftlichen Diskurses (ebd., 2008). Lutz und Wenning (2001) hingegen strukturierten die Ursprungsfaktoren Geschlecht, Klasse und „Rasse" innerhalb der Intersektionalitätsdebatte um und definierten insgesamt 14 Intersektionalitätskategorien. Dazu gehören: Gender und Sexualität, Rasse und Hautfarbe, Ethnizität, Nationalität und Staat, Kultur, Klasse, Gesundheit, Alter, Sesshaftigkeit und Herkunft, Besitz, Nord-Süd und Ost-West, Religion und der gesellschaftliche Entwicklungsstand (modern/traditionell). Dadurch glaubten sie möglichst viele Diskriminierungsformen erfassen zu können, ohne jemanden auszugrenzen. Die Philosophin Judith Butler äußerte zu Beginn der Debatte um die Intersektionalität hingegen Kritik an den Identitätskategorien. So umschließen Butlers Meinung nach die Kategorien Klasse, „Rasse", Geschlecht, sexuelle Orientierung stets ein „etc." mit ein (Bührmann, 2009). Dies könnte implizieren, dass eine ständige Erweiterung der Gründe für Diskriminierungen möglich ist (Lenz, 2010). Eine Eingrenzung der Diskriminierungsgründe würde folglich der ursprünglichen Bedeutung des Begriffs nicht mehr gerecht, wenn nach der Definition von Crenshaw (1989) eine Wechselwirkung verschiedener Diskriminierungsgründe auftritt. Um welche Diskriminierungsgründe es sich handelt würde demnach obsolet. Vielmehr stehen verschiedene Analyseebenen im Fokus der Intersektionalitätsdebatte. Lenz (2010) nennt insgesamt vier Analyseebenen die dazu dienen sollen die aktuellen Diskussionen um die Intersektionalität zu beschreiben. Die erste Ebene umfasst die Intersektionalität als Grundlage der Identitätsbildung, dies bedeutet, dass sich die Identität eines Menschen aufgrund verschiedener Faktoren heraus bildet und von diesen in seiner gesellschaftlichen Sozialisation beeinflusst wird. Dabei handelt es sich jedoch nicht um ein starres Konstrukt, sondern vielmehr um eine bewegbare und erweiterbare Kategorie (Lenz, 2010). Folglich reicht die von Crenshaw entwickelte Trias von Klasse, „Rasse" und Geschlecht als Analyseebene nicht aus. Die zweite Ebene ist die Intersektionalität im Zusammenhang mit einer sozialstrukturellen Ungleichheit. Hier steht das gesellschaftliche Gewicht, mit welchem eine Diskriminierung auf einen Menschen wirkt im Mittelpunkt der Analyse. Dies bedeutet, dass nicht die einzelne Kategorie im Zentrum der Analyse steht, sondern die strukturellen gesellschaftlichen Verhältnisse in denen die Diskriminierung (ebd., 2010). Die Intersektionalität und politische Diskurse bilden die dritte Analysekategorie. Auf dieser Ebene steht der politische Diskurs, mit welchem Begriff die Intersektionalität definiert und konstruiert wird im Fokus der Debatte. Welche Maßnahmen sind von besonderer Bedeutung um einen gezielten Prozess der Entwicklung politischer Inhalte und Strategien voranzutreiben? Folglich steht nicht die gesellschaftliche Struktur im Fokus der Auseinandersetzung, sondern vielmehr die inhaltliche Positionierung innerhalb der Frauen- und Geschlechterforschung, sowie die daran beteiligten Akteur_innen (ebd., 2010). Die vierte Kategorie ist die kulturelle Repräsentation von Ungleichheiten und Differenzen. Hier steht vor allem der Begriff des „Othering" im Fokus der Debatte. Dies ist eine Zuschreibung des „Andersseins", welches als Abgrenzung der eigenen Identität von dem „Anderen" dient (Spivak, 1985). Einzelne Kategorien der Intersektionalität werden als natürlich betrachtet und machen eine Differenzierung theoretisch obsolet. Dennoch entsteht ein Dualismus, welcher eine Differenzierung auf anderen Kategorienebenen herausstellt, z. B. der Kategorien Geschlecht und „Rasse" (Lenz, 2010).

In Bezugnahme auf mögliche gesetzliche Verortungen der Intersektionalität ist, ebenso wie beim Gender Mainstreaming, Artikel 3 Abs.3 des Grundgesetzes (GG), als eine gesetzliche Grundlage zur Legitimation rechtlicher Sanktionen aufgrund von Mehrfachdiskriminierungen zu nennen. Ferner dient das Allgemeine Gleichbehandlungsgesetz (AGG) der gesetzlichen Sanktionierung von möglichen Diskriminierungen gegenüber Menschen. In diesem Bereich wird der Aspekt der Intersektionalität aufgegriffen (Bundesministerium der Justiz, 2006).

Die genannten Aspekte der Intersektionalität lassen sich in ihren Ausprägungen auf das Handlungsfeld der Migrations- und Integrationspolitik der Stadt Bochum übertragen. Demnach umfasst z. B. das Integrationskonzept der Kommune einzelne der Intersektionalität zuordenbare Kategorien und Handlungsanweisungen, welche auch die inhaltliche Arbeit des Ausschusses für Migration und Integration umfassen. So wird im Integrationskonzept der Stadt Bochum auf die Aspekte „Geschlecht" in Form von Gender Mainstreaming, sowie auf die ethnische Herkunft und auf die soziale Verortung von Menschen mit Migrationshintergrund in der Kommune eingegangen (Stadt Bochum, 2009a). Folglich kann die Intersektionalitätstheorie auch zur Analyse verschiedener Handlungsaspekte und Diskriminierungen innerhalb der kommunalpolitischen Arbeit der Stadt Bochum genutzt werden.

1.2 Darstellung des Handlungsfeldes des Ausschusses für Migration und Integration der Stadt Bochum

Im Jahr 2004 beschloss der Rat der Stadt Bochum mit Zustimmung des Ministeriums für Inneres und Kommunales des Landes Nordrhein-Westfalens gem. § 58 „Zusammensetzung der Ausschüsse und ihr Verfahren" der Gemeindeordnung NRW (MIK, 2013), den bis dato vorhandenen Ausländerbeirat der Stadt Bochum abzuschaffen und den Ausschuss für Migration und Integration der Stadt Bochum (kurz AMI) als politisches Handlungsgremium innerhalb der Kommune zu implementieren (Stadt Bochum, o. J.). Diesem kommunalpolitischen Gremium stehen seit seiner Implementierung innerhalb der Kommunalverwaltung neben seiner beratenden Funktionen auch exekutive Kompetenzen bezüglich des Haushaltes der Stadt Bochum zu, so kann der AMI über die Verteilung der ihm zugewiesenen Mittel die der Förderung der Integration dienen, entscheiden. Ferner ist der Ausschuss an allen themenrelevanten kommunalpolitischen Aspekten, die die Gruppe der in Bochum lebenden Migrant_innen umfasst, zu beteiligen (ebd.). Zudem hat der AMI die Aufgabe themenrelevante Öffentlichkeitsarbeit, sowie Fortbildungen und Veranstaltungen durchzuführen. Ferner fällt der Aspekt der Flüchtlingsproblematik in die Zuständigkeit des AMI (Stadt Bochum, 2009b). Der Ausschuss setzt sich gem. § 58 Abs. 1 der Gemeindeordnung des Landes Nordrhein-Westfalen (MIK, 2013) aus elf Ratsmitgliedern (stimmberechtigt), zehn Migrantenvertreter_innen (direkt gewählt und stimmberechtigt), einem beratenden Mitglied, sowie bis zu drei sachkundigen Einwohner_innen zusammen (Stadt Bochum, 2009b). Dem Ausschuss für Migration und Integration ist zudem eine eigene Geschäftsstelle mit eigenem Verwaltungspersonal zugewiesen (Stadt Bochum, o. J.). In Bezugnahme auf die Implementierung des Ausschusses für Migration und Integration in Bochum, wird nun ein Blick auf die Verteilung der in Bochum lebenden Menschen mit Migrationshintergrund gerichtet. Um die folgenden absoluten Zahlen der in Bochum lebenden Wohnbevölkerung mit Migrationshintergrund in einem Gesamtkontext betrachten zu können, werden ferner die aktuellen Zahlen von denen im gesamten Bundesgebiet lebenden Menschen mit Migrationshintergrund dargestellt.

1.2.1 Menschen mit Migrationshintergrund[2] in Deutschland

23,23% der in Deutschland lebenden Wohnbevölkerung hat laut Angaben der Statistischen Ämter des Bundes und der Länder (2013) einen Migrationshintergrund. In absoluten Zahlen waren dies zum Zeitpunkt der Erhebung des Zensus 2011 15.016.960 Millionen Einwohner_innen. Von den 23,23% in Deutschland lebenden Menschen mit Migrationshintergrund sind 49,23% männlichen Geschlechts (7.393.040 Millionen) und 50,77% weiblichen Geschlechts (7.623.920 Millionen). 60,18% der Menschen mit Migrationshintergrund in Deutschland besitzen die deutsche Staatsangehörigkeit (9.037.650 Millionen), 5.979.310 Menschen mit Migrationshintergrund (39,82%) sind keine deutschen Staatsbürger_innen. Der größte prozentuale Anteil mit 37,7% (5.654.640 Millionen) der in Deutschland lebenden Menschen mit Migrationshintergrund, stammt aus den 27 Mitgliedsstaaten der europäischen Union. 36,0% (5.404.090 Millionen) kommen aus anderen Ländern des europäischen Kontinents und 3.958.240 Millionen Menschen mit Migrationshintergrund, welche in Deutschland leben stammen aus den anderen verbliebenen Kontinenten. Unter dem letzten Punkt fasste der Zensus 2011 unter anderem auch Menschen ohne genau zuordenbare Staatsangehörigkeit und Staatenlose zusammen. Der größte Anteil der Menschen mit Migrationshintergrund kam in den Jahren zwischen 1956 und 1989 nach Deutschland. Dies waren 24,8 % (3.725.070 Millionen). Zwischen 1990 und 1999 folgten 21,0% (3.149.900 Millionen) und im Zeitraum zwischen 2000 und 2011 folgten weitere 14,9% (2.237.850 Millionen). Die Ergebnisse beziehen sich laut des Zensus 2011 auf eine Teilbevölkerungsgruppe von Menschen mit Migrationshintergrund, welche eigenständig nach 1955 ins gegenwärtige bundesdeutsche Gebiet migriert sind. 46,3% der Menschen mit Migrationshintergrund leben bereits 20 Jahre und länger in Deutschland (6.959.780 Millionen), lediglich 11,4% (1.713.700 Millionen) leben seit weniger als fünf Jahren in der Bundesrepublik. Aus der Verteilung des Alters auf die Bevölkerung mit Migrationshintergrund geht hervor, dass 23,5% (3.530.030 Millionen) der Menschen mit Migrationshintergrund in Deutschland im Alter von 18 Jahren

---

2 „Dieses Merkmal gibt an, ob eine Person einen Migrationshintergrund aufweist oder nicht. Als Personen mit Migrationshintergrund werden alle zugewanderten und nicht zugewanderten Ausländer/-innen sowie alle nach 1955 auf das heutige Gebiet der Bundesrepublik Deutschland zugewanderten Deutschen und alle Deutschen mit zumindest einem nach 1955 auf das heutige Gebiet der Bundesrepublik Deutschland zugewanderten Elternteil definiert. Ausländer/-innen sind Personen, die nicht die deutsche Staatsangehörigkeit besitzen." (Statistisches Bundesamt, 2013, S.23).

und jünger sind und rund 9,0% sind 65 Jahre und älter (1.352.890 Millionen) (Statistisches Bundesamt, 2013). In Deutschland leben 6.169.360 Millionen Menschen ohne deutsche Staatsangehörigkeit, dies entspricht einem prozentualen Anteil von 7,7% an der gesamtdeutschen Bevölkerung (Statistisches Bundesamt, 2013). Ist Deutschland folglich ein Einwanderungsland? Die Geschichte zeigt auf, dass Deutschland bereits weit vor der Gastarbeiteranwerbung in den 1950er und 1960er Jahren ein Einwanderungsland war (Butterwege, 2005). Die Anfänge der Zuwanderungsgeschichte in Deutschland beginnen bereits Ende des 19. Jahrhunderts. Das damalige deutsche Kaiserreich, stand vor seinem ersten großen Schritt in die Moderne. Die Industrialisierung hielt Einzug in die deutsche Ökonomie und die politische Landschaft stand vor großen Veränderungen. In dieser Zeit befand sich Deutschland im Übergang vom Kaiserreich zum Beginn des ersten Weltkriegs (Osterhammel, 2012). Der Bedarf an ausländischen Arbeitskräften, welche die prosperierende Wirtschaft Deutschland unterstützen sollten, war enorm hoch. Zu dieser Zeit kamen über eine Millionen Arbeitskräfte, vor allem aus Osteuropa, nach Deutschland um den wirtschaftlichen Aufschwung des Landes zu unterstützen (Oltmer, 2005). Nach dem ersten Weltkrieg sank die Anzahl an Arbeitsmigrant_innen in Deutschland wieder deutlich. In der Weimarer Republik nahm in der Zeit von 1918 bis 1933, vor allem die Anzahl an Flüchtlingen und Vertriebenen zu, die in Deutschland Zuflucht suchten (ebd., 2005). Das dunkelste Kapitel deutscher Migrationsgeschichte fand in der Zeit des Nationalsozialismus zwischen 1933 und 1945 statt. Über zehn Millionen Menschen wurden in dieser Zeit in Deutschland zur Arbeit gezwungen, deportiert und ermordet (ebd., 2005).

Im Deutschland der Nachkriegszeit, der Zeit des sogenannten „Wirtschaftswunders", veränderte sich die deutsche Migrationsgeschichte deutlich. Die deutsche Ökonomie erlebte Anfang der 1950er Jahre einen so hohen Aufschwung, dass die junge Bundesrepublik diesen nicht aus eigener Kraft heraus bewältigen konnte. Da ein sehr großer Anteil der männlichen Bevölkerung Deutschlands im zweiten Weltkrieg ums Leben kam, sollte der Wiederaufbau des Landes allein durch die sogenannten „Trümmerfrauen" geschehen. Diese konnten die Aufgabe Deutschland wieder selbst aufzubauen nicht allein bewältigen, die Anwerbung ausländischer Arbeitskräfte begann (Arnold & von Griesheim, 2002; Öztürk, 2011). Das erste Anwerbeabkommen für Arbeitskräfte aus Italien unterzeichnete Deutschland im Jahr 1955. Darauf folgten Anwerbeabkommen mit Griechenland, Portugal, Spanien, Marokko, Tunesien, Ex-Jugoslawien und der Türkei (Toprak, 2010). Nach dem Ende des Wirtschaftswunders kam es in den Jahren 1972/1973 zu einer Weltwirtschaftskrise. Deutschland entschied sich folglich im Jahr 1973 einen Anwerbestopp ausländischer Arbeiter_innen auszusprechen. 1979 lebten jedoch bereits rund vier Millionen ausländische Arbeitnehmer_innen mit ihren Familien in Deutschland. Die Türkei stellte gut ein Drittel der in Deutschland lebenden Arbeitsmigrant_innen (Öztürk, 2011). Der Anwerbestopp für Arbeitsmigrant_innen in Deutschland 1973 war nicht als Ende der deutschen Migrationsgeschichte anzusehen (ebd., 2011). Nach der deutschen Wiedervereinigung und dem Ende des Kalten Krieges migrierten viele Spätaussiedler_innen aus Ost- und Südosteuropa und der ehemaligen Sowjetunion nach Deutschland (Butterwegge, 2005).

In den 1950er und 1960er Jahren stellten viele Frauen einen großen Anteil an Migrant_innen, die im Zuge der Arbeitsmigration ihrer Männer oder ihrer eigenen Arbeitsmigration nach dem Ende des zweiten Weltkriegs in die Bundesrepublik einreisten (Aufhauser, 2000).

So kamen in den Jahren zwischen 1956 und 1989 genau so viele Frauen nach Deutschland, wie Männer. Im Jahr 2011 betrug der Anteil an Frauen mit Migrationshintergrund in Deutschland 50,77% (7.623.920 Millionen), dies sind rund 1,54% mehr weibliche Migrant_innen als männliche Migrant_innen (Statistisches Bundesamt, 2013). Es ist jedoch anzunehmen, dass es geschlechtsspezifische Unterschiede für die Migration in ein anderes Land gibt. So werden männliche Migrant_innen vermutlich die endgültige Entscheidung für eine Migration treffen (Aufhauser, 2000). Dies bedeutet, dass die Gründe für Frauen ihre eigene Heimat zu verlassen sehr vielschichtig erscheinen. Einer der offensichtlichsten Beweggründe für die Migration einer Frau ist jedoch der Gelderwerb in einem anderen Land. Das verdiente Geld dient der Unterstützung der eigenen Kinder und Verwandten im Heimatland. Die Migration dieser Frauen wird unter dem Begriff der „transnationalen Mutterschaft" zusammengefasst (Herwartz-Emden, 2000). Die weltweite Globalisierung ist als Erklärung für die Migration der „transnationalen Mütter" zu nennen. Eine Abgrenzung der Migrant_innen von ihrer Heimat findet folglich nicht statt, vielmehr ist deren Kontakt zu den eigenen Kindern und Verwandten durch den technischen Fortschritt und dessen Kommunikationsmittel gewährleistet (Bundesministerium für Familie, Senioren, Frauen und Jugend, 2000). Folglich erscheint es so, dass die betroffenen Frauen zum Teil eine bewusste Entscheidung für ein Leben im transnationalen Kontext treffen (Herwartz-Emden, 2000). Arrangierte Ehen mit einem Mann aus einem Land der ersten Welt gehören unter anderem zu den Gründen für eine Migration, hierbei ist von der sogenannten Heiratsmigration die Rede. Häufig wird den betroffenen Frauen ein sozialer Aufstieg nach der eingegangen Heirat versprochen. Anzumerken ist, dass es auch männliche Heiratsmigranten gibt, dessen Anteil jedoch deutlich geringer ist, als der von weiblichen Heiratsmigrantinnen (Prodolliet, 1999). Ein weiterer wichtiger Grund, der Frauen dazu veranlasst zu migrieren ist eine hohe Mittellosigkeit ihrem

Herkunftsland. Häufig gibt es wenig oder keine Arbeit für Frauen ihrem Heimatland. Der soziale Aufstieg für Frauen ist folglich in ihren Heimatländern unerreichbar. Frauen haben in ihren Heimatländern zudem häufiger mit strukturellen Diskriminierungen zu kämpfen (Treibel, 2000). Verfolgungen sind häufig ein Grund dafür, das die Betroffenen kein menschenwürdiges Leben in ihrem Heimatland führen können (ebd., 2000). Als Beispiele für eine geschlechtsspezifische Verfolgung sind, unter anderem sexuelle Gewalt in Form von Vergewaltigungen, sowie physische Folter und Genitalverstümmelungen. Ferner sind auch religiös motivierte Taten wie z. B. Zwangsverheiratungen oder Ehrenmorde zu nennen, die zu einer Flucht führen kann (Pelzer, 2009). Die Trennung oder Scheidung der Frau in ihrem Heimatland von einem Mann kann als Grund für eine Migration in ein anderes Land genannt werden. So wird dies in sehr traditionell muslimisch geprägten Ländern als ein massives Problem angesehen, da insbesondere Frauen von ihrer gesellschaftlichen Gemeinschaft ausgegrenzt und / oder sogar verstoßen werden. In einigen Fällen kann die Scheidung oder Trennung der Frau von ihrem Partner sogar durch die Todesstrafe bestraft werden (Treibel, 2000). Als Gründe für die Migration von Männern werden vor allem ein Kriegszustand oder eine politische Verfolgung oder Unterdrückung genannt (Pelzer, 2009).

1.2.2 Menschen mit Migrationshintergrund in der Stadt Bochum

Mit einer Bevölkerungszahl von circa 366.000 Menschen (Stand: 2010), gehört Bochum zu einer der größten Städte des Ruhrgebiets. Noch fünfzig Jahre zuvor lebten jedoch rund 17% (ca. 76.000) mehr Menschen in Bochum als heute (Stadt Bochum, 2012). Die Kommune, hat wie viele ihrer Nachbarstädte im Ruhrgebiet, mit den Folgen des voranschreitenden demographischen Wandels zu kämpfen. So wird davon ausgegangen, dass die Bevölkerungszahl in Bochum in den kommenden Jahren weiter rückgängig ist und die Bevölkerung, die in Bochum lebt immer älter wird (ebd., 2012). Um diesen starken Abfall der Bevölkerungsentwicklung in Bochum aufzufangen, wurde eine Zuwanderung von Menschen mit Migrationshintergrund als Kompensation erwartet. Doch diese Erwartungen konnten nicht erfüllt werden. Zwar stellen die in Bochum lebenden Menschen mit Migrationshintergrund gegenwärtig einen Bevölkerungsanteil von 15,2% (55.533, Stand: 31.12.2010) an der Gesamtbevölkerung innerhalb der Kommune dar, jedoch kann auch diese Bevölkerungsgruppe den Rückgang der Bevölkerungszahl der Stadt nicht stoppen. Von den zuvor genannten 15,2% der in Bochum lebenden Bevölkerung mit Migrationshintergrund, haben rund 58,31% (32.379, Stand: 31.12.2010) keine deutsche Staatsangehörigkeit, in Relation zur Gesamtbevölkerung in Bochum sind dies noch rund 9% (ebd., 2012). Mit der zuvor genannten Bevölkerungsgruppe der Migrant_innen sind jedoch auch bestimmte Aspekte verbunden, die sich aus Sicht des Sozialberichts der Stadt Bochum in Form einer ethnischen, sowie sozialen Segregation dieser Bevölkerungsgruppe äußert (Stadt Bochum, 2012). Zimmermann-Hegmann et. al. (2007, S.18) beschreibt die Segregation als eine „[...] Ungleichverteilung bestimmter Bevölkerungsgruppen im städtischen Raum [...]". Weiter heißt es in der Definition:

> „[...] Sie ist die Verteilung von sozialer und räumlicher Ungleichheit. Räumliche Ungleichheit ist die Folge von topografischen Unterschieden und Lagequalitäten, die sich aus ökonomischen, ökologischen und sozial-kulturellen Bewertungen innerhalb einer Stadt ergeben. Soziale Ungleichheit hat ökonomische, kulturelle und herrschaftliche Dimensionen." (ebd., 2007, S.18).

Die in der Definition von Zimmermann-Hegmann et. al. (2007) genannten räumlichen Ungleichheiten zeigen sich auch im Bochumer Stadtbild. So leben die meisten der in Bochum ansässigen Menschen mit Migrationshintergrund im Stadtteil Querenburg, mit einem Anteil von circa 36,5% an der Gesamtbevölkerung Querenburgs. Darauf folgen die Stadtteile in Bochum mit einem überdurchschnittlichen Anteil an Menschen mit Migrationshintergrund in Relation zum durchschnittlichen Anteil an der Gesamtbevölkerung Bochums, diese sind: Kruppwerke (30,6%), Gleisdreieck (28,6%), Hamme (22,6%), Laer (22,0%), Langendreer-Alter Bahnhof (17,8%), Wattenscheid-Mitte (17,6%), Hofstede (17,1%), Werne (17,0%) und Riemke mit 15,2%. Die Stadtteile mit dem niedrigsten Anteil von Menschen mit Migrationshintergrund sind mit 4,6% Stiepel, mit 4,8% Eppendorf und Weitmar-Mark mit 5,7% (Stadt Bochum, 2012). Bezüglich des Herkunftslandes der in Bochum lebenden Menschen mit Migrationshintergrund ergibt sich folgende Verteilung (Stand: 31.12.2010): 24,94% (13849 Personen) der Migrant_innen kommen aus der Türkei, gefolgt von 20,34% (11322 Personen) aus Polen. Darauf folgen 2606 Personen aus Serbien und Montenegro (4,7%), 2357 Personen aus Russland (4,2%), 1846 Personen aus Italien (3,3%), 1597 Personen aus dem Iran (2,9%), sowie 1581 Personen aus Kasachstan (2,8%) (Stadt Bochum, 2012, S. 146). Der größte Anteil der in Bochum lebenden Menschen mit Migrationshintergrund ergibt sich jedoch aus der Verteilung auf insgesamt sechzig weitere verschiedene Nationen es ergibt sich ein Anteil von 36,69% (20375 Personen) (ebd., 2012, S. 146). In Bezugnahme auf eine Verteilung der Geschlechter ergibt sich folgendes Bild: 49,7% der Menschen mit Migrationshintergrund sind männlich, 50,3% sind weiblichen Geschlechts (Stand: 12.2008). Die geschlechtliche Verteilung in der Gesamtbevölkerung Bochums steht im Verhältnis 51,7% Frauen zu 48,3% Männern. Demnach ergibt sich eine ungefähre Gleichverteilung der Geschlechter innerhalb der deutschen Bevölkerungsgruppe und den Menschen mit Migrationshintergrund in Bochum (Stadt Bochum, 2009c). Ein letzter wichtiger Aspekt in der Beschreibung der Bevölkerungsgruppe der Migrant_innen ist deren soziale Lebenslage, im speziellen deren Beschäftigungs- bzw. Arbeitslosenrate, sowie deren Bezug staatlicher Transferleistungen in Form von „Arbeitslosengeld II". Dort ergeben sich folgende Verteilungen: Im Jahr 2008 waren insgesamt 13,8% der in Bochum lebenden ausländischen Bevölkerung arbeitslos (3196 Personen) wohingegen rund 28,7% (7631 Personen) einer sozialversicherungspflichtigen Beschäftigung nach gingen (Stadt Bochum, 2009c). Insgesamt bezogen zu diesem Zeitpunkt insgesamt 9239 Personen ausländischer Herkunft staatliche Transferleistungen des Sozialgesetzbuches II (SGB II) (Stand 31.12.2008) (ebd., 2009c, S.26).

1.2.2.1 Anteil der Menschen mit Migrationshintergrund in der Stadt Bochum gemäß der Ergebnisse des Zensus 2011

Wie bereits in Punkt 1.2.2 erwähnt, wird die Stadt Bochum, ebenso wie die meisten Städte im Ruhrgebiet, in den kommenden Jahren einen deutlichen Rückgang in ihrer Bevölkerungsanzahl zu verzeichnen haben (Stadt Bochum, 2012). Aktuelle Zahlen des Zensus 2011 zeigen jedoch auf, dass bereits im Jahr 2011 weniger Menschen in Bochum lebten, als von Seiten der Kommune selbst angenommen und veröffentlicht wurde. Die hier dargestellten Zahlen des Zensus 2011 umfassen folglich nur allgemeine Angaben zur Bochumer Wohnbevölkerung und stellen keine Differenzierungen z. B. für Bochumer Stadtteile dar. Daher werden die Ergebnisse des Zensus 2011 hier dargestellt, jedoch im Verlauf der vorliegenden Erhebung nicht weiter beachtet. Insgesamt lebten im Jahr 2011 362.286 Menschen in Bochum, dies sind rund 3.700 (ca. 1%) Personen weniger, als von offizieller Stadtseite angenommen. In Relation zur letzten Bevölkerungszählung im Jahr 1987 ist dies jedoch ein deutlicher Rückgang von -6,2% (-23.985 Menschen) (Information und Technik Nordrhein-Westfalen, 2013a). Der Anteil von Menschen mit Migrationshintergrund ist ebenfalls zu korrigieren, so sind die Zahlen des Sozialberichts der Stadt Bochum aus dem Jahr 2012, in dem ein Anteil von 15,2% von Menschen mit Migrationshintergrund an der Bochumer Wohnbevölkerung verzeichnet ist, auf einen Anteil von 22,82% (82.690 Menschen) nach oben zu korrigieren. Dies ist eine Differenz von 7,62% (Information und Technik Nordrhein-Westfalen, 2013b). Der Anteile der Menschen innerhalb der Bochumer Wohnbevölkerung, welche keine deutsche Staatsbürgerschaft besitzt, ist ebenfalls zu korrigieren. So ist der Anteil der Menschen ohne die deutsche Staatsbürgerschaft gemessen an der gesamten Bochumer Wohnbevölkerung um 0,85% von rund 9% auf 8,15% nach unten zu korrigieren (IT NRW, 2013a). Von allen Menschen innerhalb der Bochumer Wohnbevölkerung mit Migrationshintergrund besitzen folglich nur noch 35,7% keine deutsche Staatsangehörigkeit (ebd., 2013a). Im Sozialbericht der Stadt Bochum (2012) lag dieser Anteil noch bei 58,31%.

1.3. Zusammenfassung der Theorie und Ableitung der Fragestellung

Eine aktive Teilhabe am gesellschaftlichen Leben und eine gerechte Chancengleichheit sind dann umgesetzt, wenn jeder Mensch, ganz gleich welcher gesellschaftlichen und nationalen Herkunft, den gleichen Zugang zu gesellschaftlichen und politischen Ressourcen hat (Schubert & Klein, 2011). Die praktische Umsetzung der zuvor aufgeführten Aussage ist in Bezug auf bestimmte gesellschaftliche Gruppen, z. B. Frauen oder Menschen mit Migrationshintergrund jedoch noch nicht vollständig umgesetzt. Im Besondern ist der Zugang zu politischen Ressourcen ein Themenfeld, welches mit einem sehr geringen Anteil von Frauen oder Menschen mit Migrationshintergrund repräsentiert wird. So ist z. B. die Repräsentanz von Frauen in der Kommunalpolitik, mit einem Gesamtanteil von 33,4% sehr gering (Holtkamp, Wiechmann & Schnittke, 2009). Die Unterrepräsentanz von Migrant_innen in der Kommunalpolitik liegt sogar nur bei insgesamt 4,1% (Schönwälder et. al., 2011). Die Gründe für die Unterrepräsentanz von Frauen und Menschen mit Migrationshintergrund in der Politik sind vielschichtig. Zusammenfassend ist jedoch herauszustellen, dass z. B. Frauen im Handlungsfeld Politik einer strukturellen Diskriminierung aufgrund ihres Geschlechts unterliegen (Holtkamp, Wiechmann & Schnittke, 2009). In Artikel 3 Abs. 2 und 3 des Grundgesetzes ist jedoch die Grundlage für eine Sanktionierung von Ungleichbehandlungen z. B. aufgrund des Geschlechts und / oder der „Rasse" oder Herkunft verankert. Der deutsche Staat soll die Durchsetzung der Gleichberechtigung von Frauen und Männern fördern. Ferner untersagt das Grundgesetz den Umstand, einen Menschen aufgrund seines Geschlechts, seiner Abstammung, „Rasse", Sprache, Heimat und / oder Herkunft u.a. zu diskriminieren (Bundesministerium der Justiz, 2012). Dies umfasst auch die Sanktionierung von Ungleichbehandlungen aufgrund der Ethnizität. Eine Grundlage zur tatsächlichen Umsetzung der Gleichberechtigung von Frauen und Männern innerhalb der Politik und gesellschaftlichen Institutionen und Organisationen ist durch das Konzept des Gender Mainstreaming geschaffen worden, dieses soll demnach als politische Querschnittsaufgabe agieren (Stiegler, 2002; Krell, Mückenberger & Tondorf, 2011). Neben einer Ungleichbehandlung aufgrund des biologischen Geschlechts, gibt es weitere Kategorien, welche zu einer Ungleichbehandlung führen können. Die drei Hauptfaktoren, welche zur Diskriminierung eines Menschen führen, sind unter der Trias Geschlecht, Klasse und „Rasse" zusammengefasst (Klinger, 2008). Crenshaw (1989) fasste diese Mehrfachdiskriminierung unter dem Begriff Intersektionalität zusammen. Eine Erweiterung der Trias um die Kategorie „Körper" wurde von Winker und Degele (2009) eingebracht. Weitere Kategorien wie z. B. die Sexualität oder das Alter eines Menschen versuchen zudem eine ganzheitliche Betrachtung von verschiedenen Kategorien welche zu Diskriminierungen führen können, zusammenzufassen (Lutz & Wenning, 2001).

So ist das Kooperationsprojekt zwischen der Ruhr-Universität Bochum und der Stadt Bochum „Gender Mainstreaming im Spannungsfeld zwischen Theorie und Praxis – Wissenschaft und Politik gehen Hand in Hand" eine explizite Möglichkeit zur Evaluation, der Implementierung und Umsetzung des Gender Mainstreaming in der Kommunalpolitik. Aufgrund der langen Migrationsgeschichte in Deutschland, nicht erst seit dem Anwerbeabkommen in dem Jahr 1955 zwischen Deutschland und vielen europäischen Staaten (Öztürk, 2011), entwickelte sich der Forschungsgegenstand der vorliegenden empirischen Analyse. Zurzeit leben rund 18,9% Menschen mit Migrationshintergrund in Deutschland (Statistisches Bundesamt, 2013). In Bochum liegt der Anteil von Menschen mit Migrationshintergrund mit 22,82% sogar über dem Bundesdurchschnitt (ebd., 2013). Daher bietet das kommunalpolitische Gremium des Ausschusses für Migration und Integration der Stadt Bochum, welcher seit 2004 ein Ausschuss gem. § 58 Gemeindeordnung ist (MIK, 2013), eine hervorragende Forschungsgrundlage.

So ist zusammenfassend herauszustellen, dass es im Besonderen im Bereich der Umsetzung und der Evaluation des Gender Mainstreaming in kommunalpolitischen Gremien eine Forschungslücke gibt. So wird die Umsetzung dessen zwar theoretisch gefordert, aber wie diese tatsächlich aussieht muss evaluiert werden. Folglich ergab sich die Fragestellung der vorliegenden empirischen Erhebung für den Ausschuss für Migration und Integration der Stadt Bochum, welcher einen großen Anteil der Bochumer Wohnbevölkerung vertritt und repräsentiert.

So ergab sich die Verbindung der zuvor genannten Themen: Geschlecht und Migration für die vorliegende empirische Analyse: „Gender Mainstreaming in der Kommunalpolitik. Eine empirische Analyse im Ausschuss für Migration und Integration der Stadt Bochum".

2. Methode

Das im Jahr 2012 begonnene Kooperationsprojekt zwischen der Fakultät für Sozialwissenschaft der Ruhr-Universität Bochum und der Stadt Bochum mit dem Titel „Gender Mainstreaming im Spannungsfeld zwischen Theorie und Praxis. Wissenschaft und Politik gehen Hand in Hand", dient der Evaluation der Umsetzung und Wirkung von Gender Mainstreaming auf kommunaler Ebene innerhalb der Stadtverwaltung und der Politik (Wylkop, 2012). Neben der Thematik des Gender Mainstreaming, ist im Besonderen die Migrations- und Integrationspolitik als ein Themenschwerpunkt in der kommunalpolitischen Arbeit in Bochum zu nennen. In Bochum gibt es, ebenso wie in vielen anderen Ruhrgebietsstädten, einen hohen Anteil von Menschen mit Migrationshintergrund, gemessen an der Gesamtbevölkerung (Stadt Bochum, 2012). Aufgrund des zuvor beschriebenen inhaltlichen kommunalpolitischen Schwerpunktes, also der Migrations- und Integrationspolitik und den zuvor beschriebenen Theorien des Gender Mainstreaming und der Intersektionalität, dem Handlungsfeld des Ausschusses für Migration und Integration der Stadt Bochum und der sozialräumlichen Beschreibung der Kommune lässt sich nun eine Ableitung der Forschungsfrage herstellen. Diese lautet: „Welche Erfahrungen, Umsetzungen und Handlungsansätze gleichstellungspolitischer Themen gibt es im Ausschuss für Migration und Integration der Stadt Bochum?"

2.1 Untersuchung I

Um genaue Handlungsansätze, Umsetzungen und Erfahrungen gleichstellungspolitischer Themen innerhalb des Ausschusses für Migration und Integration zu erfassen und die Umsetzung des Gender Mainstreamings in der kommunalen Stadtverwaltung zu beschreiben bedarf es einer genauen Erfassung des Ist-Zustandes. Dafür wurden in der vorliegenden Stichprobe Daten von insgesamt zwölf Mitgliedern des Ausschusses mit Hilfe eines Fragebogens erhoben. Die genaue Zusammensetzung der vorliegenden Stichprobe, sowie das genaue Vorgehen bei der Erhebung der Daten werden im Folgenden erläutert. Es ist anzumerken, dass mit einer Ausschöpfungsquote von 48,0%, die vorliegende quantitative Erhebung, einen überdurchschnittlichen Anteil an Rückläufen von Fragebögen innerhalb der empirischen Sozialforschung zeigt und dies als positiv zu betrachten ist. Der durchschnittliche Rücklauf von Fragebogenerhebungen liegt bei ca. 20% (Diekmann, 2010). Mit einer Ausschöpfungsquote von 48,0% kann kein vollständiges Meinungsbild des gesamten Ausschusses erfolgen. Dies ist als methodische Kritik für die vorliegende Erhebung anzumerken.

2.1.1 Stichprobe

Die Stichprobe besteht aus zwölf von insgesamt 25 Mitgliedern des Ausschusses für Migration und Integration (AMI) der Stadt Bochum. Dies entspricht einer Ausschöpfungsquote von 48,0%. Drei (25,0%) der an dieser Erhebung teilgenommenen Ausschussmitglieder sind weiblich, neun (75,0%) sind männlichen Geschlechts. In der Stichprobe verteilen sich die einzelnen im Ausschuss vertretenen Gruppen wie folgt: Ratsmitglieder (n=5, 41,7%), direkt gewählte Migrantenvertreter_innen (n=4, 33,3%), sachkundige Einwohner_innen (n=2, 16,7%) und ein beratendes Mitglied aus dem Frauenbeirat (n=1, 8,3%). Sechs (50,0%) der Ausschussmitglieder gehören diesem seit der laufenden Legislaturperiode an, drei (25,0%) der Ausschussmitglieder gaben an, seit zwei Legislaturperioden dem Ausschuss anzugehören und weitere drei (25,0%) Mitglieder des Ausschusses waren an dessen Gründung beteiligt und waren bereits Mitglieder des Ausländerbeirats der Stadt Bochum. Dieser wurde im Jahr 2004 durch den Ausschuss für Migration und Integration ersetzt und ihm dadurch mehr exekutive Funktionen übertragen (Stadt Bochum, o. J.). Das durchschnittliche Alter, der an der Stichprobe teilnehmenden Ausschussmitglieder, betrug zum Zeitpunkt der Erhebung 52,0 Jahre (SD 10,17 Min 36,0 Max 68,0).

2.1.2 Instrument

Zur Datenerhebung wurde ein Fragebogen (s. Anhang) zur Erfassung gleichstellungspolitischer Themen im Ausschuss für Migration und Integration entwickelt. Der Fragebogen enthält sowohl offene, als auch geschlossene Fragen. Die theoretischen Grundlagen für die Konzeption des vorliegenden Fragebogens bilden die Theorien der Intersektionalität nach Kimberlé Crenshaw (1989), die Konzeption des Gender Mainstreamings (Council of Europe, 2004), sowie die Beschreibung der sozialen Segregation von Menschen mit Migrationshintergrund in der Bundesrepublik Deutschland (Zimmermann-Hegmann et. al., 2007). Der Fragebogen dient primär der Erfassung gleichstellungspolitischer Themen im Ausschuss. Ferner erfasst er Angaben zur allgemeinen inhaltlichen Arbeit des AMI, sowie eine persönliche Einschätzung der/des einzelnen Befragten zu deren individuellen Kenntnissen und Einschätzungen bezüglich der zuvor genannten Themen. Der Fragebogen gliedert sich in insgesamt in sieben Abschnitte, welche im Folgenden kurz erläutert werden.

2.1.2.1 Angaben zur Person

Die Angaben zur Person umfassen das Geschlecht, das Geburtsjahr, den Geburtsort, sowie Angaben über den Zeitpunkt an dem die befragte Person gegebenenfalls nach Deutschland emigriert ist. Ferner werden Angaben zur Staatsangehörigkeit, dem Beruf und dem aktuellen Wohnort der befragten Person erfasst.

2.1.2.2 Angaben zur persönlichen Arbeit im Ausschuss für Migration und Integration

Der zweite Fragenkomplex des Fragebogens erfasst, welcher Gruppe die befragten Personen im Ausschuss für Migration und Integration angehören und seit wann sie die ihnen zugeordnete Gruppe im Ausschuss vertreten. Als weiterer wichtiger Aspekt wird in diesem Fragenkomplex die Motivation zur Mitarbeit im Ausschuss der einzelnen befragten Personen erfasst. Ferner wird erfasst, wie die einzelnen Personen in den Ausschuss gekommen sind.

2.1.2.3 Angaben zur inhaltlichen Arbeit des Ausschusses für Migration und Integration

In diesem Bereich werden Fragen zu den Hauptaufgaben des Ausschusses und der individuellen Bewertung dieser Aufgaben des AMI gestellt. In diesem Zusammenhang wird auch nach Stadtteilen in Bochum gefragt, in denen aus Sicht der befragten Personen, besonderer Handlungsbedarf besteht und auf welche ethnischen Gruppen sich dieser bezieht. Ferner wird nach dem Grund der besonderen Auseinandersetzung mit diesen genannten ethnischen Gruppen gefragt.

2.1.2.4 Angaben zur persönlichen Einstellung zur Migration und Integration

Neben der Erfassung der persönlichen Einstellung der Befragten zu den Themen „Migration und Integration" wurde insbesondere auch die individuelle Einschätzung des Handlungsbedarfs auf gesellschaftlicher, sozialer und/oder politischer Ebene erfragt. Ein besonderer Fokus liegt auf den Veränderungsmöglichkeiten innerhalb der Stadt.

2.1.2.5 Angaben zur Kooperation mit anderen Institutionen, Vereinen, Zentren etc.

In diesem Abschnitt werden konkrete Kooperationen mit anderen gemeinnützigen und/oder politischen Institutionen der Stadt Bochum und dem AMI, sowie einer gezielten Kooperation des AMI mit gleichstellungspolitischen Institutionen innerhalb der Stadt Bochum erfragt. Die Kooperation sollten von den Teilnehmerinnen und Teilnehmern genau erläutert werden.

2.1.2.6 Allgemeine Angaben zu gleichstellungspolitischen Themen im Ausschuss für Migration und Integration

Der zentrale Fragenkomplex der Angaben zu gleichstellungspolitischen Themen im Ausschuss im Allgemeinen, beinhaltet die Abfrage nach besonderen Förderungs- und/oder Integrationsthemen innerhalb der inhaltlichen Arbeit des AMI, die im speziellen Frauen und/oder Mädchen bzw. Männer und/oder Jungen umfassen. Ferner wird neben der Abfrage nach besonderen Förderungs- und/oder Integrationsthemen für die Geschlechter, eine Abfrage nach der Auseinandersetzung mit Mehrfachdiskriminierungen und Ausgrenzungen von Menschen mit Migrationshintergrund erfasst. Abschließend sollten Handlungsansätze zur Förderung der benannten Gruppen innerhalb der Arbeit des AMI genannt werden.

2.1.2.7 Angaben zur persönlichen Einschätzung gleichstellungspolitischer Themen im Ausschuss für Migration und Integration

Der letzte Fragenkomplex umfasst eine individuelle Einschätzung der Befragten zu gleichstellungspolitischen Themen im AMI. So erfolgte zuerst die individuelle Beschreibung der/des einzelnen Befragten, was diese/r unter der Gleichstellung von Frauen und Männern im Allgemeinen versteht. Ferner sollten die Befragten einschätzen, ob die Mitglieder des AMI untereinander im Sinne der Gleichstellung von Frauen und Männern handeln und ob es konkrete Umsetzungen gleichstellungspolitischer Themen innerhalb der Arbeit des Ausschusses für Migration und Integration gibt. Als letztes sollten die Befragten ihren eigenen Kenntnisstand in gleichstellungspolitischen Themen, sowie den der anderen Ausschussmitglieder einschätzen und mögliche Vorschläge zur eventuellen Verbesserung dieses Kenntnisstandes nennen.

2.1.3 Durchführung der Datenerhebung

Die erste Kontaktaufnahme zur Durchführung der Datenerhebung für die vorliegenden Daten erfolgte Anfang Juli 2012 durch eine Email an den Geschäftsführer des Ausschusses für Migration und Integration der Stadt Bochum. Diesem wurden, in der entsprechenden Email, der Fragebogen und ein Anschreiben an alle Mitglieder des Ausschusses zugesandt. In dem Anschreiben wurden das Forschungsvorhaben des Gesamtforschungsprojekts, sowie die Fragestellung dieses spezifischen Teilprojektes erläutert und um die Teilnahme gebeten. In der 17.Sitzung des Ausschusses für Migration und Integration am 19.September 2012 wurde das Forschungsvorhaben durch die Autorin persönlich den Anwesenden Mitgliedern des Ausschusses vorgestellt und ausführlich erläutert. Am Tag der Sitzung des Ausschusses für Migration und Integration wurde jedem anwesenden Mitglied des Ausschusses der Fragebogen via Tischvorlage ausgeteilt. Denen an diesem Tag nicht anwesenden Ausschussmitgliedern wurde der Fragebogen mit der Niederschrift der Ausschusssitzung am 02.Oktober 2012 zugesandt. Im weiteren Verlauf der Datenerhebung erfolgte ein erneuter Versand des Fragebogens auf elektronischem Postweg und durch eine persönliche Weitergabe, sowohl durch die Geschäftsstelle des Ausschusses, als auch durch die Autorin selbst. Die Datenerhebung erfolgte in einem fünfmonatigen Zeitraum zwischen dem 19. September 2012 und dem 19. Februar 2013. Nach dem Eingang des zwölften Fragebogens wurde die Datenerhebung seitens der Autorin beendet. Fünf der Fragebögen gingen der Autorin postalisch durch den Versandt durch die Geschäftsstelle des Ausschusses für Migration und Integration zu, die übrigen sieben Fragebögen erreichten die Autorin auf elektronischem Weg, als Emailanhang. Die Emailadressen aller Mitglieder des Ausschusses waren der Autorin über das Ratsinformationssystem der Stadt Bochum frei zugänglich.

2.1.4 Ergebnisse

Folgend werden die ausgewerteten Ergebnisse der vorliegenden Daten erläutert. Die Berechnung der Ergebnisse erfolgte mithilfe des Statistikprogramms IBM SPSS Statistics 21.0 für Microsoft Windows. Die tabellarischen, sowie die graphischen Darstellungen der Ergebnisse erfolgten mit den Programmen Microsoft Word, bzw. Microsoft Excel. Die Berechnungen und Darstellungen der vorliegenden Daten erfolgte rein deskriptiv. Es wurden ausschließlich Häufigkeiten, Mittelwerte, sowie Standardabweichungen berechnet und aufgeführt. Einige Ergebnisse der vorliegenden Stichprobe wurden aufgrund der sich herausbildenden theoretischen Fragestellungen, des Gender Mainstreaming, der Intersektionalität, sowie der sozialen Segregation der in Bochum lebenden Migrant_innen nicht im Ergebnisteil dargestellt. Die zuvor genannten Ergebnisse sind im Anhang dieser Ausführungen zu finden. Es wird jedoch von einer weiteren Auseinandersetzung und Diskussion dieser Daten abgesehen.

2.1.4.1 Ergebnisse der Angaben zur Person

Aus den Angaben zur Person geht hervor, dass von den zwölf befragten Mitgliedern des Ausschusses für Migration und Integration n=5 (41,7%) in Deutschland geboren wurden, n=4 (33,3%) gaben an in der Türkei geboren zu sein und jeweils eine Person (je 8,3%) gab an, dass sie in Syrien, dem Iran und in Russland geboren wurden. Die sieben, nicht in Deutschland geborenen Mitglieder des AMI gaben an, im Zeitraum zwischen 1975 und 1992 nach Deutschland gekommen zu sein (SD 5,872 Min 1975 Max 1992). Alle Mitglieder, die nicht in Deutschland geboren wurden, lebten seit dem Zeitpunkt ihrer Migration in Bochum. Von den zwölf befragten Ausschussmitgliedern besitzen n=10 (83,3%) die deutsche Staatsbürgerschaft, eine Person (8,3%) besitzt eine deutsch-türkische Staatsbürgerschaft und eine weitere Person (8,3%) ist türkischer Staatsbürger. Sieben Ausschussmitglieder, die nicht in Deutschland geboren wurden, gaben an einen Migrationshintergrund (58,3%) zu haben. Bezogen auf die Nachfrage, nach der genauen Bezeichnung des Migrationshintergrundes gaben n=4 (57,13%) an, einen türkischen Migrationshintergrund zu haben, je eine Person (14,29%) gab an einen iranischen-, kurdischen- oder russischen Migrationshintergrund zu haben. Über ihren aktuellen Berufsstand bzw. ihren Bildungsabschluss machten alle zwölf Ausschussmitglieder eine Angabe. 58,1% (n=7) der Ausschussmitglieder gaben an einen Hochschulabschluss erlangt zu haben, 24,9% (n=3) haben eine abgeschlossene Berufsausbildung. Eine Person (8,5%) gab an als Selbstständige/r tätig zu sein und eine weitere Person war zum Zeitpunkt der Datenerhebung bereits Rentner_in (8,5%). Alle befragten Ausschussmitglieder wohnten zum Zeitpunkt der Datenerhebung in Bochum. In Bezug auf die Bochumer Stadtteile lässt sich folgende Verteilung der jeweiligen Wohnorte der Ausschussmitglieder darstellen: n=3 (25,0%) der Ausschussmitglieder wohnen in Wattenscheid, n=2 (16,7%) wohnen in Stahlhausen, weitere n=2 (16,7%) leben in Ehrenfeld, je eine Person (je 8,3%) lebt in Hamme, Langendreer, Linden, Querenburg und in Bochum-Süd. In Bezug auf ihre eigenen Stadtteile, sollten die Ausschussmitglieder subjektiv die Höhe der Bürger_innen mit Migrationshintergrund einschätzen. Neun (75,0%) der Ausschussmitglieder gaben an, dass sie in einem Stadtteil wohnen in dem ihrer subjektiven Einschätzung nach, viele Menschen mit Migrationshintergrund leben, n=3 (25,0%) der Befragten gaben an, dass in ihrem Stadtteil teilweise Menschen mit Migrationshintergrund leben. Aus Tabelle 1 geht hervor, aus welchen Ländern die Menschen mit Migrationshintergrund, nach Angabe der Ausschussmitglieder jeweils stammen. Alle befragten Ausschussmitglieder gaben an, dass in dem Stadtteil in dem sie selbst wohnen viele bzw. einige Menschen mit türkischem Migrationshintergrund leben. Darauf folgten Angaben über die in dem jeweiligen Stadtteil lebenden Menschen mit folgendem Migrationshintergrund: polnischer Migrationshintergrund (n=9, 75,0%), acht Nennungen (66,7%) für Menschen mit russischem Migrationshintergrund, jeweils fünf Nennungen (je 41,7%) für Menschen mit italienischem- und ex-jugoslawischem Migrationshintergrund, je vier Nennungen (je 33,3%) für Menschen mit kroatischem Migrationshintergrund und für Menschen aus anderen Nicht-EU-Ländern, außer den zuvor genannten und abschließend drei Nennungen (25,0%) für Menschen mit griechischem Migrationshintergrund. Dabei ist anzumerken, dass es sich bei den Nennungen um viele, bzw. einige Menschen mit Migrationshintergrund handelt, welche in den genannten Stadtteilen leben.

Tabelle 1: Nennungen der Herkunftsländer (Häufigkeiten/Prozent) der Menschen mit Migrationshintergrund, die in den Stadtteilen leben, in denen die Mitglieder des Ausschusses für Migration und Integration der Stadt Bochum wohnen**.

	Türkei (Häufigkeiten/Prozent)	Russland (Häufigkeiten/Prozent)	Polen (Häufigkeiten/Prozent)	Kroatien (Häufigkeiten/Prozent)	Italien (Häufigkeiten/Prozent)	Ex-Jugoslawien (Häufigkeiten/Prozent)	Griechenland (Häufigkeiten/Prozent)	andere EU Staaten (Häufigkeiten/Prozent)	Sonstige Länder * (Häufigkeiten/Prozent)
Nennungen	12 (100%)	8 (66,7%)	9 (75,0%)	4 (33,3%)	5 (41,7%)	5 (41,7%)	3 (25,0%)	0 (0,0%)	4 (33,3%)

Anmerkung: * sonstige Länder (Pakistan, Iran, Irak, Libanon, Afghanistan, Syrien, Indien, Sri Lanka & Marokko) & ** Mehrfachnennungen möglich

2.1.4.2 Ergebnisse der Angaben zur persönlichen Arbeit im Ausschuss für Migration und Integration

In Tabelle 2 ist die persönliche Motivation der Befragten aufgeführt im Ausschuss für Migration und Integration mitzuarbeiten. Als Hauptgründe sind mit jeweils 40,0% (n=8) die Integrationsförderung und die Gestaltung des Zusammenlebens von verschiedenen Migrant_innengruppen und der Bochumer Bevölkerung, sowie die Förderung der politischen Partizipation von Migrant_innen und die Informationsbeschaffung, als Motivationsgründe für eine Mitarbeit im AMI zu nennen. Darauf folgend gaben drei Ausschussmitglieder (15,0%) an, dass sie die Interessenvertretung für die Migrant_innen als weiteren Motivationsgrund für eine Mitarbeit im Ausschuss ansehen. Ein Ausschussmitglied (5,0%) motivierte die Möglichkeit, an der Gestaltung und Umsetzung konkreter Projekte für Migrant_innen in der Stadt Bochum mitzuarbeiten.

Tabelle 2: Angaben zur persönlichen Motivation zur Mitarbeit im Ausschuss für Migration und Integration der Stadt Bochum

	Häufigkeiten	Prozent
Integration fördern und das Zusammenleben gestalten	8	40,0%
Partizipation der Migrant_innen am politischen Leben fördern und Informationsbeschaffung	8	40,0%
Interessenvertretung für die Migrant_innen	3	15,0%
Gestaltung und Umsetzung konkreter Projekte für Migrant_innen	1	5,0%
Gesamtnennungen*	20	100%

Anmerkung: *Mehrfachnennungen möglich

Auf den Punkt, wie die bzw. von wem die Mitglieder des Ausschusses für Migration und Integration in diesen gewählt wurden bzw. von wem sie für eine Wahl in den Ausschuss vorgeschlagen wurden, antworteten sie wie folgt: Sieben Ausschussmitglieder (58,3%) wurden von einer im Rat der Stadt Bochum vertretenen Partei bzw. der jeweiligen Ratsfraktion für die Wahl in den AMI vorgeschlagen. 25,0% (n=3) der Ausschussmitglieder schlugen sich selbst zur Wahl in den Ausschuss vor und zwei weitere Mitglieder (16,7%) wurden von einer Migrant_innenorganisation für die Wahl in den Ausschuss vorgeschlagen.

2.1.4.3 Ergebnisse der Angaben zur inhaltlichen Arbeit des Ausschusses für Migration und Integration

Die in Tabelle 3 genannten Hauptaufgaben des Ausschusses für Migration und Integration sind, laut den Nennungen der Ausschussmitglieder, Folgende, wobei Mehrfachnennungen möglich waren. Zehn Nennungen (23,9%) fallen auf die Förderung der kulturellen-, sozialen- und sprachlichen Integration der in Bochum lebenden Migrant_innen, als die häufigste genannte Hauptaufgabe des Ausschusses. 19,0% (n=8) der Ausschussmitglieder gaben an, dass die Interessenvertretung von jungen und alten Migrant_innen, sowie deren Grundversorgung in der Stadt Bochum als weitere Hauptaufgabe des Ausschusses anzusehen ist. 11,9% (n=5) gaben an, dass die interkulturelle Öffnung der Stadtverwaltung eine wichtige Aufgabe des AMI ist. Je vier Nennungen (je 9,5%) entfielen auf die wissenschaftliche Kommunikation und Evaluation der bisherigen und zukünftigen politischen Arbeit der Stadt Bochum, sowie die Umsetzung und Weiterentwicklung des Integrationskonzeptes der Stadt und die gezielte Kooperation mit anderen Migrant_innen Institutionen und kommunalpolitischen Gremien. Drei Nennungen (7,1%) entfielen auf die Aussage, dass Integrations- und Bildungskurse, sowie ein

Integrationszentrum zur Durchführung der zuvor genannten Kurse, für Migrant_innen geschaffen werden sollten. Zwei (4,8%) der Ausschussmitglieder gaben an, dass die Flüchtlingsproblematik in der Stadt Bochum eine inhaltliche Hauptaufgabe des Ausschusses sei. Je eine Person (je 2,4%) gab an, dass es die Hauptaufgabe des Ausschusses sei, die Interessen von Migrant_innenorganisationen, -gruppen und -vereinen zu vertreten und geschlechtspolitische Aspekte als Hauptaufgabe innerhalb der inhaltlichen Arbeit des Ausschusses zu thematisieren.

Tabelle 3: Angaben zu den Hauptaufgaben des Ausschusses für Migration und Integration der Stadt Bochum

	Häufigkeiten	Prozent
Kulturelle- / Soziale- & Sprachliche Integration fördern	10	23,9%
Interessenvertretung von jungen/alten Migrant_innen und Grundversorgung der Migrant_innen in der Stadt Bochum sichern	8	19,0%
Interkulturelle Öffnung der Stadtverwaltung	5	11,9%
Wissenschaftliche Kommunikation & Evaluation der bisherigen und/oder zukünftigen politischen Arbeit der Stadt Bochum	4	9,5%
Umsetzung und Weiterentwicklung des Integrationskonzepts der Stadt Bochum	4	9,5%
Kooperation mit anderen Migrant_innen Institutionen und kommunalpolitischen Gremien	4	9,5%
Integrationskurse und Bildungskurse für Migrant_innen / Integrationszentren schaffen	3	7,1%
Flüchtlingsproblematik	2	4,8%
Interessenvertretung von Migrant_innenorganisationen, Gruppen und Vereinen	1	2,4%
Genderthemen	1	2,4%
Gesamtnennungen*	42	100,0%

Anmerkung: *Mehrfachnennungen möglich

Auf die Frage, welche der zuvor genannten Hauptaufgaben des AMI, die Ausschussmitglieder als besonders wichtig empfinden, kam es zu folgenden Aussagen, die aus Tabelle 4 hervorgehen. 31,25% (n=5) der Mitglieder gaben an, dass die Interessenvertretung von jungen und alten Migrant_innen, sowie deren Grundversorgung in der Stadt Bochum als eine Hauptaufgabe angesehen wird. Eine weitere Aufgabe des Ausschusses ist laut vier Ausschussmitgliedern (25,0%) die Förderung der kulturellen-, sozialen- und sprachlichen Integration der in Bochum lebenden Migrant_innen. Darauf folgen mit je zwei Nennungen (je 12,5%) die wissenschaftliche Kommunikation und Evaluation der bisherigen und zukünftigen politischen Arbeit der Stadt Bochum als eine Hauptaufgabe des Ausschusses, sowie die Schaffung von Integrationszentren als Ort für die Durchführung von Integrations- und Bildungskursen für Migrant_innen der Stadt Bochum. Je eine Person (je 6,25%) nannte die interkulturelle Öffnung der Stadtverwaltung, die Umsetzung und Weiterentwicklung des Integrationskonzeptes der Stadt Bochum und die Kooperation mit anderen Migrant_innen Institutionen und kommunalpolitischen Gremien als eine Hauptaufgabe des AMI.

Tabelle 4: Angaben zur Wichtigkeit der genannten Hauptaufgaben des Ausschusses für Migration und Integration der Stadt Bochum

	Häufigkeiten	Prozent
Interessenvertretung von jungen/alten Migrant_innen und Grundversorgung der Migrant_innen in der Stadt Bochum sichern	5	31,25%
Kulturelle- / Soziale- & Sprachliche Integration fördern	4	25,0%
Wissenschaftliche Kommunikation & Evaluation der bisherigen und/oder zukünftigen politischen Arbeit der Stadt Bochum	2	12,5%
Integrationskurse und Bildungskurse für Migrant_innen / Integrationszentren schaffen	2	12,5%
Interkulturelle Öffnung der Stadtverwaltung	1	6,25%
Umsetzung und Weiterentwicklung des Integrationskonzepts der Stadt Bochum	1	6,25%
Kooperation mit anderen Migrant_innen Institutionen und kommunalpolitischen Gremien	1	6,25%
Gesamtnennungen*	16	100,0%

Anmerkung: *Mehrfachnennungen möglich

Auf die Frage, in welchen Bochumer Stadtteilen die Mitglieder des AMI die Umsetzung der zuvor genannten Hauptaufgaben des Ausschusses sehen, gab es folgende Antworten (s. auch Tabelle 5). Der häufigste genannte Bochumer Stadtteil ist mit sieben Nennungen (20,0%) Stahlhausen. Darauf folgen Hamme (n=5, 14,3%) und Hustadt (n=4, 11,4%). Je drei Nennungen (je 8,6%) entfielen auf Gleisdreieck, Querenburg und Wattenscheid-Mitte. Je zwei Nennungen (je 5,7%) entfielen auf Griesenbruch, Steinkuhl und Bochum-West. Vier Ausschussmitglieder (11,4%) gaben an, dass es Stadtteile gibt, die besonderen Förderungsbedarf haben, nannten diese jedoch nicht explizit.

Tabelle 5: Angaben zu Stadtteilen mit hohem Migrantenanteil

	Häufigkeiten	Prozent
Bochum Stahlhausen	7	20,0%
Bochum Hamme	5	14,3%
Bochum Hustadt	4	11,4%
Bochum Gleisdreieck	3	8,6%
Bochum Querenburg	3	8,6%
Bochum Wattenscheid-Mitte	3	8,6%
Bochum Griesenbruch	2	5,7%
Bochum Steinkuhl	2	5,7%
Bochum West	2	5,7%
Andere / keine genaueren Angaben	4	11,4%
Gesamtnennungen*	35	100,0%

Anmerkung: *Mehrfachnennungen möglich

Aus Tabelle 6 geht hervor, welche inhaltlichen stadtteilbezogenen Aufgaben die Ausschussmitglieder in Bezug auf die von ihnen zuvor genannten Bochumer Stadtteilen als besonders wichtig empfinden. Je vier der Ausschussmitglieder (je 21,1%) gaben an, dass in denen von ihnen genannten Bochumer Stadtteilen eine interkulturelle Sozialraumorientierung, sowie die Einrichtung von Stadtteilbüros für Migrant_innen, als auch konkrete Kulturprojekte und ein gezielter interkultureller Austausch zwischen verschiedenen Migrant_innen Gruppen, der Politik und der deutschen Bochumer Bevölkerung von Wichtigkeit ist. Je drei Ausschussmitglieder (je 15,8%) gaben an das die muttersprachliche Förderung, sowie die Einrichtung von Sprachkursen für Migrant_innen und Flüchtlinge in den genannten Bochumer Stadtteilen besonders wichtig sei, ferner wurde die Förderung einer kulturellen- und sozialen Integration für die Migrant_innen in den genannten Stadtteilen als wichtig betrachtet. Die Sicherung der Grundversorgung der Migrant_innen und Flüchtlinge fiel ebenso unter die Nennung von drei Ausschussmitgliedern, wie der Einsatz zur Bekämpfung von Armut, Kriminalität und einer "Ghettoisierung" in den genannten Stadtteilen. Abschließend nannten zwei Ausschussmitglieder die Bildungsförderung von Migrant_innen in diesen Stadtteilen als besondere inhaltliche stadtteilbezogene Aufgabe.

Tabelle 6: Angaben zu inhaltlich stadtteilbezogenen Aufgaben

	Häufigkeiten	Prozent
Interkulturelle Sozialraumorientierung & Stadtteilbüros	4	21,1%
Kulturprojekte & Interkultureller Austausch	4	21,1%
Kulturelle- und Soziale Integration	3	15,8%
Muttersprachliche Förderung / Sprachkurse für Migrant_innen und Flüchtlinge	3	15,8%
Grundversorgung der Migrant_innen und Flüchtlinge sichern & Bekämpfung von Armut, Kriminalität und „Ghettoisierung" in den genannten Stadtteilen	3	15,8%
Bildungsförderung für Migrant_innen	2	10,4%
Gesamtnennungen*	19	100,0%

Anmerkung: *Mehrfachnennungen möglich

Bei der Nennung der Gruppen, welche die inhaltliche Arbeit des Ausschusses hauptsächlich umfasst, wurde die Gruppe der türkischen Migrant_innen mit acht Nennungen (30,8%) am häufigsten genannt. Darauf folgt die Gruppe der russischen Migrant_innen mit 15,5% (n=4) und Flüchtlinge und unbegleitete minderjährige Flüchtlinge (UMF) mit 11,5% (n=3). Mit je 7,7% (je n=2) folgen iranische- und polnische Migrant_innen, sowie die Angaben, dass die Arbeit des Ausschusses alle in Bochum lebenden Migrant_innen umfasst. Je eine Nennung (je 3,8%) entfiel auf die Gruppe der irakischen und syrischen Migrant_innen. Drei Ausschussmitglieder (11,5%) machten keine genauen Angaben, da diese, laut ihrer Aussage nicht möglich seinen oder nannten von ihnen nicht genauer definierte andere Gruppen.

Tabelle 7: Angaben zu den Gruppen, welche die inhaltliche Arbeit des Ausschusses hauptsächlich umfasst

	Häufigkeiten	Prozent
Türkische Migrant_innen	8	30,8%
Russische Migrant_innen	4	15,5%
Flüchtlinge & Unbegleitete Minderjährige Flüchtlinge (UMF)	3	11,5%
Iranische Migrant_innen	2	7,7%
Polnische Migrant_innen	2	7,7%
Alle in Bochum lebenden Migrant_innen	2	7,7%
Irakische Migrant_innen	1	3,8%
Syrische Migrant_innen	1	3,8%
Keine genauen Angaben möglich / Andere	3	11,5%
Gesamtnennungen*	26	100,0%

Anmerkung: *Mehrfachnennungen möglich

Tabelle 8 umfasst die Angaben über die Gründe des besonderen Handlungsbedarfs bei den zuvor genannten Gruppen, welche die inhaltliche Arbeit des AMI hauptsächlich bestimmen. So entfallen sechs Nennungen mit insgesamt 40% auf eine der zuvor genannten Gruppen, da diese den größten Handlungsbedarf im Bereich Bildungs- und Jugendarbeit hat. Drei Nennungen (20%) gaben an, dass die Gruppe der genannten Migrant_innen benannt wurde, da diese den größten Anteil der in Bochum lebenden Migrant_innen ausmacht. Je zwei Nennungen (je 13,3%) gaben an, das die von ihnen genannte Gruppe besonderen Handlungsbedarf hat, da diese besonders integrationsunwillig seien und ein interreligiöser Austausch zum gegenseitigen Verständnis angestrebt werden sollte. Eine Person (6,7%) gab an, dass Flüchtlinge keine eigene politische und rechtliche Stimme besäßen und deshalb ein besonders hoher Handlungsbedarf bestehe. Im Gegensatz dazu nannte ein Mitglied (6,7%), das für die genannte Gruppe der Migrant_innen kein besonderer Handlungsbedarf bestünde.

Tabelle 8: Angaben zu den Gründen für einen besonderen Handlungsbedarfs bei bestimmten Migrant_innengruppen.

	Häufigkeiten	Prozent
Die genannte Gruppe der Migrant_innen umfasst den größten Handlungsbedarf, im Besonderen im Bereich der Bildungs- und Jugendarbeit	6	40,0%
Die genannte Gruppe der Migrant_innen umfasst den größten Anteil an denen in Bochum lebenden Migrant_innen	3	20,0%
Die genannte Gruppe der Migrant_innen umfasst den Anteil an Migrant_innen in Bochum, die Integrationsunwillig sind	2	13,3%
Interreligiöser Austausch zum Verständnis	2	13,3%
Einsatz für die Rechte von Flüchtlingen, da diese keine politische Stimme besitzen	1	6,7%
Für die genannte Gruppe der Migrant_innen wird kein Handlungsbedarf gesehen	1	6,7%
Gesamtnennungen*	15	100,0%

Anmerkung: *Mehrfachnennungen möglich

2.1.4.4 Ergebnisse der allgemeinen Angaben zu gleichstellungspolitischen Themen im Ausschuss für Migration und Integration

In Diagramm 1 wird veranschaulicht, inwiefern die Mitglieder des Ausschusses für Migration und Integration um eine Kooperation mit gleichstellungspolitischen Institutionen wissen. Zwei Ausschussmitglieder (17,0%) gaben an, dass der Ausschuss für Migration und Integration der Stadt Bochum mit einer gleichstellungspolitischen Institution kooperiere. Weitere 17,0% (n=2) der Ausschussmitglieder gaben an, dass sie nicht wüssten, ob der AMI eine solche Kooperation durchführe. 25,0% (n=3) der Ausschussmitglieder verneinten eine Kooperation zwischen dem Ausschuss und einer gleichstellungspolitischen Institution. Der größte Anteil der Befragten Mitglieder machte jedoch keine Angabe zu der Frage (n=5, 41,0%).

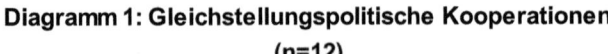

Diagramm 1: Gleichstellungspolitische Kooperationen (n=12)

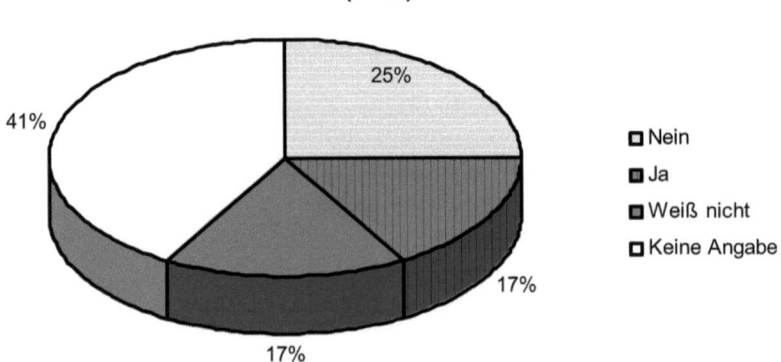

Abbildung 1: Gleichstellungspolitische Kooperationen

Auf die Frage, mit welcher gleichstellungspolitischen Institution der Ausschuss für Migration und Integration der Stadt Bochum kooperiere gab nur eine Person (8,3%) an, dass im Bereich der Arbeitsmarktpolitik eine konkrete Kooperation zwischen dem AMI und einer gleichstellungspolitischen Institution in Bochum besteht. Zwei Ausschussmitglieder (25,0%) gaben ab, dass es keine Kooperationen gäbe, zwei weitere Ausschussmitglieder (25,0%) gaben an, nicht zu wissen mit wem der AMI kooperiere. Der größte Anteil der Ausschussmitglieder machte bei dieser Frage jedoch keine Angabe (n=7, 58,3%).

Die in Diagramm 2 dargestellten Ergebnisse auf die Frage, ob es spezielle Themen in der Arbeit des Ausschusses für Migration und Integration der Stadt Bochum gibt, die im Besonderen die Förderung und/oder Integration von Mädchen und/oder Frauen mit Migrationshintergrund beinhalten, antworteten acht (66,7%) der Befragten mit „Ja" (66,7%), zwei (16,7%) der Ausschussmitglieder gaben an, dass es keiner besonderen Förderung und/oder Integration von Mädchen und/ oder Frauen durch den Ausschuss für Migration und Integration bedarf. Je eine Person (je 8,3%) gab an, nichts über eine besondere Förderung zu wissen, bzw. machte keine Angabe.

Diagramm 2: Besondere Förderung und/oder Integration von Mädchen und/oder Frauen mit Migrationshintergrund (n=12)

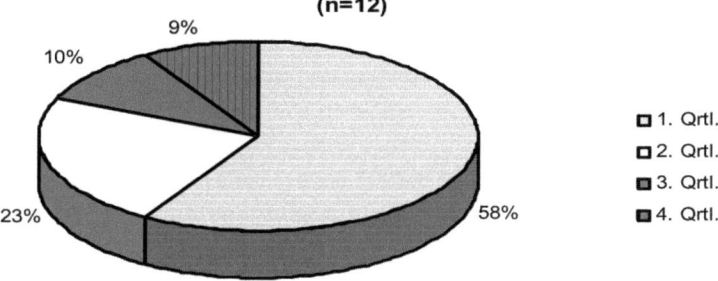

Abbildung 2: Besondere Förderung und/oder Integration von Mädchen und/oder Frauen mit Migrationshintergrund

In Bezugnahme auf die Bereiche, in denen eine besondere Förderung und/oder Integration von Mädchen und/oder Frauen innerhalb der Arbeit des Ausschusses für Migration und Integration erfolgen sollte, machten die Ausschussmitglieder folgende Aussagen: 42,8% (n=9) gaben an, das eine besondere Förderung im Bereich der Bildung, der Berufsausbildung und des Spracherwerbs für Mädchen und Frauen gesehen wird. 19,0% (n=4) gaben an, dass es einer besonderen Unterstützung und Förderung der Selbstbestimmung, des Selbstbewusstseins und der Unterstützung nach häuslicher Gewalt und Zwangsverheiratung von Mädchen und Frauen bedarf und das die Aufklärung und die Bekämpfung dieser Tatbestände eine wichtige Bedeutung haben. Drei Nennungen (n=3, 14,3%) befanden die gesellschaftliche und politische Partizipation speziell für Mädchen und Frauen für besonders wichtig. Je ein Ausschussmitglied (n=1, 4,8%) gab an, dass es besonders wichtig sei, Kulturangebote für Mädchen und Frauen zu schaffen, sowie die Familienpolitik im Bereich der Familienzusammenführung und der Alleinerziehenden zu thematisieren und zu fördern. 14,3% (n=3) gaben an, dass es zwar einer besonderen Förderung bedarf, diese jedoch von den Befragten nicht expliziert werden konnte.

Tabelle 9: Angaben zur besonderen Förderung und/oder Integration von Mädchen und/oder Frauen innerhalb der Arbeit des Ausschusses für Migration und Integration

	Häufigkeiten	Prozent
Bildung / Beruf / Spracherwerb	9	42,8%
Unterstützung und Förderung der Selbstbestimmung, des Selbstbewusstseins & Unterstützung nach häuslicher Gewalt und Zwangsverheiratungen, sowie die Aufklärung und Bekämpfung dieser Tatbestände	4	19,0%
Gesellschaftliche und politische Partizipation	3	14,3%
Kulturangebote schaffen	1	4,8%
Familienpolitik (Familienzusammenführungen & Alleinerziehende)	1	4,8%
Keine genauen Angaben zu bestimmten Bereichen	3	14,3%
Gesamtnennungen*	21	100,0%

Anmerkung: *Mehrfachnennungen möglich

Die in Diagramm 3 dargestellten Ergebnisse auf die Frage, ob es spezielle Themen in der Arbeit des Ausschusses für Migration und Integration der Stadt Bochum gibt, die im Besonderen die Förderung und/oder Integration von Jungen und/oder Männern mit Migrationshintergrund beinhalten, antworteten 59% (n=7) der Ausschussmitglieder mit „Ja", 25,0% (n=3) der Ausschussmitglieder gaben an, dass es keiner besonderen Förderung und/oder Integration von Jungen und/oder Männern durch den Ausschuss für Migration und Integration bedarf. Je eine Person (je 8,0%) gab an, nichts über eine besondere Förderung zu wissen, bzw. machte keine Angabe.

Diagramm 3: Besondere Förderung und/oder Integration von Jungen und/oder Männern mit Migrationshintergrund (n=12)

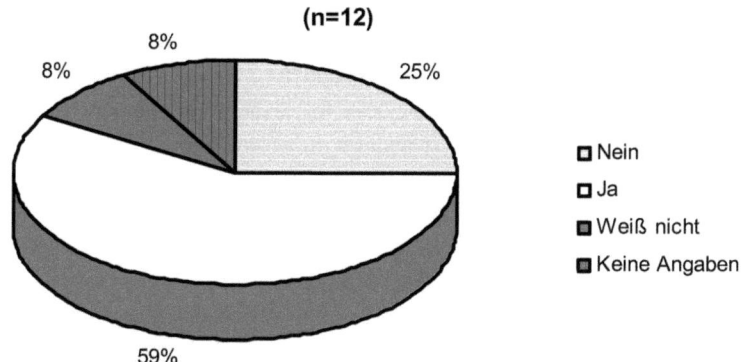

Abbildung 3: Besondere Förderung und/oder Integration von Jungen und/oder Männern mit Migrationshintergrund

Aus Tabelle 10 geht hervor in welchen Bereichen, eine besondere Förderung und/oder Integration von Jungen und/oder Männern innerhalb der Arbeit des Ausschusses für Migration und Integration erfolgen sollte. 41,7% (n=5) gaben an, dass es eine besondere Förderung für Jungen und Männer im Bereich Bildung-, Beruf- und Spracherwerb erfolgen sollte. 33,3% (n=4) gaben an, dass sie Förderung der Toleranzfähigkeit von Jungen und Männern als erstrebenswert betrachten. Zwei Nennungen (16,7%) fielen auf das Thema Aufklärung über häusliche Gewalt und Zwangsverheiratungen, sowie die Bekämpfung dieser Tatbestände als eine besonderen Förderung und/oder Integration der in der Stadt Bochum lebenden männlichen Migranten. Eine Person (8,3%) machte keine genauen Angaben zu bestimmten Bereichen.

Tabelle 10: Angaben zur besonderen Förderung und/oder Integration von Jungen und/oder Männern innerhalb der Arbeit des Ausschusses für Migration und Integration

	Häufigkeiten n	Prozent
Bildung / Beruf / Spracherwerb	5	41,7%
Förderung der Toleranzfähigkeit	4	33,3%
Aufklärung über häusliche Gewalt und Zwangsverheiratungen, sowie die Bekämpfung dieser Tatbestände	2	16,7%
Keine genauen Angaben zu bestimmten Bereichen	1	8,3%
Gesamtnennungen*	12	100,0%

Anmerkung: *Mehrfachnennungen möglich

Die Frage danach, welche der in Bochum lebenden Gruppe von Migrant_innen, einer mehrfachen Förderung bzw. besonderer Unterstützungsmaßnahmen bedürfen, beantworteten die Befragten wie folgt. Aus Tabelle 11 geht hervor, dass ein besonderes Augenmerk auf Flüchtlinge und Asylsuchende gelegt wird, hierfür sprachen sich elf von zwölf der Befragten aus (91,7%). Darauf folgen Migrant_innen mit geringem Einkommen (n=9, 75,0%), mit je acht Nennungen (je 66,7%) Migrant_innen mit Pflegebedarf und Migrant_innen im Alter und mit je sieben Nennungen (je 58,3%) Migrant_innen mit Assistenzbedarf und homosexuelle Migrant_innen. 50,0% (n=6) der Ausschussmitglieder gaben an, dass sie die Förderung bzw. besondere Stellung von Migrant_innen mit einer besonderen Religionszugehörigkeit als wichtiges Thema ansehen. Vier Nennungen (33,3%) gaben an, dass Migrant_innen mit einer bestimmten politischen Zugehörigkeit bzw. Einstellung in einer inhaltlichen Auseinandersetzung mit Migrant_innen mit besonderem Förderbedarf bedacht werden sollten. Eine Nennung (n=1, 8,3%) entfiel auf eine andere Migrant_innen Gruppe und zwar die der in Bochum lebenden Jesiden, einer eigenständigen kurdischen Volksgruppe, die dem Jesidentum angehören.

Tabelle 11: Nennungen der Gruppen die einer mehrfachen Förderung/Maßnahmen bedürfen und die in der thematischen Arbeit des Ausschusses für Migration und Integration bedacht werden.

	Migrant_innen mit Assistenzbedarf (Häufigkeiten/Prozent)	Homosexuelle Migrant_innen (Häufigkeiten/Prozent)	Pflegebedürftige Migrant_innen (Häufigkeiten/Prozent)	Migrant_innen im Alter (Häufigkeiten/Prozent)	Migrant_innen mit geringem Einkommen (Häufigkeiten/Prozent)	Flüchtlinge & Asylsuchende (Häufigkeiten/Prozent)	Migrant_innen mit besonderer Religionszugehörigkeit (Häufigkeiten/Prozent)	Migrant_innen mit bestimmter politischer Einstellung/Zugehörigkeit (Häufigkeiten/Prozent)	Andere* (Häufigkeiten/Prozent)
Nennungen	7 (58,3%)	7 (58,3%)	8 (66,7%)	8 (66,7%)	9 (75,0%)	11 (91,7%)	6 (50,0%)	4 (33,3%)	1 (8,3%)

Anmerkung: * andere genau: Gruppe der Jesiden

Für die inhaltliche Arbeit des Ausschusses bedeutet dies, dass sich je drei der befragten Ausschussmitglieder (je 21,45%) dafür aussprachen die Thematik des demographischen Wandels und der damit verbundenen Thematik der Migrant_innen im Alter, sowie die Bewältigung schwieriger Lebenssituationen und Traumata, als wichtige Aspekte für eine Auseinandersetzung anzusehen. Je zwei

Nennungen (14,3%) entfielen auf die Vermittlung von demokratischen-, kulturellen- & sozialen Werten an bestimmte Migrant_innengruppen, die Gleichstellung und Gleichbehandlung aufgrund des Geschlechts und der Herkunft, sowie der Integrations- und Sprachförderung. Je eine Nennung (je 7,1%) entfiel auf eine konkretere Arbeitsmarktpolitik für bestimmte Migrant_innen Gruppen, sowie eine Aufhebung der Illegalität des Flüchtlings- und Asylbewerberstatus.

Tabelle 12: Angaben der Themen, welche eine mehrfache Förderung/Maßnahmen der zuvor genannten Gruppen durch die Arbeit des Ausschusses für Migration und Integration der Stadt Bochum, umfassen.

	Häufigkeiten	Prozent
Migrant_innen im Alter / Demographischer Wandel	3	21,45%
Bewältigung schwieriger Lebenssituationen & Traumata	3	21,45%
Vermittlung von demokratischen-, kulturellen- & sozialen Werten	2	14,3%
Gleichstellung und Gleichbehandlung aufgrund des Geschlechts & der Herkunft	2	14,3%
Integrations- & Sprachförderung	2	14,3%
Arbeitsmarktpolitik	1	7,1%
Illegalität von Flüchtlingen & Asylanten aufheben	1	7,1%
Gesamtnennungen*	14	100,0%

Anmerkung: *Mehrfachnennungen möglich

Tabelle 13 gibt an, welche Handlungsansätze eine mehrfache Förderung bzw. mehrfache Maßnahmen der zuvor genannten Gruppen die Arbeit des AMI umfassen könnte. 40,0% (n=4) der Ausschussmitglieder gaben an, dass der Anstoß von Präventivmaßnahmen und die Planung von konkreten Projekten als Haupthandlungsansatz der Arbeit des Ausschusses angesehen wird. Darauf folgt mit drei Nennungen (je 30,0%) die inhaltliche Auseinandersetzung der genannten Aspekte innerhalb des AMI. 20,0% (n=2) regten an, die Handlungsansätze im Integrationsbericht der Stadt Bochum zu verankern, eine Nennung (10,0%) nannte keinen genauer definierten Handlungsansatz.

Tabelle 13: Angaben der Handlungsansätze, welche eine mehrfache Förderung/Maßnahmen der zuvor genannten Gruppen durch die Arbeit des Ausschusses für Migration und Integration der Stadt Bochum, umfassen könnten.

	Häufigkeiten	Prozent
Präventivmaßnahmen anstoßen & konkrete Projekte planen	4	40,0%
Inhaltliche Auseinandersetzung innerhalb des Ausschusses	3	30,0%
Handlungsansätze im Integrationsbericht der Stadt Bochum verankern	2	20,0%
Nicht genauer definiert	1	10,0%
Gesamtnennungen*	10	100,0%

Anmerkung: *Mehrfachnennungen möglich

In den folgenden Ergebnissen werden die Angaben zum persönlichen Verständnis der Gleichstellung von Frauen und Männern der Mitglieder des AMI dargestellt. 31,25% (n=5) der Ausschussmitglieder gaben an, dass sie unter der Gleichstellung von Frauen und Männern die im Grundgesetz der Bundesrepublik Deutschland verankerten Werte und Normen zur Gleichbehandlung verstehen und diese ein Bestandteil des demokratischen Wertesystems Deutschlands sei. Vier Nennungen (25,0%) verstehen unter der Gleichstellung von Frauen und Männern, dass diese gleiche Rechte und gleiche Pflichten besitzen. Je drei Nennungen (je 18,75%) entfielen auf die Aussagen, dass die Gleichstellung eine zivile-, öffentliche- und politische Querschnittsaufgabe ist, und dass der Respekt unter den Geschlechtern als Gleichstellung aufzufassen sei. Eine Person (6,25%) gab an unter der Gleichstellung die Chancengleichheit beider Geschlechter zu verstehen.

Tabelle 14: Angaben zum persönlichen Verständnis der Gleichstellung von Frauen und Männern der Mitglieder des Ausschusses für Migration und Integration der Stadt Bochum.

	Häufigkeiten	Prozent
Im Grundgesetz verankert / Bestandteil des demokratischen Wertesystems der Bundesrepublik Deutschland	5	31,25%
Gleiche Rechte, gleiche Pflichten	4	25,0%
Zivile-, öffentliche- und politische Querschnittsaufgabe	3	18,75%
Respekt unter den Geschlechtern	3	18,75%
Chancengleichheit	1	6,25%
Gesamtnennungen*	16	100,0%

Anmerkung: *Mehrfachnennungen möglich

Die Umsetzung gleichstellungspolitischer Themen im Ausschuss für Migration und Integration soll nach den Angaben von vier Ausschussmitgliedern (33,3%) durch eine Auseinandersetzung und Bearbeitung gleichstellungspolitischer Themen in der Arbeit des Ausschusses geschehen. Ein Mitglied (8,3%) gab an, das eine Verankerung des Gender Mainstreaming im Integrationskonzept der Stadt eine Umsetzung gleichstellungspolitischer Themen bedingen könnte. 33,3% (n=4) der Ausschussmitglieder gaben an, dass sie nicht wüssten oder es nicht beurteilen könnten und wollten, wie eine Umsetzung gleichstellungspolitischer Themen im AMI erfolgen sollte. 25,1% (n=3) der Ausschussmitglieder machten keine Angaben.

Aus Tabelle 15 geht hervor, inwieweit die Ausschussmitglieder ihren persönlichen bzw. den Kenntnisstand der anderen AMI Mitglieder in Bezug auf gleichstellungspolitische Themen einschätzen. Zunächst werden die Ergebnisse bezüglich des persönlichen Kenntnisstandes dargestellt. Zwei Ausschussmitglieder (16,7%) gaben an, dass ihr Kenntnisstand gleichstellungspolitischer Themen sehr gut sei. Fünf der Befragten (41,7%) gaben an ihr Kenntnisstand sei gut, mit wenigen Wissenslücken, weitere vier Ausschussmitglieder (33,3%) gaben an, dass ein Kenntnisstand gleichstellungspolitischer Themen vorhanden sei. Eine Person (8,3%) gab an, dass der persönliche Kenntnisstand schlecht sei. In Bezug auf die subjektive Einschätzung der Ausschussmitglieder auf den Kenntnisstand gleichstellungspolitischer Themen der anderen Ausschussmitglieder kam es zu folgenden Ergebnissen. Ein Ausschussmitglied (8,3%) gab an, dass der Kenntnisstand der anderen Ausschussmitglieder sehr gut sei. 25,1% (n=3) schätzen den Kenntnisstand als gut, mit wenigen Wissenslücken ein und 50,0% (n=6) der Befragten gaben an, dass ein Kenntnisstand gleichstellungspolitischer Themen bei den anderen Ausschussmitgliedern vorhanden sei. Je eine Person (je 8,3%) gab an, dass der Kenntnisstand ausreichend, bzw. schlecht sei.

Tabelle 15: Angaben zum Kenntnisstand gleichstellungspolitischer Themen der Mitglieder des Ausschusses für Migration und Integration der Stadt Bochum.

	Persönlicher Kenntnisstand	Kenntnisstand anderer Ausschussmitglieder
Sehr gut	2 (16,7%)	1 (8,3%)
Gut, mit wenigen Wissenslücken	5 (41,7%)	3 (25,1%)
Vorhanden	4 (33,3%)	6 (50,0%)
Ausreichend	0 (0,0%)	1 (8,3%)
Schlecht	1 (8,3%)	1 (8,3%)
Gesamtnennungen	12 (100,0%)	12 100,0%

Um den persönlichen und den der anderen Ausschussmitglieder vorhandenen Kenntnisstand gleichstellungspolitischer Themen zu verbessern, machten die Mitglieder des AMI folgende Vorschläge: Für die Verbesserung des persönlichen

Kenntnisstandes gaben zwei Ausschussmitglieder (16,7%) an, dass sie Seminare, Workshops und Fortbildungen zu diesem Thema besuchen würden. 25,0% (n=3) gaben an sich mehr Informationen durch die Verwaltung zu diesem Thema zu wünschen. Zwei Ausschussmitglieder (16,7%) gaben an sich eigenständig mit der Thematik auseinandersetzen zu wollen, vier Mitglieder (33,3%) würden diese Auseinandersetzung gerne innerhalb des Ausschusses und der Verwaltung durchführen. Ein Ausschussmitglied (8,3%) gab an, dass es eine Verbesserung des eigenen Kenntnisstandes anstreben würde, machte dazu jedoch keine genaueren Angaben. In Bezugnahme auf Vorschläge für eine Verbesserung des Kenntnisstandes der gesamten Ausschussmitglieder kam es zu folgender Verteilung: 25,0% (n=3) gaben an, dass Seminare, Workshops und Fortbildungen zu diesem Thema für eine Verbesserung des Kenntnisstandes der Ausschussmitglieder für sinnvoll betrachtet würde. Weitere 25,0% (n=3) gaben an sich mehr Informationen durch die Stadtverwaltung zu wünschen. Eine Person (8,3%) gab an sich eine Auseinandersetzung mit dieser Thematik innerhalb des Ausschusses und durch die Verwaltung zu wünschen und 41,7% (n=5) gaben keine genaueren Antworten auf diese Frage.

Tabelle 16: Angaben zur Verbesserung des Kenntnisstandes gleichstellungspolitischer Themen der Mitglieder des Ausschusses für Migration und Integration der Stadt Bochum.

	Verbesserung des persönlichen Kenntnisstandes	Verbesserung des Kenntnisstandes des Ausschusses
Seminare, Workshops & Fortbildungen	2 (16,7%)	3 (25,0%)
Informationen durch die Verwaltung einfordern	3 (25,0%)	3 (25,0%)
Eigenständige Auseinandersetzung mit der Thematik	2 (16,7%)	0 (0,0%)
Auseinandersetzung innerhalb des Ausschusses & der Verwaltung	4 (33,3%)	1 (8,3%)
Keine genaueren Angaben	1 (8,3%)	5 (41,7%)
Gesamtnennungen	12 (100,0%)	12 (100,0%)

In der letzten Tabelle erfolgen die Angaben darüber, welchen Bedarf die Ausschussmitglieder in Bezug auf die Thematisierung und Umsetzung von gleichstellungspolitischen Themen für Menschen mit Migrationshintergrund der Stadt Bochum sehen. 25,0% (n=3) der Ausschussmitglieder gaben an, dass sie eine Thematisierung durch die Verwaltung in Form von einer gezielten Informationsbeschaffung befürworten würden. 41,7% (n=5) der Ausschussmitglieder gaben an, dass durch eine intensivere Auseinandersetzung mit der Thematik im Ausschuss selbst und mit Kooperationspartnern des AMI die Thematisierung und Umsetzung vorangetrieben werden sollte. Vier AMI Mitglieder gaben auf diese Frage keine Antwort (33,3%).

Tabelle 17: Angaben zum Bedarf in der Thematisierung und Umsetzung von gleichstellungspolitischen Themen für Menschen mit Migrationshintergrund der Stadt Bochum

	Häufigkeiten	Prozent
Ja, durch mehr Informationen durch die Verwaltung	3	25,0%
Ja, durch eine intensivere Auseinandersetzung mit der Thematik im Ausschuss und mit Kooperationspartnern	5	41,7%
Keine Angaben	4	33,3%
Gesamtnennungen	12	100,0%

Im letzten Diagramm werden die Ergebnisse der letzten Frage des Fragebogens veranschaulicht. Darin geht es um die Möglichkeiten der Auseinandersetzung und der Umsetzung von gleichstellungspolitischen Themen. Vier Ausschussmitglieder (33,3%) gaben an, dass eine intensive Auseinandersetzung und Sensibilisierung des Themas im Ausschuss erfolgen sollte. 17,0% (n=2) gaben an, dass diese Auseinandersetzung innerhalb der Politik und der Gesellschaft stattfinden sollte. Eine Person (8,0%) gab an, dass es keine Möglichkeiten der Auseinandersetzung gibt und fünf Ausschussmitglieder (42,0%) machten keine Angaben.

Diagramm 4: Möglichkeiten der Auseinandersetzung und Umsetzung von gleichstellungspolitischen Themen

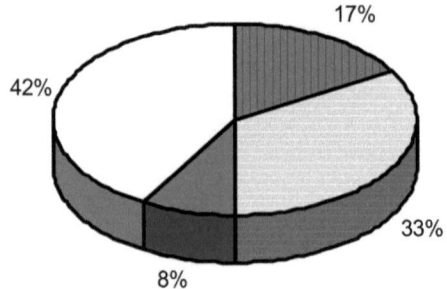

- Ja, innerhalb der Politik und Gesellschaft
- Ja, intensive Auseinandersetzung und Sensibilisierung des Themas im Ausschuss
- Nein
- Keine Angaben

Abbildung 4: Möglichkeiten der Auseinandersetzung und Umsetzung von gleichstellungspolitischen Themen

2.1.5 Zusammenfassung der Ergebnisse

Von den zwölf befragten Ausschussmitgliedern wurden fünf in Deutschland, vier in der Türkei und jeweils eine Person in Syrien, dem Iran und in Russland geboren. Der Anteil der befragten Ausschussmitglieder mit Migrationshintergrund liegt bei 58,2% (n=7). Alle befragten Ausschussmitglieder wohnten zum Zeitpunkt der Datenerhebung in Bochum. Alle Ausschussmitglieder gaben an, dass sie in einem Stadtteil wohnen in dem ihrer subjektiven Einschätzung nach, viele oder einige Menschen mit Migrationshintergrund leben. Als Motivationsgründe für eine Mitarbeit im AMI wurden mit jeweils acht Nennungen die Integrationsförderung und die Gestaltung des Zusammenlebens von verschiedenen Migrant_innengruppen und der Bochumer Bevölkerung, sowie die Förderung der politischen Partizipation von Migrant_innen und die Informationsbeschaffung genannt. Als Hauptaufgaben der inhaltlichen Arbeit nannten die befragten Ausschussmitglieder die Förderung der kulturellen-, sozialen- und sprachlichen Integration von Menschen mit Migrationshintergrund, die Interessenvertretung von jungen und alten Migrant_innen, sowie deren Grundversorgung und die interkulturelle Öffnung der Stadtverwaltung. Die inhaltliche Arbeit des Ausschusses für Migration und Integration umfasst hauptsächlich die Gruppen der türkischen und russischen Migrant_innen, sowie die der Flüchtlinge bzw. die der unbegleiteten minderjährigen Flüchtlinge. Die Angaben zu gesellschaftlichen, sozialen und politischen Bereichen in denen in der Migrations- und Integrationspolitik ein besonderer Handlungsbedarf gesehen wird, umfassen sowohl im Allgemeinen, als auch für die Stadt Bochum, eine gezielte Arbeitsmarkt- und Bildungspolitik für Migrant_innen, den Spracherwerb, sowie die gesellschaftliche- und kommunalpolitische Partizipation, die interkulturelle Öffnung der Stadtverwaltung, sowie den interkulturellen Austausch und die interkulturelle Arbeit innerhalb der Kommune. Im Bereich der geschlechtspolitischen Themen in der inhaltlichen Arbeit des AMI entfiel nur eine Nennung der Befragten auf den Aspekt „Gender" als Hauptaufgabe des Ausschusses. In Bezug auf eine Kooperation des AMI mit gleichstellungspolitischen Institutionen der Stadt Bochum z. B. dem Frauenbeirat oder der Gleichstellungsstelle, gaben nur zwei der zwölf befragten Ausschussmitglieder an, dass es eine solche Kooperation gibt. Um ihren persönlich mangelnden und den der anderen Ausschussmitglieder kaum vorhandenen Kenntnisstand gleichstellungspolitischer Themen zu verbessern, machten die Mitglieder des AMI folgende Vorschläge: Für die Verbesserung des persönlichen Kenntnisstandes gaben zwei Ausschussmitglieder an, dass sie Seminare, Workshops und Fortbildungen zu diesem Thema besuchen würden. Drei AMI Mitglieder wünschen sich mehr Informationen durch die Verwaltung zu diesem Thema. Zwei Ausschussmitglieder sagten, dass sie sich eigenständig mit der Thematik auseinandersetzen wollen, vier Mitglieder würden diese Auseinandersetzung gerne innerhalb des Ausschusses und mithilfe der Verwaltung durchführen. Der größte Teil der Ausschussmitglieder betrachtete zudem eine intensivere Auseinandersetzung mit den zuvor genannten gleichstellungspolitischen Themen für sehr sinnvoll. Hier zeigt sich, dass eine generelle Offenheit für das Thema „Gender Mainstreaming" als auch für andere allgemeine geschlechts- und gleichstellungspolitische Themen bei den befragten Ausschussmitgliedern vorhanden ist, gleichwohl ist anzumerken, dass aktuell jedoch kaum eine explizite Umsetzung dessen stattfindet.

2.2 Untersuchung II

In Untersuchung eins (s.Punkt 2.1) wurde bereits der Hintergrund des Hauptforschungsprojektes „Gender Mainstreaming im Spannungsfeld zwischen Theorie und Praxis. Wissenschaft und Politik gehen Hand in Hand" zwischen der Ruhr-Universität Bochum und der Stadt Bochum beschrieben. Die vorliegende Stichprobe II entstand aus der Analyse der Ergebnisse der durchgeführten Fragebogenerhebung „Erfahrungen, Umsetzungen und Handlungsansätze gleichstellungspolitischer Themen im Ausschuss für Migration und Integration der Stadt Bochum". Folglich wurde in der ersten Stichprobe eine Beschreibung des Ist-Zustandes einer möglichen Implementierung des Gender Mainstreaming im Ausschuss für Migration und Integration (AMI) vorgenommen und dessen Hauptaufgaben herausgestellt. In der zweiten Stichprobe wurden nunmehr sechs zufällig ausgewählte Mitglieder des AMI in einem leitfadengestützten und standardisierten Interview vertiefend zu den Ergebnissen der ersten Stichprobe befragt. Hierbei ging es vor allem um die Evaluation der in der ersten Stichprobe erlangten Ergebnisse und einer Fokussierung auf zwei Kernaspekte der Ergebnisse der ersten Stichprobe „Geschlechts- und Gleichstellungspolitik", sowie die „Hauptaufgaben des Ausschusses für Migration und Integration der Stadt Bochum". Die genaue Zusammensetzung der zweiten Stichprobe, die Beschreibung des Instruments, sowie das genaue Vorgehen der Datenerhebung werden im Folgenden erläutert. Auch an dieser Stelle ist anzumerken, dass die Befragung von 6 von 25 Ausschussmitgliedern kein vollständiges Bild des gesamten Ausschusses darstellt.

2.2.1 Stichprobe

Die vorliegende Stichprobe qualitativer Interviews besteht aus insgesamt sechs zufällig ausgewählten Mitgliedern des Ausschusses für Migration und Integration (AMI) der Stadt Bochum. Zwei der befragten Ausschussmitglieder sind weiblichen-, vier sind männlichen Geschlechts. In der Stichprobe verteilen sich die Befragten auf die einzelnen Gruppen, welche im Ausschuss vertreten sind, wie folgt: Drei der befragten Ausschussmitglieder sind gewählte Ratsmitglieder, zwei sind direkt gewählte Migrantenvertreter_innen und ein Ausschussmitglied gehört der Gruppe der sachkundigen Einwohner_innen an. Vier der befragten Ausschussmitglieder gehören diesem bereits seit seiner Umstrukturierung von einem Beirat zu einem Ausschuss in dem Jahr 2004 an. Die anderen beiden befragten Ausschussmitglieder gehören diesem erst seit der laufenden Legislaturperiode beginnend im Jahr 2009 an. Vier der befragten Ausschussmitglieder haben nach ihren eigenen Angaben einen Migrationshintergrund. Das durchschnittliche Alter, der an der zweiten Stichprobe teilnehmenden Ausschussmitglieder betrug zum Zeitpunkt der Erhebung 43,2 Jahre (SD 10,79 Min 28,0 Max 60,0).

2.2.2 Instrument

Zur vertiefenden Datenerhebung, wurde ein leitfadengestütztes, standardisiertes qualitatives Interview (s. Anhang) zur Evaluation der in der ersten Stichprobe erlangten Ergebnisse entwickelt (Lamnek, 2005). Laut Lamnek (2005) besteht in der Rekonstruktion der inhaltlichen Prozesse, welche eine soziale Realität schaffen können, das Ziel der qualitativen Sozialforschung. Die zuvor genannte Rekonstruktion eines inhaltlichen Prozesses bezieht sich demnach auch auf die vorliegende Stichprobe, mit dem Fokus auf der Evaluation. Inhaltlich fokussiert sich das Leitfadeninterview auf zwei Kernaspekte der Ergebnisse der ersten Stichprobe. Hierbei handelt es sich um geschlechts- und gleichstellungspolitische Aspekte, im Besonderen um die Konzeption des Gender Mainstreamings (Council of Europe, 2004) und deren Umsetzung in der inhaltlichen Arbeit des AMI, sowie die Hauptaufgaben des Ausschusses für Migration und Integration der Stadt Bochum. Das Interview dient demnach primär der Evaluation der Ergebnisse der Fragebogenerhebung. Darüber hinaus soll die individuelle Einschätzung und der Kenntnisstand der befragten Ausschussmitglieder zu Genderthemen herausgestellt werden. Das Interview gliedert sich in zwei Abschnitte, von insgesamt acht Fragen, welche im Folgenden kurz erläutert werden. Bei dem vorliegenden Leitfadeninterview wurden sowohl offene-, als auch geschlossene Fragen gestellt (Schnell, Hill & Esser, 2011).

2.2.2.1 Angaben zur Person

Die Angaben zur Person umfassen den Namen des Befragten und Angaben über den Zeitpunkt, sowie die Gruppe, welcher der/ die Befragte im Ausschuss für Migration und Integration der Stadt Bochum angehört. Dies dient der Einordnung der Antworten der befragten Ausschussmitglieder in einen zeitlichen und strukturellen Rahmen.

2.2.2.2 Angaben zu den Hauptaufgaben des Ausschusses für Migration und Integration

Die erste inhaltliche Frage bezieht sich auf die drei meistgenannten Hauptaufgaben des Ausschusses für Migration und Integration der Fragebogenerhebung aus der ersten Stichprobe. Diese umfassen die Förderung der kulturellen, sozialen und sprachlichen Integration von Menschen mit Migrationshintergrund, die Interessensvertretung von jungen und alten Migrant_innen, sowie deren Grundversorgung und die interkulturelle Öffnung der Bochumer Stadtverwaltung. Hierbei sollten die Befragten diese Aussagen einschätzen und gegebenenfalls aus ihrer persönlichen Sicht heraus ergänzen.

2.2.2.3 Angaben zu den Hauptgruppen der inhaltlichen Arbeit des Ausschusses für Migration und Integration

Die zweite Frage umfasst die Angaben der in der Fragebogenerhebung genannten Gruppen, welche die inhaltliche Arbeit des AMI hauptsächlich umfassen. Hierbei wurden die drei meistgenannten Gruppen genannt, türkische- und russische Migrant_innen, sowie Flüchtlinge und unbegleitete Minderjährige Flüchtlinge. Die befragten Ausschussmitglieder sollten diese Nennung ebenfalls einschätzen und ebenso gegebenenfalls aus ihrer persönlichen Sicht heraus ergänzen.

2.2.2.4 Angaben zum besonderen Handlungsbedarf im Bereich der Migration und Integration in gesellschaftlichen, sozialen und politischen Bereichen innerhalb der Stadt Bochum

Neben der Erfassung der Hauptaufgaben des AMI wurden allgemeine gesellschaftlich- und sozialpolitische Bereiche abgefragt, welche im Besonderen eine Bedeutung für die Stadt Bochum haben. Zu den meist genannten Bereichen zählten eine gezielte Arbeitsmarkt- und Bildungspolitik für Migrant_innen, der Spracherwerb von Migrant_innen, die gesellschaftliche- und kommunalpolitische Partizipation, die interkulturelle Öffnung der Stadtverwaltung, sowie der interkulturelle Austausch und die interkulturelle Arbeit in der Kommune. Ebenso wie bei den Angaben zuvor, sollten die Ausschussmitglieder diese Nennungen individuell einschätzen und gegebenenfalls ergänzen.

2.2.2.5 Angaben zu geschlechts- und gleichstellungspolitischen Aufgaben im Ausschuss für Migration und Integration

Der zentrale Fragenkomplex zu geschlechts- und gleichstellungspolitischen Aufgaben im AMI beginnt mit der Nachfrage nach der Wichtigkeit des Thema „Gender" in der inhaltlichen Arbeit des AMI. Die Befragten sollten die einzige Nennung des Thema „Gender" aus der Fragebogenerhebung individuell einschätzen und ihre persönliche Einordnung des „Genderthema" in der inhaltlichen Arbeit des AMI vornehmen.

2.2.2.6 Angaben zu Kooperationen des Ausschusses für Migration und Integration mit gleichstellungspolitischen Institutionen der Stadt Bochum

Die Frage nach einer Kooperation des AMI mit gleichstellungspolitischen Institutionen der Stadt Bochum beantworteten die Befragten in der Fragebogenerhebung mit zwei Nennungen positiv, sodass diese Personen eine Kooperation zwischen den beiden kommunalpolitischen Institutionen sehen würden, die anderen zehn Befragten gaben an, dass es keine Kooperation gibt oder machten keine Angaben. Die im Interview befragten Ausschussmitglieder wurden um ihre persönliche Einschätzung der Aussagen aus der Fragebogenerhebung gebeten und sollten angeben, wie eine Kooperation zwischen den beiden Institutionen, falls vorhanden, aussieht.

2.2.2.7 Angaben zum inhaltlichen Umgang mit Gender Mainstreaming

Die vorletzte Frage geht auf die Verankerung des Gender Mainstreaming als eine Hauptaufgabe im Integrationskonzept der Stadt Bochum ein. Die befragten Ausschussmitglieder sollten herausstellen, was Sie persönlich unter dem Konzept des Gender Mainstreaming verstehen und wie eine konkrete Umsetzung dieser Handlungsempfehlung innerhalb der inhaltlichen Arbeit des AMI aussieht.

2.2.2.8 Angaben zu möglichen Handlungen unter gleichstellungspolitischer Perspektive innerhalb des Ausschusses für Migration und Integration

In der letzten Frage des Interviews sollten die Befragten eine persönliche Einschätzung einer möglichen intensiveren Auseinandersetzung mit gleichstellungspolitischen Themen, sowohl für den Ausschuss, als auch für sich persönlich einordnen und herausstellen, ob eine intensivere Auseinandersetzung mit dieser Thematik die inhaltliche Arbeit des AMI beeinflussen würde.

2.2.3 Durchführung der Datenerhebung

Die Durchführung der Datenerhebung der qualitativen Interviews erfolgte einen Monat nach der Beendigung der Fragebogenerhebung „Erfahrungen, Umsetzungen und Handlungsansätze gleichstellungspolitischer Themen im Ausschuss für Migration und Integration der Stadt Bochum" und dessen Datenauswertung am 19.März 2013 und endete nach sechs Wochen am 30. April 2013. Die Kontaktaufnahme zur Durchführung der qualitativen Interviews erfolgte wie bereits bei der vorherigen Datenerhebung durch eine Email an alle Mitglieder des Ausschusses für Migration und Integration der Stadt Bochum. Die Emailadressen der Ausschussmitglieder waren über das Ratsinformationssystem der Stadt Bochum frei zugänglich. Diesen wurde in der entsprechenden Email das Anliegen der Interviewanfrage erläutert und um eine Teilnahme gebeten. Sechs der angeschriebenen Ausschussmitglieder meldeten sich via Email zurück und vereinbarten einen Termin zur Datenerhebung. Die Datenerhebung erfolgte an Orten, die von den Befragten vorgeschlagen wurden. Dabei handelte es sich in vier Fällen um den aktuellen Arbeitsplatz der Befragten, zwei der Befragten wurden in einem Bochumer Café befragt. Nach der Beendigung des jeweiligen Interviews erhielten die Befragten eine von der Autorin unterschriebene Zusicherung des Datenschutzes und der Anonymität. Die Interviewdurchführung dauerte im Durchschnitt 30-40 Minuten. Nach der Durchführung des sechsten Interviews wurde die Datenerhebung seitens der Autorin beendet.

2.2.4 Ergebnisse

Die sechs durchgeführten Interviews wurden vor ihrer inhaltlichen Analyse kommentiert transkribiert. Dabei wurden über die wörtlichen Wiedergaben hinaus einige Besonderheiten in das Transkript mit aufgenommen, wie zum Beispiel Sprechpausen, Nachfragen oder nichtsprachliche Äußerungen (z. B. lachen oder Unterbrechungen des Interviews) (Mayring, 2002). Dies bildet laut Mayring (2002) die Möglichkeit die erhobenen Daten besonders ausführlich auszuwerten und zu analysieren[3]. Angelehnt an die qualitative Inhaltsanalyse nach Mayring (2002),

---

3 Um eine optimale Lesbarkeit zu gewährleisten werden in der folgenden analytischen Ergebnisdarstellung der Transkriptionen Satzfüller wie „hmm", „ähm" etc. nicht aufgeführt. Die fehlenden Textstellen werden mit [...] gekennzeichnet.

erfolgte nach der Transkription der durchgeführten Interviews eine Einteilung der Inhalte in ein Kategoriensystem. Die Analyse und Kategorisierung erfolgte nach den drei von Mayring (2002) vorgeschlagenen Aspekten der qualitativen Inhaltsanalyse: der Zusammenfassung der Daten, der Explikation und der Strukturierung der Ergebnisse. Folgende Hauptkategorien wurden anhand des vorliegenden Datenmaterials gebildet: Kategorie 1: Hauptaufgaben des Ausschusses für Migration und Integration, Kategorie 2: Geschlechts- und Gleichstellungspolitische Aspekte der inhaltlichen Arbeit des Ausschusses für Migration und Integration und Hauptkategorie 3: Die Umsetzung und zukünftige Handlungsansätze des Ausschusses für Migration und Integration unter geschlechts- und gleichstellungspolitische Aspekten. Den jeweiligen Hauptkategorien unterliegen zudem jeweils einzelne Subkodierungen, welche in der Analyse und Darstellung der einzelnen Hauptkodierungen genauer erläutert werden.

Um die Anonymität der befragten Ausschussmitglieder zu gewährleisten wurden durch die Autorin deren reale Nachnamen durch die Bezeichnung Person A-F ersetzt. Die Auswahl begründet sich in der Interkulturalität der befragten Ausschussmitglieder. Folglich sind die Befragten nun einer, für diese empirische Analyse, neutralen Person zugeordnet. Ein Rückschluss auf deren richtige Namen ist demnach nicht möglich. Den Befragten wurden folgende Bezeichnungen zugeordnet: Person A (Interview 1), Person B (Interview 2), Person C (Interview 3), Person D (Interview 4), Person E (Interview 5) und Person F (Interview 6). Ferner wurden die einzelnen Interviewpassagen in der Ergebnisdarstellung grammatikalisch und sprachlich, jedoch nicht inhaltlich korrigiert. Dies begründet sich ebenfalls in der Gewährleistung der Anonymität der befragten Ausschussmitglieder.

2.2.4.1 Ergebnisse zu den Hauptaufgaben des Ausschusses für Migration und Integration der Stadt Bochum

Die Hauptaufgaben des Ausschusses für Migration und Integration der Stadt Bochum werden aus zwei verschiedenen Blickwinkeln betrachtet. So stehen auf der einen Seite die offiziellen, von der Kommune und dem Land vorgegebenen Aufgaben für kommunalpolitische Ausschüsse gem. § 58 ff. der Nordrhein-Westfälischen Gemeindeordnung (MIK, 2013), und auf der anderen Seite die subjektive Einschätzung dieser Aufgaben durch die Mitglieder des AMI selbst. Gemäß offizieller Angaben hat der AMI neben einer beratenden Funktion auch exekutive Entscheidungskompetenzen bezüglich der durch den Haushalt der Kommune zugewiesenen Mittel, um diese zur Förderung der Integration in Bochum zu nutzen

(Stadt Bochum, o. J.). Die subjektive Einschätzung der sechs befragten Ausschussmitglieder, in Bezugnahme auf die inhaltlichen Hauptaufgaben des AMI, war einstimmig. Die Aussagen der befragten Ausschussmitglieder, bezogen sich auf die bereits in der Fragebogenerhebung herausgestellten drei meistgenannten Hauptaufgaben des AMI. Diese lauteten: 1. die Förderung der kulturellen-, sozialen- und sprachlichen Integration von Menschen mit Migrationshintergrund, 2. die Interessenvertretung von jungen und alten Migrant_innen, sowie deren Grundversorgung und 3. die Interkulturelle Öffnung der Stadtverwaltung.

> „Okay, die Förderung der kulturellen, sozialen und sprachlichen Integration ist wichtig, dann die Interessen [...] Stimme ich ihnen zu. [...] Das ist [...] grundsätzlich, ja das sind halt die Ziele, die wir gemeinsam vereinbart und auch erarbeitet haben, also diese aus der Praxis heraus zu erkennen. [...] Also die interkulturelle Weiterentwicklung der Stadtverwaltung hat immer zwei Seiten." (Person D, Interview 4).

In dieser Aussage wurde betont, dass die drei meist genannten Hauptaufgaben des AMI eigenständig von den Ausschussmitgliedern erarbeitet wurden. Dies verdeutlicht den zu Beginn der Ergebnisdarstellung genannten Aspekt der zweiseitigen Betrachtung der Hauptaufgaben des Ausschusses. So stehen sich die inhaltlichen Aufgaben des AMI und die in der Gemeindeordnung verankerten Aufgaben gegenüber. Einerseits hat der AMI demnach vorgeschriebene Aufgaben, die in seine Handlungskompetenz fallen und auf der anderen Seite ergeben sich innerhalb der Arbeit des Ausschusses praxisrelevante Aufgaben, die im Ausschuss behandelt werden, welche jedoch nicht in der Gemeindeordnung festgeschrieben sind. Eine weitere Bestätigung der drei genannten Hauptaufgaben lässt sich in folgender Aussage erkennen:

> „Ne, das ist es soweit: Kultur, Soziales, Sprache und dann Interessen von Jung und Alt, das ist auch sehr wichtig, Junge und Alte, [...] und [...] auch die Öffnung, die Interkulturelle Öffnung der Verwaltung bzw. [...]. Also die drei Punkte sind sehr auf den Punkt getroffen" (Person C, Interview 3)

Ferner gewichteten einige der befragten Ausschussmitglieder die zuvor genannten Hauptaufgaben, indem sie eine der drei genannten Hauptaufgaben besonders herausstellten. Der folgende Auszug verdeutlicht diese Gewichtung.

> „[...] ich glaube die interkulturelle Öffnung der Stadtverwaltung, [...], die würde ich dann schon [...], weiter nach vorne schieben, weil wir das glaub ich auch viel un-

mittelbarer im Ausschuss wirklich auch mitbestimmen können." (Person F, Interview 6).

Viel häufiger wurden jedoch ergänzende Hauptaufgaben durch die Befragten genannt. Diese wurden in der Datenanalyse unter der Subkodierung „Andere ergänzende Hauptaufgaben des AMI" zusammengefasst. Die unter dieser Subkodierung zusammengefassten Hauptaufgaben umfassen einige verschiedene Themen. Folgende Aspekte wurden genannt: Bildung, zugängliche Informationen und Aufklärung von Migrant_innen und Flüchtlingen, Vermittlung des Demokratieverständnisses, gesundheitliche Fürsorge, sowie eine gleichberechtigte Integration sowohl von Menschen mit Migrationshintergrund, als auch von der deutschen Wohnbevölkerung.

> „Sonst find ich die alle, [...] wichtig, aber bevor ich [...] die Leute kulturell fördere muss ich [diese erst] aufklären, die sollen auch wissen und Information bekommen, wie sie in Bochum zu diesen Quellen, ob das sprachliche Förderung oder interkulturelle [ist], wie man [...] [diese be]kommen kann. [...] Weil genau was fehlt, da fehlt diese Infoschnittstelle. Das würde ich unbedingt als Punkt eins benennen. Weil ohne diesen Punkt, egal was wir da machen, funktionieren die anderen Punkte auch nicht, ne. [...] [Von] unseren Sitzungen, wenn die Leute nichts davon mitbekommen, oder keine Ahnung davon haben, [...], von [dem] was da beschlossen wurde, dann bringt das auch nichts. Das ist dann nur für uns, den Wähler und das ist nicht gerade unser Ziel." (Person A, Interview 1).

Diese Aussage umfasst nicht allein eine Ergänzung der Hauptaufgaben, sondern ist gleichwohl auch eine kritische Anmerkung in Bezugnahme auf die eventuell fehlenden Aspekte innerhalb der Hauptaufgaben des AMI. Diese zielt auch auf ein strukturelles Problem innerhalb der Kommune ab, indem eine zentrale Informationsstelle für Migrant_innen und Flüchtlinge gefordert wird, die dazu dienen soll, die zuvor genannten Gruppen an die für sie zuständigen Institution zu vermitteln. In Bezugnahme auf die offiziellen Aufgaben des AMI gemäß der Aufgabenbeschreibung der Kommune selbst, sollte die Förderung der Integration in Bochum durch die zugewiesenen Mittel genutzt werden. Dies geschieht jedoch mehr durch Migrantenorganisationen, als durch den Ausschuss selbst (Stadt Bochum, o. J.). Dass die Integration innerhalb der Kommune jedoch nicht allein durch die in Bochum lebenden Migrant_innen initiiert werden sollte und auf Gegenseitigkeit beruht, belegt folgende Aussage:

> „Ich denke der erste Punkt würde doch das Meiste umfassen. Würde ich sagen. *(Die Förderung der kulturellen-, sozialen- und sprachlichen Integration von Menschen mit Migrationshintergrund. Anmerkung der Autorin)* Was mir vielleicht so ein bisschen fehlt ist, man sagt, dass [...] es da auch darum geht, nicht nur Menschen mit Migrationshintergrund [zu vertreten], [...], wie nennt man das denn jetzt? [...]. Also [das] Zwischenleben einfach zwischen Migranten und Nichtmigranten. [...] Das fehlt mir so ein bisschen [...]." (Person B, Interview 2)

Es wird demnach eine beidseitige Integration sowohl von der Gruppe der Migrant_innen, als auch von der kommunalen Wohnbevölkerung gefordert. Eine letzte zu nennende ergänzende Hauptaufgabe des AMI ist die Förderung der politischen Bildung der Migrant_innen innerhalb der Kommune. Die folgende Aussage eines der sechs befragten Ausschussmitglieder stellt diesen Aspekt deutlich heraus.

> „Also hinzufügen kann ich immer den Ansatz, der sag ich mal politisch, kulturell-politisch-pädagogisch vielleicht zu bezeichnen ist, nämlich zu vermitteln und zu üben und zu probieren wie eigentlich Demokratie funktioniert, praktizierte Demokratie funktioniert." (Person D, Interview 4).

Auch dieser genannte Aspekt ist in der Förderung der Integration der Menschen mit Migrationshintergrund durch den Ausschuss für Migration und Integration anzugliedern. Eine Aussage eines anderen Ausschussmitgliedes trifft jedoch den Kern des Problems der zuvor genannten ergänzenden Hauptaufgaben. Der Befragte gibt an, dass all die genannten Hauptaufgaben nur umsetzbar sind, wenn eine sprachliche Integration und Förderung der Migrant_innen stattfindet.

> „[...] Entscheidend seh ich nen Punkt. [Das ist] immer [der] Spracherwerb, weil [...] nur so kann auch wirklich ne [..] Integration [...] geschafft werden. Das ist die Grundlage für alles. [...], deswegen würd ich das jetzt als, [...] spezielles Bochumer Problem in dem Sinne eigentlich ansehen, weil das ist nen grundsätzliches Problem [...] von Integration und wir müssen eben hier in Bochum gucken dass wir unsere Sachen dann eben da schaffen." (Person F, Interview 6).

So erscheint z. B. die Kommunikation des Miteinander häufig sehr schwierig zu sein. Die sprachliche Förderung von Menschen mit Migrationshintergrund ist demnach ein wichtiger Aspekt für eine gelingende Integration. Das befragte Ausschussmitglied unterstreicht mit seiner Aussage folglich die Schwierigkeiten, die eine Generalisierung der Hauptaufgaben als allgemeingültig Umsetzbar darstellen. Hinter den genannten Hauptaufgaben stecken folglich vielmehr zu bedenkende Aspekte, als zuvor angenommen und von den Ausschussmitgliedern geäußert.

2.2.4.1.1 Ergebnisse zu den Hauptgruppen der inhaltlichen Arbeit des Ausschusses für Migration und Integration

Aufgrund der hohen Anzahl an Menschen mit Migrationshintergrund innerhalb der Kommune, stellte sich folglich die Frage danach, inwiefern dieser Anteil in der inhaltlichen Arbeit des Ausschusses für Migration und Integration Gehör findet und welche Gruppen sie umfasst. In der Fragebogenerhebung wurden folgende Gruppen am häufigsten genannt: türkische- und russische Migrant_innen, sowie Flüchtlinge und unbegleitete minderjährige Flüchtlinge. In dem vertiefenden Interview sollten die befragten Ausschussmitglieder diese Aussagen nun einordnen und aus ihrer subjektiven Sicht heraus schildern, welche Gruppe die inhaltliche Arbeit des AMI tatsächlich umfasst und warum dies so ist. Alle befragten Ausschussmitglieder stimmten den Nennungen der Fragebogenerhebung zu.

> „Ich denke mal die Migrantengruppe, türkische Migrantengruppe [...] [das] sind ja die in Bochum [...] [mit dem] größten Anteil [...] Von den 50% ausländischer Migranten sind [...] glaub ich [...] 20.000 türkische Migranten. [...] Dass [...] [ist] so Hälfte der Migrantenanteil hier [...] in Bochum." (Person C, Interview 3).

Ein anderes Ausschussmitglied formulierte die inhaltliche Fokussierung auf eine bestimmte Gruppe wie folgt:

> „Ja, das ist sicherlich, wie man so schön sagt die türkische Community. Die ist hier sicherlich im Fokus, weil das [...] schlicht und ergreifend die [...] [größte] Gruppe ist und wir ja sowieso auch die Situation haben, dass dadurch, das wir die Migrantenvertreter in der Wahl frei bestimmen, da auch immer eine starke Gruppe, [...] aus diesem [...] Kulturkreis eben entsprechend kommt oder sich [aus diesem] speist und wir da deshalb [...] ein[en] besonderer[n] Fokus auch immer darauf [...] [legen], [...] [weil] es eben die größte Gruppe ist, [...] [dort] gibt es da ja auch das meiste zu tun."
> (Person F, Interview 6).

Die inhaltliche Fokussierung der Arbeit des AMI in Bezugnahme auf die Gruppe, die am meisten inhaltlich beachtet wird, ist die Gruppe der türkischen Migrant_innen. Dies begründet sich, laut den befragten Ausschussmitgliedern, in dem hohen

Anteil der türkischen Migrant_innen in der Bochumer Wohnbevölkerung, sowie deren damit verbundenen hohen inhaltlichen Handlungs- bzw. Unterstützungsbedarfs. Die Betrachtung dieser Gruppe wird von einem Ausschussmitglied dazu genutzt mögliche Vorurteile gegen diese Gruppe auszuräumen.

> „Klar, wenn man [vom] türkischen Klientel spricht ist [es] gleich [...] [der] Islam, [...] also [die] Moslems. [...] Das wird dann wiederum auf [...] [den] Islam [...] [übertragen]. Weil wie gesagt [der] Islam benachteiligt dann Frauen, Männer. So. [...] Aber es stimmt ja nicht. [...] islamisch [ist] eigentlich [...] Weltfrieden, also Frieden [...] Frieden und Toleranz in der Religion. Nur vielleicht sind wir bei [dem] einen oder anderen, die [sind] dann halt eben selber Schuld [...] [das] die, dann [die] Traditionen [nicht kennen], [...] Ne? [...] Also [...] ich will [damit] sagen, dass man halt eben [...] bei [der] muslimischen [...] Welt oder Gesellschaft, [...] [in der] wir hier leben, [...] dann integriert ist, [...] [wenn die] Bildung [vorhanden ist und wir] [...] ein hohes Niveau haben. Und klar es sind nur 1-2%, die dann halt eben da [...] zum Vorschein kommen und [...] [die werden] dann leider [...] gleich über den Kamm geschert und [...] persönlich würde ich darauf mit eingehen und [das] dann auch das richtig darstellen wollen." (Person F, Interview 6).

In Bezugnahme auf die russischen Migrant_innen, die von den befragten Ausschussmitgliedern in der Fragebogenerhebung sehr häufig genannt wurden, erläuterte nur ein Ausschussmitglied diese Nennung im Interview.

> „[...] Die russischen [Migrant_innen] sind halt eben vertreten, [...] weil sie aktiv sind auf der [...] religiöse[n] Ebene, über die jüdische Gemeinde, sind sie halt eben relativ stark vertreten und die haben auch demzufolge einen, ich sag mal, „Sonderbonus". [...]." (Person D, Interview 4).

Diese Aussage unterstreicht eine differenzierte Wahrnehmung der verschiedenen Migrantengruppen. So wird die Gruppe der türkischen Migrant_innen aufgrund ihrer in der Bochumer Wohnbevölkerung vorkommenden Präsenz begründet. Der Fokus auf die russischen Migrant_innen begründet sich folglich eher in deren aktiver Teilhabe am Gemeindeleben der jüdischen Gemeinde in Bochum. Folgende Aussage eines befragten Ausschussmitgliedes unterstreicht diese Einschätzung.

> „[...] russisch, [...] natürlich auch, aus den Ostblockstaaten, wo wir ja auch viel[e] die Kontingentflüchtlinge gekriegt haben, die ja jetzt eben [...], über den jüdischen Glauben entsprechend da sind und das ist ja sicherlich auch eine Sache, aber da

haben wir in Bochum ja auch viel geschafft mit der neuen Errichtung der Synagoge und ähnliches. Mit einer sehr rührigen Gemeinde die da [...] die Hauptgruppen [...] entsprechend bearbeitet [...]." (Person F, Interview 6).

Eine weitere häufig genannte Gruppe, welche nach den Angaben der Ausschussmitglieder einen großen Anteil an der inhaltlichen Arbeit des Ausschusses hat, sind die Flüchtlinge und die unbegleiteten minderjährigen Flüchtlinge. Diese besondere Personengruppe fällt unter anderem in die Zuständigkeit des AMI (Stadt Bochum, 2009b). Dies bestätigen folgende Aussagen, die in ähnlicher Form von allen befragten Ausschussmitgliedern getätigt wurde.

„Also das ist eine Gruppe mit der sich der AMI ganz häufig beschäftigt. [...] Also ich hab ja grade gesagt, [...] wenn ich mal jetzt meine eigenen Erfahrungen [...] [aus] den letzten Monaten anschaue, dann ist es ja so, dass das meistens Flüchtlinge waren, die entweder aus afrikanischen Ländern kamen, [...] [und] ganz klar, [...] junge Menschen ohne ihre Eltern, speziell diese Zielgruppe. Und [aus] Syrien und [dem] Irak, Krisengebiete, [...] Afghanistan hab ich auch gehabt, [...] Tadschikistan hab ich auch [...] gehabt." (Person E, Interview 5).

Ein anderes Ausschussmitglied, stellt jedoch heraus, dass aus ihrer subjektiven Wahrnehmung heraus noch nicht genug in der inhaltlichen Arbeit des Ausschusses für die Gruppe der Flüchtlinge getan wird.

„Natürlich gibt's auch die Gruppen noch um die Flüchtlinge, die auch [...], ganz wichtig sind und die auch [...] viel Zeit und [...] Förderung brauchen, aber ich finde dass [...] auch nen bisschen zu wenig für diese Gruppe getan wird. Es sollte genauso viel für die getan werden, wie für alle anderen auch, [...] türkische Migranten stehen hier in Bochum in dem Mittelpunkt. Es ist auch gut so [...] ‚aber [...] alle anderen brauchen auch nen bisschen mehr Energie." (Person A, Interview 1).

Das Thema Flüchtlinge und unbegleitete minderjährige Flüchtlinge wird von den Ausschussmitgliedern als ein sehr schwierig zu bearbeitendes Feld betrachtet, welches sehr viel Fingerspitzengefühl bei den handelnden Akteur_innen voraussetzt.

„[...], dass ist ein schwieriges Feld, weil grade im Bereich der Flüchtlingsarbeit, glaub ich, eine Menge Menschliches getan wird. [...] Einmal durch die Organisation der evangelischen Kirche und es gibt aber auch sehr viele grenzwertige, gesetzlich grenzwertige Geschichten, wo humanes Handeln notwendig ist [...], [das] kann [...] manchmal gegen das Gesetz sein. An der Stelle kann [...] und wird auch nicht offen darüber geredet, weil [...] das menschliche Handeln im Vordergrund stehen muss. Und das, was da gesetzlich manchmal vorgegeben wäre, also völlig, na ja, also im Grunde genommen Menschen sehr stark belasten würde und auch Biografien zerstören könnte. Das muss man mal so ganz klar sagen." (Person D, Interview 4).

Eine geschlechtliche Differenzierung zwischen weiblichen und männlichen Flüchtlingen wurde auch in der Interviewbefragung der Ausschussmitglieder nicht geäußert. Auf die Nachfrage, ob es eine geschlechtliche Differenzierung gäbe, antworteten die meisten befragten Ausschussmitglieder, dass es keine explizit ausgesprochene Differenzierung gibt, dies im AMI jedoch auch nicht notwendig wäre, da in diesem Gremium gerade im Bereich Flüchtlinge und explizit bei unbegleiteten minderjährigen Flüchtlingen (kurz UMF) selbstverständlich darauf geachtet werden würde, weibliche Flüchtlinge zum Beispiel nur in gleichgeschlechtliche Wohnräume unterzubringen. Weitere Differenzierungen wurden nicht geäußert. Hier ergibt sich jedoch der Diskussionsansatz, dass weibliche Flüchtlinge andere Gründe haben ihre Heimat zu verlassen, als männliche Flüchtlinge.

2.2.4.1.2 Ergebnisse zu gesellschaftlichen, sozialen und politischen Bereichen mit besonderem Handlungsbedarf für Menschen mit Migrationshintergrund in der Stadt Bochum

Auf die Frage, in welchen gesellschaftlichen, sozialen und politischen Bereichen innerhalb der Stadt Bochum ein besonderer Handlungsbedarf für Menschen mit Migrationshintergrund gesehen wird, nannten die befragten Ausschussmitglieder in der Fragebogenerhebung folgende Bereiche: gezielte Arbeitsmarkt- und Bildungspolitik, gesellschaftliche und kommunalpolitische Partizipation, den Erwerb von Sprachkenntnissen, die interkulturelle Öffnung der Stadtverwaltung, sowie ein interkultureller Austausch bzw. interkulturelle Arbeit innerhalb der Kommune. In den vertiefenden Interviews zu den Ergebnissen der Fragebogenerhebung sollten die sechs befragten Ausschussmitglieder nun aus ihrer subjektiven Sicht heraus schildern, wie sie die oben genannten Bereiche einschätzen. Ein Ausschussmitglied kritisierte die Nennungen der Hauptaufgaben aus der vorangegangenen Fragebogenerhebung und kritisierte vor allem die Aussagen zur gesellschaftlichen und politischen Partizipation von Menschen mit Migrationshintergrund.

„Also für mich, muss ich ganz ehrlich sagen, sind das oftmals immer so schöne Schlagwörter, [...] so Schönwörter nenn ich sie mal, [...]. Das hört sich alles so toll an. Politische und gesellschaftliche Partizipation. [...] Was das auch immer heißen mag. [...] Klar, kann ich sagen, das ist toll, das hört sich auch gut an. Ich kann [und] könnte dem nicht widersprechen. Aber ich glaube im Alltag [...] kann ich es so nicht bestätigen. [...] Oder ich frag mich immer, was heißt das denn dann genau. [...] Dass [...] jetzt irgendwie, weiß ich nicht, ein Kaffeeklatsch von Migrantinnen [...] [stattfindet und die sich] im Zentrum XY [...] treffen und das ist dann irgendwie eine gesellschaftliche [...] [Partizipation?], die sehe ich noch nicht. [...] Obwohl, [...] was ich genau ändern soll oder was ich mir wünschen würde oder wie man das umsetzen soll, das könnte ich tatsächlich nicht sagen." (Person B, Interview 2)

In dieser Aussage wird deutlich, dass die Arbeit des AMI für die Menschen mit Migrationshintergrund im Bochum ernst genommen werden muss und diese nicht unter dem Deckmantel von bestimmten Schlagwörtern verschwindet. Die anderen befragten Ausschussmitglieder bestätigten das weite Spektrum an Aufgaben bzw. an Handlungsbedarf des Ausschusses in den in der Fragebogenerhebung genannten Bereichen. So wurden vor allem die Bereiche der Arbeitsmarkt- und Bildungspolitik, sowie die interkulturelle Öffnung der Stadtverwaltung als besonders wichtige Bereiche genannt.

„[...] Die Öffnung der Verwaltung ist sehr wichtig, dass [...] da dann nicht von [den] Migranten erwartet wird, dass [...] [diese den ersten] Schritt mach[en], sondern [dass dann] vielleicht auch [von] beide[n] Seiten [...] dann Schritte kommen. Und da ist wichtig, dass die Stadtverwaltung [...] halt eben [auch] interkulturelle Kompetenzen hat. [...]" (Person C, Interview 3).

Ergänzend zu den bereits erwähnten Bereichen nannten die befragten Ausschussmitglieder folgende Themen: Die Schließung von Asylbewerber- und Flüchtlingsheimen und der damit verbundenen Umstrukturierung in angemessene Wohnanlagen für Flüchtlinge und Asylbewerber in der Stadt Bochum, eine gezielte Seniorenarbeit für Menschen mit Migrationshintergrund und eine spezifische interkulturelle Sozialraumorientierung unter der Berücksichtigung von Menschen mit Migrationshintergrund.

„[...] Und zum Glück gibt es ja auch Stadtteile, wo dann auch Migranten und Nichtmigranten wohnen. [...] Und da passiert das ja auch schon [...] Aber ja, dass man das einfach vielleicht stärker fördern würde. Also dass [...] man vielleicht nicht irgendwie,

"[...] immer so dabei [ist] zu sagen, man [...] baut hier zum Beispiel irgendwie ein neues Stadtteilzentrum auf, [...] und macht es dann vielleicht in Dahlhausen, da, wo vielleicht sowieso ein bisschen [...] mehr passiert in diese Richtung. [...] Aber warum passiert es nicht in Stiepel? [...] Aber dass man da sagt, [...] diese Gruppe erfasst man ja dann wiederum nicht. Vielleicht die Stiepler, [...] die vielleicht sowieso ein bisschen mehr für sich sind und vielleicht sagen "Ja, Mensch",[die] haben vielleicht nicht so die Ahnung, wie lebt der „Türke" doch zu Hause. [...] Also warum man sich dann doch immer [an] diese[n] Stadtteile[n] [...] orientiert, wo vielleicht doch sowieso was passiert, wo es ein Zusammenleben doch irgendwie [...] schon eher gibt, anstatt da, [...] reinzugehen, wo [es] vielleicht die Probleme gibt, vielleicht wo der [...] Stiepler dann sagt "Ja, Mensch" und diese Vorurteile einfach vielleicht mehr greifen [...], ja vielleicht hat man in Stiepel nicht so die Ahnung zum Beispiel: Was heißt Ramadan?. Aber vielleicht in Dahlhausen doch. Natürlich leben da mehr Türken, aber da leben ja auch Deutsche. [...] Aber da ist das Zusammenleben doch intensiver." (Person B, Interview 2).

Die vorliegende Aussage verdeutlicht zunächst eine soziale Segregation einer bestimmten Bevölkerungsgruppe innerhalb der Kommune (Stadt Bochum, 2012). Folglich ergibt sich eine räumliche Ungleichverteilung zwischen Menschen mit und ohne Migrationshintergrund im Stadtgebiet (Zimmermann-Hegmann et. al., 2007). Ferner umfasst die getätigte Aussage den Bereich einer interkulturellen Sozialraumorientierung (Straßburger & Bestmann, 2008). Diese soll interkulturelle Aspekte in bestimmten Stadtteilen gezielt fördern und Angebote schaffen, um bestimmte Wohnbevölkerungsgruppen in den sozialen Wohnraum zu integrieren (ebd., 2008). Das befragte Ausschussmitglied plädiert in seiner Aussage nun auf eine interkulturelle Sozialraumorientierung besonders in den Stadtteilen Bochums, wo der Anteil der Wohnbevölkerung mit Migrationshintergrund nicht zu hoch ist, um dort eine gelingende Integration voranzutreiben und diese auf die sogenannten „Problemstadtteile" zu übertragen.

2.2.4.2 Ergebnisse zu geschlechtspolitischen Themen im Ausschuss für Migration und Integration der Stadt Bochum

Die Fragebogenerhebung ging unter anderem der Frage nach, welche Rolle der Aspekt „Gender", also geschlechtspolitische Themen, als Hauptaufgabe des Ausschusses innerhalb seiner inhaltlichen Arbeit spielt. Nur eine Person nannte in der Fragebogenerhebung den Aspekt „Gender" als eine Hauptaufgabe. Die sechs befragten Ausschussmitglieder sollten im vertiefenden Interview nun zu diesem Aspekt Stellung beziehen und einschätzen, warum eventuell andere Hauptaufgaben häufiger genannt und folglich eventuell auch als wichtiger eingeschätzt wurden. In Bezug auf die genannten Hauptaufgaben wurde von den meisten Interviewten der Aspekt „Gender" als selbstverständlich umgesetzt angesehen. Dies erklärt folglich das Ergebnis der Fragebogenerhebung in der dieser Aspekt nur ein einziges Mal genannt wurde.

> „Also ich glaube das ist in dem Ausschuss, also wie ich es jetzt persönlich einschätzen würde, [...] dass [da] die Genderfrage gar nicht so im Mittelpunkt steht, aber nicht, weil es nicht als wichtig erachtet wird, sondern weil sie tatsächlich, ich glaube schon irgendwie mit drin spielt. [...] Also für mich, ich würde ganz salopp sagen keine. [...] weil sie schon da gelebt wird. [...] ich kann das glaube ich schwer erklären, aber ich habe nicht das Gefühl, dass sie nicht [...] berücksichtigt [wird], [...] weil sie nicht als wichtig erscheint, weil sie tatsächlich [...] in dieser ganzen Arbeit schon für mich so drin ist [...]." (Person B, Interview 2).

Ein anderes befragtes Ausschussmitglied bestätigt ebenfalls die Ergebnisse aus der Fragebogenerhebung und merkt ebenfalls an, dass Gender keine Hauptaufgabe in der inhaltlichen Arbeit des AMI sei, sondern ebenso wie in der Aussage zuvor mit gedacht würde.

> „Also, [...] das kam schon mal vor [...] ,dass hat man sicherlich auch im Blick, aber das würde ich tatsächlich jetzt auch so sehen, dass das nicht ne Hauptaufgabe ist. Es ist eine Aufgabe die wir entsprechend halt immer mitdenken müssen, [...]." (Person F, Interview 6).

In einigen Aussagen der sechs befragten Ausschussmitglieder wird deutlich, dass andere politische Themen mehr im Fokus der inhaltlichen Arbeit des AMI stehen, dies wird laut der Aussage eines Ausschussmitgliedes jedoch auch durch die aktuelle politische Lage beeinflusst.

> „[...] aus der Erfahrung her würde ich, wenn ich mal so zurück blicke, [...] gibt's immer bestimmte Schübe, dass also entweder mediengesteuert [...] eine bestimmte Fragestellung besonders im Vordergrund steht. Das ist eine Frage, oder halt eben lokal, individuell lokale Situation, wenn halt eben jemand, was weiß ich, im Bereich der Flüchtlingshilfe arbeitet [...] und dann sind halt eben eine erhöhte Anzahl von Flüchtlingen [da, und das ist] dann [...] eben erstmal wieder das größere Thema.

> Und so kann ich den Verlauf eigentlich benennen, also immer was wirklich ganz konkret angesagt ist, das kommt auch zur Sprache. [...] An der Stelle ist der Ansatz Partizipation schon, es hat schon seine durchaus interessante Wirkung. [...] Also dass es nicht dann verschwiegen wird, sondern da kommen immer die Fragestellungen auf den Tisch." (Person D, Interview 4).

Diese Aussage verdeutlicht zudem, dass geschlechtspolitische Themen laut der Aussage des befragten Ausschussmitgliedes in der inhaltlichen Arbeit des AMI deshalb nicht vorkommen, weil diese von keinem anderen Ausschussmitglied in den Ausschuss getragen werden. Die befragte Person geht noch weiter und sagt:

> „[...] Die Orientierung [...] an der Fragestellung [der] Hauptaufgabe liegt ja letztlich schon an der Häufigkeit des Auftauchens eines Defizits [...]. Und möglicherweise, also wie ich ja vermute, ist dass nicht in dem Zusammenhang ein großes Defizit [...]. Also in dieser [...] Ausschusssituation. [...]." (Person D, Interview 4).

Die Kernaussage in diesem Zitat ist das vermeintlich nicht vorhandene Defizit geschlechtspolitischer Themen im Ausschuss für Migration und Integration. Dies wurde bereits in den zuvor aufgeführten Aussagen anderer befragter Ausschussmitglieder deutlich. Ein Defizit geschlechtspolitischer Themen wird in der inhaltlichen Arbeit laut der Aussagen der sechs Befragten folglich nicht gesehen. Vielmehr wird darauf hingewiesen, dass eine Gleichstellung der Ausschussmitglieder in der Geschäftsordnung verankert sei und aus diesem Grund eine weitere Auseinandersetzung mit dieser Thematik obsolet ist, da auf eine grundsätzliche Gleichstellung der Ausschussmitglieder gewährleistet sei.

> „Die Frage, also [die] Gender[frage], ist im Grunde meiner Auffassung nach eigentlich über den Ansatz der Geschäftsordnung grundsätzlich [...],ich sag mal, für [ein] gleiches Verfahren zu sorgen, für alle bisher eigentlich gar nicht das Thema gewesen, weil in der Funktion [...] ist mein grundsätzliches Anliegen, also wirklich eine absolute Gleichheit [...] im Sitzungsverlauf zu ermöglichen. Und [...] an keiner Stelle jetzt in irgendeiner Weise [etwas] zu gewichten oder zu bewerten oder sonst dergleichen, [sondern es] wirklich das ganz klar an der Geschäftsordnung anzulehnen."
> (Person D, Interview 4).

Zusammenfassend kann festgehalten werden, dass gleichstellungspolitische Themen nicht explizit in der Arbeit des Ausschusses für Migration und Integration eine übergeordnete Rolle spielen, sondern laut der Aussagen der sechs befragten Ausschussmitglieder in der inhaltlichen Arbeit des AMI möglichst mitgedacht und z. B. durch Handlungsanweisungen in der Geschäftsordnung des Ausschusses in diesem umgesetzt werden. Ferner wurde darauf hingewiesen, dass gleichstellungspolitische Themen gegebenenfalls nicht in der aktuellen inhaltlichen Arbeit behandelt werden, da diese nicht durch die Ausschussmitglieder in diesen hineingetragen werden und andere politische Themen eine höhere aktuelle Priorität innerhalb des AMI aufweisen.

2.2.4.2.1 Ergebnisse zur Kooperation des Ausschusses für Migration und Integration mit gleichstellungspolitischen Institutionen der Stadt Bochum

Die Frage, ob der Ausschuss für Migration und Integration mit gleichstellungspolitischen Institutionen der Bochumer Stadtverwaltung kooperiere, beantworteten in der Fragebogenerhebung nur zwei der befragten Ausschussmitglieder mit „Ja". Alle anderen befragten Ausschussmitglieder gaben an, dass es entweder keine Kooperation gibt, sie von keiner Kooperation wüssten, oder sie machten keine Angabe. In dem vertiefenden Interview sollten die sechs befragten Ausschussmitglieder nun zu diesen Aussagen Stellung beziehen und eine gegebenenfalls vorhandene Kooperation genauer beschreiben. Die sechs befragten Ausschussmitglieder bestätigten zunächst die Ergebnisse der Fragebogenerhebung und gaben weiterhin an, dass sie teilweise nicht einmal um die Akteur_innen der gleichstellungspolitischen Institutionen wüssten und auch deren inhaltliche Arbeit nicht einordnen können.

„[...] [den] Frauenbeirat, [den] kenn ich auch nicht. [...] oder auch bei der Gleichstellungsstelle, wer [...] da die Amtsleitung hat [...] oder [...] was die für Aufgaben haben. [...] Das [...] wird wenig thematisiert in dem AMI. [...] Ist richtig. Und [den] Frauenbeirat gibt's ja seit [...] es [den] AMI gibt, glaub ich. [...] oder seit [es den] Ausländerbeirat gibt, oder halt vier Jahre später. [...] Vier Jahre später glaub ich. Das weiß ich. [19]94 [...] Okay. Gleichzeitig wie [...] [den] Ausländerbeirat [...]. Und ich sag mal auch rüber zu uns, dass [sie] ihre Probleme haben [...] oder [an] welchen Themen sie arbeiten [...] wissen wir auch nicht. [...] Ist richtig. Ja. [...] Also [eine] Kooperation [...] [nehme ich] jetzt nicht wahr. [...] Jetzt muss man wissen, was [der] Frauenbeirat [...] macht. [...] Was macht ihr überhaupt. [...] Oder wen betreut ihr? Oder für wen? Frauenbeirat heißt ja [...] [das] alle von Frauen gewählt werden. [...] Wüsste ich jetzt nicht [...] in welchen Themen sie da arbeiten." (Person C, Interview 3).

Diese Aussage verdeutlicht, dass dem befragten Ausschussmitglied zwar bewusst ist, dass es gleichstellungspolitische Institutionen in Bochum gibt, es jedoch weder die politischen Akteur_innen, noch deren inhaltliche Arbeit kennt.

Ein anderes Ausschussmitglied, kann die politischen Akteur_innen der gleichstellungspolitischen Institutionen benennen, es gibt jedoch auch an, dass es keine aktive Kooperation gibt.

> „Also es gibt in dem Sinne keine aktive Kooperation. [...] Wir haben, ich glaube, in dem Frauenbeirat niemanden. Wir haben also in allen möglichen Ausschüssen und Institutionen Vertreter von uns, Delegierte. Aber ich meine [im] Frauenbeirat [...] nicht. [...] Ich hab relativ selten mit der *Name der Vorsitzenden des Frauenbeirats* gesprochen in dem Zusammenhang, muss ich ganz klar sagen. [...] Daran mach ich das auch fest." (Person D, Interview 4).

Ferner verdeutlicht diese Aussage, dass dem befragten Ausschussmitglied nicht bekannt ist, dass mindestens ein Mitglied des Frauenbeirats an den Sitzungen des AMI teilnehmen soll und ein weibliches Mitglied des AMI auch zu Sitzungen des Frauenbeirats eingeladen wird und laut eigener Aussage der Betroffenen auch ab und zu teilnimmt. Ein anderes befragtes Ausschussmitglied gibt an, dass es nicht einmal um die Existenz einer gleichstellungspolitischen Institution, in diesem Fall dem Frauenbeirat der Stadt Bochum weiß.

> „[...] ich hör jetzt zum ersten Mal von einem Frauenbeirat. [...] Ich [...] schätze eher, dass [...] wirklich die zehn Recht haben *(Befragten der Untersuchung 1, Anmerkung der Autorin)*. Wie gesagt, ich kenn [...]keine, ich [...] hör[e] das jetzt zum ersten Mal [...], dass wir einen Frauenbeirat haben." (Person E, Interview 5).

Zwei der sechs befragten Ausschussmitglieder gaben an, dass sie denken, dass es eine Kooperation zwischen dem Ausschuss für Migration und Integration und gleichstellungspolitischen Institutionen innerhalb der Kommune eventuell gibt, sie können diese jedoch nicht genau benennen und haben auch keine genaue Erinnerung daran, wie und in welcher Form eine solche Kooperation stattfand.

> „Diese Kooperationen gibt es bestimmt, aber für mich mehr auf dem Papier [...]. Also da habe ich jetzt keine Erfahrung mit. Also ich wüsste auch nicht an welcher Stelle das passiert ist. [...] ichglaube [...] dass es diese Kooperation in irgendeiner Form doch bestimmt gibt oder dass es [...] diese Stellen ja gibt und ich darauf zugreifen kann [...]." (Person B, Interview 2).

Das andere Ausschussmitglied gibt an, dass die Gleichstellungsbeauftragte der Kommune an einer Sitzung des AMI teilgenommen habe, jedoch nicht verdeutlicht wurde, welchen inhaltlichen Sinn diese Teilnahme hatte.

„Also die Gleichstellungsbeauftragte oder ähnliche hatten wir schon mal bei Sitzungen dabei, [...], wenn ich mich da richtig erinnere. Das ist sicherlich der Aspekt der funktionierte. [Den] Frauenbeirat, muss ich wirklich sagen, hab ich nicht in Erinnerung. Dass [es] dort eben mal eine gemeinsame Sitzung gemacht [...] [wurde], oder ein gemeinsames Projekt oder ähnliches [...]." (Person F, Interview 6).

Zusammenfassend wird auch an dieser Stelle deutlich, dass die sechs befragten Ausschussmitglieder fast alle, bis auf eine Person, einerseits zwar um die Existenz gleichstellungspolitischer Institutionen innerhalb der Bochumer Stadtverwaltung wissen, diese jedoch weder die politischen Akteur_innen noch die inhaltliche Arbeit des Frauenbeirats oder der Gleichstellungsstelle benennen, noch einordnen können. Zwei der befragten AMI Mitglieder gaben an, dass es eventuell bereits Berührungen des AMI zu den zuvor genannten gleichstellungspolitischen Institutionen gab, können diese jedoch auch nicht genau benennen.

2.2.4.2.2 Ergebnisse zum Verständnis von „Gender Mainstreaming"

Da im Integrationskonzept der Stadt Bochum, der Aspekt des „Gender Mainstreaming" als eine Hauptgrundlage für die Arbeit aller daran beteiligten Akteur_innen, also auch die Mitglieder des AMI, verankert ist, stellte sich die Frage danach, was die sechs befragten Ausschussmitglieder unter dem Aspekt „Gender Mainstreaming" verstehen? Dieser Frage gingen keine Ergebnisse der Fragebogenerhebung voraus, sodass die befragten Ausschussmitglieder unvoreingenommen auf diese offene Frage antworten konnten. Fast alle befragten Ausschussmitglieder gaben an, den Begriff „Gender Mainstreaming" nicht zu verstehen bzw. diesen nicht erläutern können oder diesen sogar noch nie gehört haben.

„Dass die Gleichberechtigung Mainstream wird? Ist es [...] so? [...] Ach so, ich versteh [das] erstmal gar nicht. [Da] muss ich erstmal passen. [...] Ich hör zum ersten Mal [...] Mainstreaming (lacht) und Gender, also [...] diese Zusammensetzung hör ich zum ersten Mal [...]." (Person E, Interview 5).

Die zuvor aufgeführte Aussage eines Ausschussmitgliedes beschreibt dessen Unkenntnis und Verunsicherung in Bezug auf das Konzept „Gender Mainstreaming". Ein weiteres weibliches Ausschussmitglied gibt an, dass sie obwohl sie eine Frau sei, auch nicht erklären könnte, was sich hinter diesem Konzept verbirgt.

> „Ich [...] weiß nicht genau, wie ich das jetzt grade an diesem Punkt beschreiben soll, aber ich [...] Es hört sich vielleicht doof an, weil ich es jetzt auch als Frau sage, aber für mich [wahr das] nie wirklich so ein Thema. [...] Also von daher könnte ich noch nicht mal sagen, [...] ich könnt's nicht sagen. [...] Also ich müsste, ne, ich könnt's nicht sagen." (Person B, Interview 2).

Ein weiteres Ausschussmitglied gibt an, nicht über das Konzept „Gender Mainstreaming" informiert zu sein, versucht jedoch dennoch zu erklären, was es aus seiner subjektiven Perspektive unter Gender Mainstreaming versteht.

> „Was versteh ich unter Gender Mainstreaming [...]?. Hätte ich doch nur schnell bei Wikipedia nachlesen müssen. (lacht) [...] Ja, also was stand da noch, muss ich noch (lacht) ehrlicherweise [...]. Also unterm Strich gesehen [...] eine Bereitschaft, also ein grundsätzliches Ermöglichen des [...] gleichberechtigten Handelns. Das stelle ich mir eigentlich [...] [vor], also als Selbstverständnis, als Grundlage [...]. Als gleichberechtigtes Handelns. Um das mal ganz kurz zu machen. Stimmt, hab ich zwar so nicht im Wikipedia gelesen, aber (lacht) aus dem Zusammenhang [...] ist mir das eigentlich vom Prinzip her eigentlich klar." (Person D, Interview 4).

Das befragte Ausschussmitglied gibt an, unter Gender Mainstreaming ein gleichberechtigtes Handeln zu verstehen. Genauere Erläuterungen führte er jedoch nicht auf. Ein anderes Ausschussmitglied versteht unter Gender Mainstreaming eine erfolgreiche Zusammenarbeit innerhalb der kommunalen Behörden, in denen das politische Anliegen von Frauen weiter gegeben werden kann und interpretiert wird.

> „[...] Erfolgreiche Zusammenarbeit. [...] So dass wir als Frauen unsere Problematik[en] rein bringen können und dass wir gehört werden, dass wir [...] auch [die] Problematik[en], [...] [die] wir wahrscheinlich besser verstehen auch weitergeben können, [...] auch von der Stadtseite [her und das dies dann auch] von der Behördenseite auch richtig interpretiert werden kann. Weil keiner kann das besser verstehen als die Frauen selber." (Person A, Interview 1).

Eine letzte individuelle Beschreibung des Gender Mainstreaming Konzepts, eines der sechs befragten Ausschussmitglieder, versteht dieses als Chancengleichheit und kommt folglich der Definition des Gender Mainstreaming des Europäischen Rates aus dem Jahr 2004 am nächsten. Darin heißt es, dass „Gender Mainstreaming" bedeutet, dass Frauen und Männer, unabhängig von ihrem biologischen Geschlecht, gleichberechtigte Akteur_innen im Handlungsfeld der Politik und dessen Organisationen und Institutionen sein sollen (Concil of Europe, 2004). Das befragte Ausschussmitglied erläuterte Gender Mainstreaming wie folgt.

> „Also für mich ist Gender Mainstreaming [...] Chancengleichheit. [...] Als entsprechender Punkt, dass man dort [...] eben keine Diskriminierung aufgrund des Geschlechts [...] vornimmt. [...] Ich halte viele Diskussionen, die dann manchmal geführt werden, was man vielleicht auch ein bisschen als polemisch ansehen könnte, in gewisser weise [...] was [...] [die] Sprache angeht, nicht für so entscheidend. [...] sondern da [müsste man] wirklich gucken das [die] Gleichbehandlung auch [...] [in] öffentliche[n] Institution, [wie] zum Beispiel in der Verwaltung, [...] was Bezahlungen angeht und da nicht so die Gleichheit gegeben ist wie in der Wirtschaft, [...] [das] da so für eine Gleichbehandlung [ge]sorgt [wird]." (Person F, Interview 6).

Zusammenfassend kann für die individuelle Beschreibung des Gender Mainstreaming festgehalten werden, dass einer von sechs befragten Ausschussmitglieder im Interview der Definitionen des Gender Mainstreaming z. B. der des Europäischen Rates am nächsten kam und erläutern konnte, was er unter diesem Konzept versteht. Die anderen befragten Ausschussmitglieder konnten dem Begriff keine inhaltliche Bedeutung zuordnen oder hatten zuvor von diesem noch nichts gehört.

2.2.4.2.3 Ergebnisse zu individuellen Wünschen und Anregungen für die weitere allgemeine inhaltliche Arbeit des Ausschusses für Migration und Integration

Die vorliegende Kategorie ergab sich beim intensiven Studium der transkribierten Interviews der sechs befragten Ausschussmitglieder des AMI. Darin wurde deutlich, dass die einzelnen Ausschussmitglieder sowohl Wünsche, als auch Anregungen für die zukünftige Arbeit des AMI äußerten. Diese bezogen sich jedoch nicht allein auf gleichstellungspolitische Themen, sondern vielmehr auf ein Konglomerat von Themen, welche in der inhaltlichen Arbeit des AMI eine Rolle spielen. Ein häufig genannter Wunsch ist die interkulturelle Öffnung der Bochumer Stadtverwaltung.

> „Ja [...], ich würde mir wünschen, [...] dass sich der Anteil der Mitarbeiter in einer Stadtverwaltung mit Migrationshintergrund, dass sich [dies]er der auf jeden Fall erhöhen sollte. [...] Ja, dass vielleicht die Sachbearbeiterin oder [...], die Verwaltungsfachangestellte, ja, vielleicht doch [einen] Migrations[hintergrund hat], also auf jeden Fall mehr [ist], als [...] [wie es] jetzt ist. [...] Also, dass sich vielleicht [...] die Russinnen [...] oder der Russe mir gegenüber [...] [sitzt], wenn ich in so eine [...] [Behörde komme]. Das würde ich mir auf jeden Fall wünschen. Also wenn man sich interkulturell öffnen will oder auch vielleicht muss, [...] oder doch Mitarbeiter, die doch zweisprachig und damit meine ich jetzt nicht vielleicht unbedingt englisch, [...] aber vielleicht doch, ja, türkisch und russisch, [...] arabisch [...] [spricht, einstellt]." (Person B, Interview 2).

Diese Aussage verdeutlicht den ganz klaren Wunsch nach einer interkulturellen Öffnung der Stadtverwaltung, die dazu beitragen soll, gezielte Integrationsarbeit zu leisten. Ferner wurde zudem häufig das Thema einer gezielten Bildungs- und Arbeitsmarktpolitik als Wunsch und Anregung für die zukünftige inhaltliche Arbeit des AMI genannt. Eine gezielte Bildungs- und Ausbildungspolitik soll vor allem auch Menschen mit Migrationshintergrund dazu befähigen, z. B. auch Aufgaben in kommunalen Stadtverwaltungen zu übernehmen.

> „Es [...] [gibt] immer noch Schwierigkeiten bei der Suche nach [...] geeigneten [...] Ausbildungsplätzen. Ausbildungsplätze sind sehr, sehr schlecht. Und durch die anonymisierte Bewerbung bei der Stadt Bochum, die dann stattfindet, [...] denk ich mal, das[s das] dann [auch] gefördert wird, dass es mehr Migrantenkinder [...] [gibt, die] in die Ausbildung kommen oder auch in die Stadtverwaltung kommen [...]. Persönlich würde [...] [ich mich] da mehr für Bildung interessieren, aber wenn das, [in] Ausarbeitung[en] [...] [im] Ausschuss [wären], wüsste ich jetzt nicht, was man [...] für mich von der Person [...] [her] leisten könnte [...]. Mehr Arbeitsstellen würde[n] [...] wahrscheinlich nicht [entstehen], aber wenn das [...] irgendeine Problemlösung [...] ist, [...] dann [...] würde ich dann aber dafür [was] leisten, dass man halt eben diese Lösungswege [...] mitverfolgen kann, beziehungsweise mit [...] bearbeiten könnte." (Person C, Interview 3).

Ein anderes befragtes Ausschussmitglied gibt an, dass es sich wünschen würde, dass Menschen mit Migrationshintergrund, vor allem jugendliche Migrant_innen, mehr in gezielten Aktionen an einem Prozess der Partizipation innerhalb der Gesellschaft teilnehmen würden. Darin fehlt dem befragten Ausschussmitglied die Effektivität und nennt ein bereits existentes Beispiel für eine gezielte Partizipation.

„Dann sind wir beim Thema Partizipation. [...] Also [...] mir fehlt [...] bei allen diesen Themen die Effektivität. Zum Beispiel eben Migranten, die sich für andere Migranten mal einsetzten, [...] um die Bildung nach vorne zu treiben. [...] Das ist auch glaubwürdiger. [...] Mir gefällt zum Beispiel so eine Aktion [ein], dass man [...] einen Aufruf macht, [...] wer hat noch Bock so was zu machen?. [...] Ich hab jetzt zum Beispiel auch SR3 oder HR3 gehört als ich vor kurzem im Auto saß und an Frankfurt vorbei fuhr, dass die so eine [...] Aktion gestartet haben: Wer kann bei Bildung den anderen mal ehrenamtlich helfen?. Das kam groß im Radio. [...] Zwei Mal hab ich das gehört, [...] „Tanja hilft mal ihrem Nachbarn immer Deutsch zu lernen". [...] „Tanja ist eine Studentin und hilft mal". [...] Cool. [...] Super. Weißt du? Hier auch, bitte. [...] Also weil die [...] Ressourcen, also [...] das Budget dafür, dass wir irgendwelche Lehrer mal einstellen und irgendwelche Konzepte und so weiter, also es viel besser ist, wenn [sich] wirklich Nachbarn, [...] um Nachbarn kümmern." (Person E, Interview 5).

Ein bisher noch nicht erwähntes inhaltliches Feld ist der Bereich der Gesundheitspolitik. Hier bestehen der Wunsch und auch die Anregung darin, mehrsprachige Broschüren und Anleitungen für Migrant_innen zu publizieren, um diese mehr in das Gesundheitssystem und daran angeschlossen in die Gesellschaft zu integrieren. Die praktische Gesundheitspolitik soll an den besonderen Anforderungen der Menschen mit Migrationshintergrund angepasst werden.

„Auch [...], der gesamte [...] Gesundheitsbereich. [Dort] gibt es eine ganze Reihe Dinge, die da noch nicht ausgeprägt sind. Wir haben [einen] Gesundheitsbereich, [dass] bedeutet ja auch, Menschen [mit] psychische[n] Belastungen [...] und so weiter, da gibt es keine vernünftige Aufklärung. [...] also hier [wurde] das Gesundheitsamt beauftragt [...] jetzt endlich sozusagen ein Guide herauszubringen, so ähnlich wie das in Essen oder in Köln ist, [...] [mit] dem halt eben auch sag ich mal migrantenspezifische Krankheitsbilder, [...] auch behandelt werden können, insofern das möglich ist. Dass es aufgezeichnet wird, dass man dann auch [...] mehrsprachig, na ja, aufzeichnen kann welche Ärzte gibt es eigentlich für welche Zusammenhänge. Denn man muss es sich auch immer vorstellen, dass die gleiche [...] Bezeichnung eines Arztes noch lange nicht verstanden wird wie sie, was weiß ich, von jemand, der zugereist ist wie es bei uns üblich ist [verstanden wird]. [...] [Da] gibt's halt eben solche Dinge, die müssen weiter entwickelt werden." (Person D, Interview 4).

Eine letzte zentrale Anregung eines der sechs befragten Ausschussmitglieder betrifft die Partizipation von Migrant_innen durch ein kommunales Wahlrecht für Menschen mit Migrationshintergrund. Darin sieht der Befragte eine Chance die

Gruppe vom Migrant_innen in das gesellschaftliche und politische Leben zu integrieren.

> "Was die [...] Integration, oder bzw. [...] [die] bessere Einbindung solcher Gruppen angeht, [...] auch in den gesellschaftlich-, politischen Prozess[en] halte ich für ganz entscheidend. Auch das wir dahin kommen, dass wir kommunales Wahlrecht für Migranten [...] kriegen, wir haben ja jetzt bereits [...] für die EU Bürger [...] eine Regelung und hier könnte ich mir sehr gut vorstellen, dass auch [...] Migranten außerhalb von EU Staaten die eben eine gewisse Zeit lang hier eben legal schon entsprechend ihren Aufenthalt haben, dass sie eben auch ein bestimmtes Recht bei Kommunalwahlen dazu kriegen, da gibt es Initiativen, da hat es bisher aber leider noch keine entsprechende Mehrheiten gegeben [...]." (Person F, Interview 6).

Folglich kann festgehalten werden, dass neben den bereits genannten Hauptaufgaben des AMI noch weitere Themen die inhaltliche Arbeit des AMI umfassen und in naher Zukunft umfassen sollen. Dies wird in den geäußerten Wünschen und Anregungen der sechs befragten Ausschussmitglieder sehr deutlich. Die Wünsche und Anregungen umfassen folgende Themen: Eine gezielte interkulturelle Öffnung der Stadtverwaltung, sowie eine gezielte Bildungs- und Arbeitsmarktpolitik für Migrant_innen, insbesondere für junge Migrant_innen, eine effektivere Partizipation von Migrant_innen, eine interkulturelle Gesundheitspolitik und das kommunale Wahlrecht für Menschen mit Migrationshintergrund in der deutschen Gesellschaft.

2.2.5 Zusammenfassung der Ergebnisse

Von den sechs interviewten Ausschussmitgliedern bestätigten alle die bereits in der Fragebogenerhebung genannten Nennungen zu den Hauptaufgaben des Ausschusses für Migration und Integration der Stadt Bochum. Dazu zählen 1. die Förderung der kulturellen-, sozialen- und sprachlichen Integration von Menschen mit Migrationshintergrund, 2. die Interessenvertretung von jungen und alten Migrant_innen, sowie deren Grundversorgung und 3. die Interkulturelle Öffnung der Stadtverwaltung. Ferner wurden folgende Aspekte von den befragten Ausschussmitgliedern ergänzend genannt: Eine gezielte Bildungs- und Arbeitsmarktpolitik, zugängliche Informationen und Aufklärung von Migrant_innen und Flüchtlingen, Vermittlung des Demokratieverständnisses, gesundheitliche Fürsorge, sowie eine gleichberechtigte Integration der Menschen mit Migrationshintergrund, in die deutsche Wohnbevölkerung. Die genannten ergänzenden Hauptaufgaben sind auch als kritische Anmerkungen in Bezugnahme auf die eventuell fehlenden Aspekte innerhalb der Hauptaufgaben des AMI anzusehen. Auf die Frage danach, welche Gruppe in der inhaltlichen Arbeit des Ausschusses für Migration und Integration am meisten Gehör findet wurden bereits in der Fragebogenerhebung folgende Gruppen am häufigsten genannt: türkische- und russische Migrant_innen, sowie Flüchtlinge und unbegleitete minderjährige Flüchtlinge. In den vertiefenden Interviews stimmten die befragten Ausschussmitglieder den Nennungen der Fragebogenerhebung zu. Eine gewichtete inhaltliche Fokussierung der Arbeit des AMI in Bezugnahme auf die Gruppe, die am meisten inhaltlich beachtet wird, ist die Gruppe der türkischen Migrant_innen. Dies begründet sich, laut der befragten Ausschussmitglieder, in dem hohen Anteil der türkischen Migrant_innen in der Bochumer Wohnbevölkerung, sowie deren damit verbundenen hohen inhaltlichen Handlungs- bzw. Unterstützungsbedarfs. Ein weiterer Fokus wird auf die Gruppe der Flüchtlinge, bzw. der unbegleiteten minderjährigen Flüchtlinge gelegt. In Bezugnahme auf die Frage, in welchen gesellschaftlichen, sozialen und politischen Bereichen innerhalb der Stadt Bochum ein besonderer Handlungsbedarf für Menschen mit Migrationshintergrund gesehen wird, nannten die interviewten Ausschussmitglieder, ebenso wie in der Fragebogenerhebung die Bereiche der gezielten Arbeitsmarkt- und Bildungspolitik, der gesellschaftlichen und kommunalpolitischen Partizipation, den Erwerb von Sprachkenntnissen, die interkulturelle Öffnung der Stadtverwaltung, sowie ein interkultureller Austausch bzw. interkulturelle Arbeit innerhalb der Kommune. In den vertiefenden Interviews kritisierte nun z. B. ein Ausschussmitglied die Nennungen der Hauptaufgaben zur gesellschaftlichen und politischen Partizipation der Menschen mit Migrationshintergrund. Diese würde, so das AMI Mitglied, nicht wirklich gelebt, sondern vielmehr nur benannt und als leere Worthülse dargestellt. Als weitere ergänzende Aspekte die für die gesellschaftliche- und politische Arbeit innerhalb der Stadt Bochum für Bedeutung sind, wurden die Schließung von Asylbewerber- und Flüchtlingsheimen und der damit verbundenen Umstrukturierung in angemessene Wohnanlagen für Flüchtlinge und Asylbewerber, eine gezielte Seniorenarbeit für Menschen mit Migrationshintergrund und eine spezifische interkulturelle Sozialraumorientierung unter der Berücksichtigung von Menschen mit Migrationshintergrund genannt. Zu den Ergebnissen zu geschlechtspolitischen Themen im Ausschuss für Migration und Integration der Stadt Bochum bezogen die befragten Ausschussmitglieder ebenfalls Stellung. Diese merkten an, dass gleichstellungspolitische Themen nicht explizit in der Arbeit des Ausschusses für Migration und Integration eine übergeordnete Rolle spielen, sondern laut der Aussagen der sechs befragten Ausschussmitglieder in der inhaltlichen Arbeit des AMI möglichst mitgedacht und durch z. B. Handlungsanweisungen in der Geschäftsordnung des Ausschusses in diesem umgesetzt werden. Ferner wurde darauf hingewiesen, dass gleichstellungspolitische Themen gegebenenfalls nicht in der aktuellen inhaltlichen Arbeit behandelt werden, da diese nicht durch die Ausschussmitglieder in diesen hineingetragen werden und andere politische Themen eine höhere aktuelle Priorität innerhalb des AMI aufweisen. In Bezug auf eine gezielte Kooperation des AMI mit gleichstellungspolitischen Institutionen der Stadt Bochum wird deutlich, dass die sechs befragten Ausschussmitglieder fast alle, bis auf eine Person, einerseits zwar um die Existenz gleichstellungspolitischer Institutionen innerhalb der Bochumer Stadtverwaltung wissen, diese jedoch weder die politischen Akteur_innen noch die inhaltliche Arbeit des Frauenbeirats oder der Gleichstellungsstelle benennen, noch einordnen können. Zwei der befragten AMI Mitglieder gaben an, dass es eventuell bereits Berührungen des AMI zu den zuvor genannten gleichstellungspolitischen Institutionen gab, können diese jedoch auch nicht genau benennen. Für die individuelle Beschreibung des Gender Mainstreaming kann festgehalten werden, dass einer von sechs befragten Ausschussmitglieder im Interview der Definitionen des Gender Mainstreaming z. B. der des Europäischen Rates am nächsten kam und erläutern konnte, was er unter diesem Konstrukt versteht. Die anderen befragten Ausschussmitglieder konnten dem Begriff keine inhaltliche Bedeutung zuordnen oder hatten zuvor von diesem noch nichts gehört. Zusammenfassend kann in Bezug auf eine mögliche intensivere Auseinandersetzung mit gleichstellungspolitischen Themen im AMI festgehalten werden, dass die meisten der sechs befragten Ausschussmitglieder eine individuelle Auseinandersetzung mit der Thematik für sehr sinnvoll erachten und auch angaben, diese intensivere Auseinandersetzung individuell anzustreben. In Bezug auf eine intensivere Auseinandersetzung innerhalb der inhaltlichen Arbeit des AMI gaben fast alle Befragten an, dass sie auch diese Form der kollektiven Auseinandersetzung für sehr sinnvoll erachten und diese auch für die zukünftige Arbeit des AMI anstreben. Dies wurde auch bereits in Untersuchung 1 verdeutlicht. Als letzte Zusammenfassung können die geäußerten Wünschen und Anregungen der sechs befragten Ausschussmitglieder genannt werden. Die Wünsche und Anregungen umfassen folgende Themen: Eine gezielte interkulturelle Öffnung der Stadtverwaltung, sowie eine gezielte Bildungs- und Arbeitsmarktpolitik für Migrant_innen, insbesondere für junge Migrant_innen, eine effektivere Partizipation von Migrant_innen, eine interkulturelle Gesundheitspolitik und das kommunale Wahlrecht für Menschen mit Migrationshintergrund in der deutschen Gesellschaft.

3. Diskussion

Die Implementierung von Gender Mainstreaming in kommunalen Stadtverwaltungen, sowie deren konkrete Umsetzung in allen Handlungsfeldern politischer Gremien scheint nur dann verwirklicht, wenn alle am Implementierungsprozess beteiligten Akteur_innen für eine sichtbare Umsetzung von Gender Mainstreaming in den benannten Handlungsfeldern eintreten. Doch was verbirgt sich hinter dem Konzept des „Gender Mainstreaming"? Ist dies allen politischen Akteur_innen bewusst oder gibt es in der inhaltlichen Arbeit der kommunalpolitischen Gremien noch inhaltlichen Nachholbedarf? Und was passiert, wenn die ausführenden Akteur_innen auf kommunalpolitischer Ebene, andere politische Aspekte vorrangig behandeln und die Umsetzung von Gender Mainstreaming in den Hintergrund rückt? Wer entscheidet darüber, welche politischen Themen vorrangig behandelt werden und ist die Umsetzung von Gender Mainstreaming gescheitert, wenn bestimmte Gremien diese politische Querschnittsaufgabe kaum oder gar nicht behandeln? Ist es nicht vielmehr die Aufgabe der Politik niemanden, ganz gleich welcher Herkunft, welcher Schichtzugehörigkeit und welchen Geschlechts „zurückzulassen"? Sollte die Politik und daran angeschlossen die Gesellschaft, Chancengleichheit und soziale Gerechtigkeit, nicht allumfassend verstehen? Und kann eine Implementierung von Gender Mainstreaming nicht vielmehr zu einer ganzheitlicheren Idee heranwachsen, die jede Form von Benachteiligung überwindet? Erste Ansätze dazu finden sich hierfür in der Implementierung eines Diversity Managements z. B. auf kommunaler Verwaltungsebene (Krell & Sieben, 2011). Im Diversity Ansatz geht es im Gegensatz zum Gender Mainstreaming nicht allein um die Förderung der Gleichstellung beider Geschlechter, sondern vielmehr um eine Vielfaltsförderung, die über die der geschlechtlichen Gleichstellung hinausgeht (ebd., 2011). Darin werden Kategorien berücksichtigt, welche inhaltlich der Kategorienerweiterung der Definition der Intersektionalität von Lutz und Wenning (2001) gleichen, die die Ursprungsfaktoren der Intersektionalität Geschlecht, Klasse und „Rasse" um 14 weitere Kategorien, welche die Reichweite gesellschaftlicher Ursachen für Diskriminierungen erfassen, erweiterten. Krell und Sieben (2001, S.156) nennen folgende ergänzende Kategorien: „[...] Alter, Nationalität, [...], Religion, Behinderung, sexuelle Identität und Orientierung, familiäre bzw. Lebenssituation, [...], Ausbildung, Werte, Verhaltensmuster usw. [...]". Anders als beim Gender Mainstreaming ist das Konzept des Diversity Management nicht als Top Down Konzept angelegt, sondern dieses sollte vielmehr innerhalb der von der Umsetzung dieses Konzeptes betroffenen Gruppe von dieser selbst umgesetzt werden (ebd., 2001). Der Fokus der vorliegenden Erhebung liegt jedoch weiterhin auf dem Gender Mainstreaming Konzept, da dieses für die vorliegende Erhebung von besonderer Bedeutung ist und im Fokus der Fragestellung steht. So haben Lewalter, Geppert und Bear (2009, S. 126) in einer Bestandsbeschreibung zum Thema: Leitprinzip Gleichstellung? – 10 Jahre Gender Mainstreaming in der deutschen Bundesverwaltung, die Frage danach gestellt, „[...], welche Weichenstellungen in der Strategie und im Implementierungsprozess dazu führten, dass Veränderungen, auf die GM zielt, nur in Teilbereichen sichtbar geworden sind.". Für den Ausschuss für Migration und Integration der Stadt Bochum lässt sich ebenfalls diese Frage stellen. Der Fokus des Ausschusses richtet sich vorrangig auf die politischen Themen, welche ihn inhaltlich beschreiben, also die Aspekte der Migration und Integration. Gleichstellungspolitische Aspekte werden in seiner inhaltlichen Arbeit von den Mitgliedern nicht explizit diskutiert (siehe dazu z. B. Punkt 3.3). So ist es vor allem zunächst wichtig herauszustellen, inwiefern die beteiligten politischen Akteur_innen um die genaue Bedeutung des Gender Mainstreaming Konzept wissen und welche Relevanz dieses Thema in der inhaltlichen Arbeit des AMI hat. So wurden in der Fragebogenerhebung auf die Frage nach den Hauptaufgaben des Ausschusses folgende drei Hauptaufgaben von den befragten Ausschussmitgliedern am häufigsten genannt: 1. Die kulturelle-, soziale- und sprachliche Integrationsförderung (n=10, 23,9%), 2. die Interessenvertretung von jungen und alten Migrant_innen und die Grundversorgung der Migrant_innen in der Kommune (n=8, 19,0%), sowie 3. die Interkulturelle Öffnung der Stadtverwaltung (n=5, 11,9%). Nur eine Person nannte Genderthemen als eine Hauptaufgabe des AMI. Die Umsetzung des Gender Mainstreaming hingegen, wird jedoch z. B. im Integrationskonzept der Stadt Bochum (2009a) als eine Hauptaufgabe der inhaltlichen Arbeit der politischen Gremien, in diesem Fall des Ausschusses für Migration und Integration, genannt. So kann das vorhandene Defizit an einem einseitigen Verständnis des Konzeptes von Gender Mainstreaming begründet sein. So heißt es dazu im Integrationskonzept der Kommune: „Ein zentrales Ziel der Integration muss die gleichberechtigte Teilhabe von Frauen und Mädchen mit Zuwanderungsgeschichte sein." (Stadt Bochum, 2009a, S.15). Gender Mainstreaming, meint jedoch die tatsächliche Gleichstellung beider Geschlechter, und ist nicht allein als Frauenförderung zu verstehen.

> „[...], so [kann] der Ausgangspunkt von GM, nur erreicht werden, wenn Gleichstellung aus der marginalisierten „Frauenecke" hinein in das Zentrum der Gestaltung und Umsetzung politischer und administrativer Maßnahmen gebracht und als Aufgabe

aller Ressorts, also in *allen* Politikfeldern definiert wird. [...] Ungleichheiten hinsichtlich des Geschlechts, aber auch hinsichtlich anderer relevanter Aspekte wie Ethnizität oder Alter etc., also strukturelle Benachteiligungen von *unterschiedlichen Frauen und* Männern [...] [sind] zu berücksichtigen." (Lewalter, Geppert & Baer, 2009, S.126).

In der Fragebogenerhebung wurde ferner auch nicht explizit erfasst, was die befragten Ausschussmitglieder unter dem Konzept des Gender Mainstreaming verstehen. Vielmehr ging es in der Fragebogenerhebung ausschließlich darum zu erfassen, was die Befragten unter der Gleichstellung von Frauen und Männern verstehen (siehe Punkt 2.1.4.4). Das Anliegen der vertiefenden Interviews war es nun herauszustellen, was die sechs befragten Ausschussmitglieder unter dem Konzept des Gender Mainstreaming verstehen, welches Teil des Integrationskonzeptes der Stadt Bochum ist und auch als zentraler Aspekt der vorliegenden Fragestellung zu nennen ist. Die sechs befragten Ausschussmitglieder waren auf die Beantwortung der Frage danach, was sie unter dem Begriff „Gender Mainstreaming" verstehen, laut ihrer eigenen Aussagen nicht vorbereitetet. Sie gaben fast alle an, dass sie den Begriff des Gender Mainstreaming nicht verstehen würden bzw. diesen nicht erläutern können oder diesen sogar noch nie gehört haben. Ausschließlich ein befragtes Ausschussmitglied konnte aus seinem subjektiven Empfinden heraus schildern, was unter dem Konzept des Gender Mainstreaming zu verstehen sei und kam mit seiner Interpretation des Gender Mainstreaming der Definition z. B. des Europäischen Rates (2004) am nächsten (siehe Punkt 2.2.4.2.2). So lässt sich folglich das vorhandene Defizit im Verständnis des Gender Mainstreaming Begriffs nicht allein auf die einseitige Deutung des Integrationskonzeptes der Stadt Bochum zurückführen, sondern ist viel mehr auch in dem nicht vorhandenen Wissen um die inhaltliche Bedeutung des Begriffs Gender Mainstreaming der einzelnen Ausschussmitglieder zu begründen. Demnach ist jedoch festzuhalten, dass zwar das Konzept bzw. der Begriff des Gender Mainstreaming nicht explizit inhaltlich von den befragten Ausschussmitgliedern im Interview gefüllt werden konnte, diese dennoch ein ungefähres Wissen bzw. Gespür für die Gleichstellung von Frauen und Männern in der inhaltlichen Arbeit haben und dieses innerhalb des AMI und auch darüber hinaus kommunizieren. Folglich sind die Angaben der befragten Ausschussmitglieder bezüglich der Hauptaufgaben und den verschiedenen Migrant_innengruppen, genauer zu betrachten. Ungleichheiten, welche sich nicht allein auf das Geschlecht beziehen, sondern wie bereits in der Definition von Lewalter, Geppert & Bear (2009) unter anderem auch die Aspekte der Ethnizität oder des Alters und daran angeschlossen der physischen-

und psychischen Verfassung eines Menschen umfassen, werden explizit auch von den AMI Mitgliedern genannt und in deren politischer Arbeit berücksichtigt (s. dazu z. B. Punkt 3.4). Die genannten Aspekte, lassen sich in dem Verständnis von Intersektionalität in der Definition von Winker und Degele (2009) (s. Punkt 1.1.2) zusammenzufassen. Neben dem Geschlecht, der Ethnizität und dem Körper ist noch der vierte Aspekt der Intersektionalitätstheorie, die Klasse, also die soziale Schichtzugehörigkeit eines Menschen, in Betrachtung der Ergebnisse der vorliegenden Stichprobe aufzunehmen (Winker & Degele, 2009). So sind die Migrant_innen mit einem geringen Einkommen, welche demnach einer bestimmten gesellschaftlichen Klasse zuzuordnen sind, auch im Blickfeld der Arbeit des Ausschusses für Migration und Integration. Neun (75,0%) der befragten Ausschussmitglieder gaben in der Fragebogenerhebung an, dass die Gruppe der in Bochum lebenden Migrant_innen mit einem geringem Einkommen einen besonderen Förderbedarf bzw. einer besonderen Unterstützung durch die Arbeit des AMI bedürfen. Dies konnte von den sechs Interviewten Ausschussmitgliedern in deren Aussagen bestätigt werden. Ferner wurden von diesen jedoch explizit der körperliche Aspekt und die damit verbundenen Problematiken für Menschen mit Migrationshintergrund herausgestellt. Dies bezieht sich im Besonderen auf die Menschen mit Migrationshintergrund, welche auf das deutsche Gesundheitssystem angewiesen sind und auf die älter werdende Gesellschaft, welche folglich auch Menschen mit Migrationshintergrund umfasst. Von denen in Bochum lebenden Menschen, welche keinen deutschen Pass besitzen, oder eine doppelte Staatsbürgerschaft haben, sind insgesamt ca. 12,6% 60 Jahre und älter. In Bezug auf die gesamte Bochumer Wohnbevölkerung sind ca. ein Viertel aller Einwohner in Bochum über 60 Jahre alt (Stadt Bochum, 2009a). In Bezugnahme auf die Aussagen der befragten Ausschussmitglieder in der Fragebogenerhebung zu den Hauptaufgaben des AMI sind an dieser Stelle explizit die Versorgung und die Interessenvertretung von alten Migrant_innen zu nennen. Dies wurde in den sechs Interviews ebenso deutlich wie zuvor in der Fragebogenerhebung hervorgehoben. So ist die Versorgung von alten und pflegebedürftigen Migrant_innen durch qualifizierte Fachkräfte mit interkulturellen und sprachlichen Kompetenzen von gesellschaftspolitischer Relevanz, da in Deutschland ein hoher Anteil an Menschen mit Migrationshintergrund lebt und besonders wichtig ist der zuvor genannte Aspekt für die betroffenen Menschen mit Migrationshintergrund selbst (Yildirim-Fahlbusch, 2003). Der AMI hat sich laut den Aussagen mehrerer befragter Ausschussmitglieder in den vertiefenden Interviews in näherer Vergangenheit häufiger mit der zuvor beschriebenen Problematik befasst. Dies betraf vor allem auch die pflegerische Versorgung von Menschen mit Migrationshintergrund in der Stadt Bochum, in der es vor allem um das individuelle Wohlergehen der betroffenen Migrant_innen ging. Die daran angeschlossenen Fragen, welche Fachkraft sich um welchen Patienten kümmern darf und aus interkulturellen Aspekten heraus von dem betroffenen Patienten und der daran angeschlossenen Community akzeptiert wird, sind von besonderer Bedeutung für die inhaltliche Arbeit des AMI. Anhand der zuvor genannten Aspekte kann festgestellt werden, dass in Bezug auf den Fokus von Migrant_innen mit einem mehrfachen Förderungsbedarf, sprich von Migrant_innen welche potentiell von einer mehrfachen Diskriminierung, im Sinne der Intersektionalität, betroffen sind innerhalb der inhaltlichen Arbeit des AMI berücksichtigt werden. Dies umfasst folglich auch neben den Aspekten der Klasse, der Ethnizität und des Geschlechts auch den Aspekt des Körpers (Winker & Degele, 2009). Eine explizite Differenzierung bzw. ein expliziter Fokus auf Genderthemen wird jedoch nur von einem Ausschussmitglied als Hauptaufgabe des AMI genannt. Demnach findet zwar eine inhaltliche Auseinandersetzung mit bestimmten Migrant_innengruppen im Sinne der Intersektionalität statt, ein spezieller geschlechtspolitischer Fokus in der Arbeit bleibt jedoch aus. Demnach kann die zu Anfang der Diskussion dargestellte Fragestellung, was passiert, wenn ausführende Akteur_innen, bestimmte politische Aspekte vorrangiger behandeln als andere nun beantwortet werden. Die Umsetzung des Gender Mainstreaming rückt in den Hintergrund der Politik, es ist lediglich ein Bewusstsein für eine Unterstützung von Migrant_innengruppen, welche eine mehrfache Förderung und Unterstützung im Sinne der Intersektionalität benötigen vorhanden. Ein besonderer Fokus auf geschlechtspolitische Themen wird in der inhaltlichen Arbeit des AMI nicht explizit hervorgehoben. Mit dem Blick auf die festgeschriebenen Zuständigkeiten des Ausschusses, wird im Aufgabenkatalog der Stadt Bochum (2009b) mit keinem Wort eine geschlechtsspezifische Fokussierung der inhaltlichen Arbeit des Ausschusses genannt. Vielmehr geht es in der inhaltlichen Arbeit um exekutive Kompetenzen, welche sich auf wirtschaftliche Aspekte der Förderung der Integration der in Bochum lebenden Migrant_innen beschränkt (s. dazu Punkt 1.1). Lediglich das Integrationskonzept der Stadt Bochum (2009a) nimmt an einem Punkt eine geschlechtsspezifische Fokussierung auf, im Sinne des Gender Mainstreaming als Handlungsanweisung, es löst diese jedoch nicht von einer einseitigen Fokussierung auf das weibliche Geschlecht ab und wird demnach nicht sinngemäß umgesetzt. Folglich ist dem Ausschuss für Migration und Integration in seiner inhaltlichen Arbeit, orientiert an seinen Handlungsanweisungen des Aufgabenkataloges der Kommune und dem nicht sinngemäßen Verständnisses des Gender Mainstreaming kein Vorwurf in Bezug auf eine Nichtberücksichtigung dessen in seiner inhaltlichen Arbeit zu machen. Dies wird vor allem auch in den vertiefenden

Interviews deutlich, in denen, wie bereits an anderer Stelle erwähnt, der Begriff des Gender Mainstreaming nicht inhaltlich gefüllt werden konnte. Folglich ist anzumerken, dass einerseits kommunalpolitische Gremien, wie z. B. das Integrationsbüro der Stadt Bochum als Herausgeber des Integrationskonzeptes, oder auch der Ausschuss für Migration und Integration der Stadt Bochum selbst, bestimmte Begriffe wie das Gender Mainstreaming in ihren Handlungsanweisungen zwar aufnehmen, jedoch diese auf der anderen Seite inhaltlich nicht füllen und in ihrer Arbeit der eigentlichen Bedeutung des Konzeptes nach nicht umsetzen. Demnach wäre eine intensive Auseinandersetzung der zuvor genannten kommunalpolitischen Gremien mit der inhaltlichen Bedeutung des Begriffs des Gender Mainstreaming für die zukünftige inhaltliche Arbeit unabdingbar, insofern gleichstellungspolitische Aspekte, in Form des Gender Mainstreaming in der kommunalen Stadtverwaltung Bochums verankert sind. Ein weiterer wichtiger Aspekt, welcher jedoch explizit in die Zuständigkeit des Ausschusses fällt, ist die thematische und praktische Auseinandersetzung mit denen in Bochum lebenden Flüchtlingen (Stadt Bochum, 2009b). Dieser Aspekt stellte sich erst nach der Auswertung der Ergebnisse der vorliegenden Studie als ein hervorzuhebender wichtiger Teilaspekt heraus. Die Ausschussmitglieder gaben in der Fragebogenerhebung an, dass ein besonderer Fokus in der Arbeit des AMI auf Flüchtlinge und Asylsuchende in Bochum gelegt wird, hierfür sprachen sich elf der Befragten aus (91,7%). Diese Einschätzung wurde zudem auch in der Befragung der sechs interviewten Ausschussmitglieder deutlich, da diese die häufige Relevanz dieses Themas in der inhaltlichen Arbeit des Ausschusses bestätigten. Dass dieses Thema auch eine hohe allgemeine gesellschaftspolitische Relevanz hat, zeigen allein die offiziellen Zahlen des Bundesamtes für Migration und Flüchtlinge. So stellten allein im Jahr 2012 64.539 Personen in Deutschland einen Antrag auf Asyl (Bundesamt für Migration und Flüchtlinge, 2013). Von denen zuvor genannten 64.539 Personen, welche im Jahr 2012 einen Antrag auf Asyl in Deutschland stellten sind gemäß des Königssteiner Schlüssels ca. 21,4 %, dies entspricht ca. 13.580 Personen, in Nordrhein Westfalen untergebracht (ebd., 2013). Im gesamten Bundesgebiet liegen Zahlen für eine geschlechtliche Differenzierung der Asylbewerber_innen vor. So stellten im Jahr 2012 insgesamt 39.869 (dies entspricht 61,8%) der Asylbewerber_innen männlichen Geschlechts und 24.670 (dies entspricht 38,2%) der Asylbewerber_innen weiblichen Geschlechts einen Antrag auf Asyl in Deutschland. Offizielle Zahlen zu einer geschlechtlichen Differenzierung sind von offizieller Seite der Stadt Bochum leider nicht publiziert. Eine Differenzierung ist jedoch unabdingbar, so verweist das Flüchtlingswerk der Vereinten Nationen darauf, dass insbesondere ein Fokus auf weibliche Asylbewerberinnen und Flüchtlinge gerichtet werden sollte, da diese einer spezifischeren Gefährdung ausgeliefert seien und nach einer gelungenen Flucht besonderer Unterstützung bedürfen (United Nations High Commissioner for Refugees (UNHCR), 2008). Sunjic (2012, S. 161) beschreibt diesen Umstand wie folgt: „Dass Flüchtlinge nicht gleich Flüchtlinge sind und das Geschlecht auch das Schutzbedürfnis determiniert, hat sich als allgemein anerkannte Einsicht erst in den letzten 25 Jahren durchgesetzt und bei allen Beteiligten eine Sensibilisierung erfordert.". Dies ist aus den Aussagen der befragten Ausschussmitglieder jedoch nicht zu erkennen, obwohl eine geschlechtliche Differenzierung der Flüchtlinge als sehr wichtig erscheint. Es bliebt daher von Seiten der Kommune zu überprüfen, welchen Anteil sowohl das weibliche, als auch das männliche Geschlecht der Migrant_innen innerhalb Bochums stellen und ob es eventuell bereits Handlungsanweisungen gibt, die diesen Aspekt besonders zu beachten. Insgesamt merkten einige der befragten Ausschussmitglieder in den vertiefenden Interviews an, dass aus ihrer subjektiven Wahrnehmung heraus im AMI inhaltlich nicht genug für die besondere Gruppe der Flüchtlinge und unbegleiteten minderjährigen Flüchtlinge getan wird. Eine Begründung dafür liegt laut der Aussage eines befragten Ausschussmitgliedes in der Sensibilität, mit der diese Thematik behandelt werden sollte. Da jedoch die Handlungsanweisungen des AMI explizit die inhaltliche Begleitung der Flüchtlingsthematik beinhaltet ist zu hinterfragen, warum der Ausschuss für Migration und Integration der Stadt Bochum diese Gruppe nicht noch mehr in den inhaltlichen Fokus seiner Arbeit rückt und zudem auch eine geschlechtliche Differenzierung bei der Behandlung dieser Thematik vornimmt, da weibliche und männliche Flüchtlinge einer individuellen Bedürfnisbehandlung bedürfen (Sunjic, 2012). Zudem ist die Gruppe der Ausschussmitglieder in ihrer Zusammensetzung so aufgestellt, dass interkulturelle Kompetenzen in Form der einzelnen Ausschussmitglieder, überdurchschnittlich vorhanden sein sollten, sodass ein Umgang mit der Flüchtlingsproblematik sensibel, aber auch offensiv und handlungsorientiert gestaltet werden sollte.

In der Fokussierung auf den Aspekt der sozialen Segregation der in Bochum lebenden Migrant_innen, kann neben deren wohnräumlicher Verortung im Stadtgebiet auch deren sozialer Status, sowie deren gesellschaftliche und politische Partizipation diskutiert werden. Hierbei ist vor allem die Einschätzung der befragten Ausschussmitglieder von besonderer Bedeutung. Neun der befragten Mitglieder gaben an, dass sie in einem Stadtteil wohnen in dem ihrer subjektiven Einschätzung nach, viele Menschen mit Migrationshintergrund leben, n=3 (25,0%) der Befragten gaben an, dass in ihrem Stadtteil teilweise Menschen mit Migrationshintergrund leben. Betrachtet man im Vergleich dazu die Stadtteile in denen die Ausschussmitglieder leben und die Stadtteile in denen die meisten der in Bochum ansässigen Menschen mit Migrationshintergrund verortet sind, gibt es keine bedeutende Abgrenzung zwischen den Ausschussmitgliedern und denen in Bochum lebenden Migrant_innen. Hierbei stehen im Besonderen die Stadtteile mit einem überdurchschnittlichen Anteil an Menschen mit Migrationshintergrund in Relation zum durchschnittlichen Anteil an der Gesamtbevölkerung Bochums im Vordergrund. Hierzu gehören die Stadtteile Querenburg, Wattenscheid-Mitte, Stahlhausen, Hamme und Langendreer Alter Bahnhof (Stadt Bochum, 2012). Dies lässt darauf schließen, dass die Ausschussmitglieder ein Bewusstsein über die in bestimmten Stadtteilen lebenden Migrant_innen haben und deren eventuelle Problemlagen vor Ort wahrnehmen können. Demnach beruht ein eventueller inhaltlicher Input seitens der AMI Mitglieder bezüglich einer stadtteilorientierten Problemlage nicht allein auf einer vermuteten Annahme, sondern auf einer von dem jeweiligen Ausschussmitglied in seinem Stadtteil subjektiven Wahrnehmung. Folglich scheint es wenig verwunderlich, dass die Ausschussmitglieder auf die Frage, in welchen Stadtteilen die von ihnen genannten Hauptaufgaben besonders umgesetzt werden sollten, die zuvor genannten Stadtteile benannten. Hier ist anzumerken, dass ein besonderes Problembewusstsein bzw. ein sehr gutes und fundiertes Wissen um Migrant_innen in der Stadt Bochum seitens der Ausschussmitglieder vorhanden ist. Als inhaltliche Aufgaben, welche in den benannten Stadtteilen, laut der Angaben der AMI Mitglieder besonders wichtig erscheinen, sind vor allem die interkulturelle Sozialraumorientierung und die Implementierung von Stadtteilbüros zu nennen, sowie gezielte Kulturprojekte und die Förderung der kulturellen- und sozialen Integration. Eine besondere Betrachtung entfällt dabei auf die Sozialraumorientierung innerhalb der genannten Bochumer Stadtteile. Die Sozialraumorientierung hat unter anderem das Ziel bestimmte Bevölkerungsgruppen innerhalb einer Gemeinschaft zu aktivieren, um die vorhandenen Ressourcen innerhalb dieser Gemeinschaft zur Bearbeitung sozialer Problemlagen zu nutzen (Oelschlägel, 2005). So scheint es besonders wichtig zu sein, die Bedeutung dieses Konzepts in der inhaltlichen Arbeit des AMI aufzuzeigen. Die individuellen Interessen der Migrant_innen, sowie deren Ressourcen sind zu erkennen und zu aktivieren. Eine gezielte Organisation und Vernetzung der bestehenden Strukturen vor Ort sollte demnach als Grundlage für eine nachhaltige Integration genutzt werden (Kleiner, 2012). Dies kann auf die interkulturelle Sozialraumorientierung in den Bochumer Stadtteilen übertragen werden. Die Implementierung von Stadtteilbüros, die eine gezielte Sozialraumarbeit leisten kann demnach folglich auch zu einer Förderung der kulturellen- und sozialen Integration der in Bochum lebenden Migrant_innen führen. Ein wichtiger Aspekt, welcher im weiteren Sinne auch unter dem Konzept der Sozialraumorientierung gefasst werden kann, ist die Integration von Flüchtlingen und Asylbewerber_innen in den normalen Bochumer Wohnraum. Darauf ging eines der sechs befragten Ausschussmitglieder genauer ein, indem dieses darauf hinwies, dass es zu einer Schließung aller Asylbewerber- und Flüchtlingsheime in Bochum kommen soll und demnach eine Umstrukturierung der Wohnverhältnisse der Betroffenen erreicht werden soll und es somit folglich zu einer interkulturellen Sozialraumorientierung kommen kann.

Ferner können an dieser Stelle die Aussagen der befragten Ausschussmitglieder innerhalb der vertiefenden Interviews in Bezugnahme auf allgemeine gesellschaftliche, soziale und politische Bereiche in denen ein besonderer Handlungsbedarf seitens der Befragten gesehen wird, diskutiert werden. Ein befragtes Ausschussmitglied kritisierte gezielt die Hauptaufgaben, welche in der Fragebogenerhebung genannt wurden. Das befragte Ausschussmitglied merkte an, dass die gesellschaftliche und politische Partizipation der in Bochum lebenden Migrant_innen nur theoretisch vorhanden ist und diese in der Lebenswirklichkeit praktisch nicht umgesetzt wird. Anhand dieser Aussage wird verdeutlicht, dass zwischen denen in den Handlungsanweisungen des AMI vorgeschriebenen inhaltlichen Aufgaben und der tatsächlichen praktischen Umsetzung in der Arbeit des AMI eine Diskrepanz vorhanden ist. Eine gelingende Integration bemisst sich gemäß der Bundesregierung (2011, S. 10) für Menschen mit Migrationshintergrund „[...] daran, dass sie in den zentralen gesellschaftlichen Bereichen die gleichen Teilhabechancen haben wie die Gesamtbevölkerung.". Der Bericht der Bundesregierung aus dem Jahr 2011, zeigt auf, dass insgesamt zwar ein durchaus positiver Trend in die Richtung einer gelungenen Integration in Deutschland aufzuzeigen ist, es jedoch immer noch sehr deutlichen Handlungsbedarf in Bezug auf eine gelingende Integrationspolitik für Menschen mit Migrationshintergrund gibt (ebd., 2011). Dies kann folglich auch für Bochum festgehalten werden. Ein weiterer zu diskutierender Aspekt ist die besondere Förderung und/oder Integration von weiblichen und männlichen Migrant_innen. Die AMI Mitglieder gaben an, dass Mädchen und Frauen mit Migrationshintergrund einer besonderen Förderung und/oder Integration im Bereich der Bildungs- und Arbeitsmarktpolitik bedürfen, sowie dem Spracherwerb. Außerdem wurde der Aspekt der Unterstützung und der Förderung im Bereich der Selbstbestimmung und des Selbstbewusstseins, sowie der Unterstützung nach häuslicher Gewalt und Zwangsverheiratungen genannt. Ferner nannten die Ausschussmitglieder die gesellschaftliche und politische Partizipation als einen besonders zu fördernden Aspekt. Bei den männlichen Migranten nannten die Ausschussmitglieder ebenfalls den Bereich der Bildungs- und Arbeitsmarktpolitik, sowie den Spracherwerb, als auch die gezielte Toleranzförderung der männlichen Migranten. Ferner wurde der Aspekt der Aufklärung über häusliche

Gewalt und Zwangsverheiratungen, sowie die Bekämpfung dieser Tatbestände aufgegriffen. Durch diese Nennungen wird deutlich, dass eine geschlechtlich differenzierte Betrachtung gleicher Themen stattfinden sollte. Mädchen und Frauen haben andere Bedürfnisse, Ressourcen und Handlungsgrundlagen, als männliche Migranten (Toprak & Nowacki, 2012). Dies betrifft im Besonderen deren individuelle Gewalterfahrungen und deren Persönlichkeitsbild (ebd., 2012). Demnach ist eine individuelle Betrachtung der einzelnen zuvor genannten Handlungsfelder unter Genderaspekten von den Ausschussmitgliedern in deren inhaltlicher Arbeit zu beachten.

Als ein weiterer Aspekt sollte der Bereich der politischen Kooperation des Ausschusses für Migration und Integration mit gleichstellungspolitischen Institutionen und Organisationen, sowie der gegenwärtige Kenntnisstand der AMI Mitglieder in gleichstellungspolitischen Themen thematisiert werden. Eine Kooperation des AMI mit einer gleichstellungspolitischen Institution innerhalb der Bochumer Stadtverwaltung findet nach Angaben der Ausschussmitglieder nicht statt, bzw. die Ausschussmitglieder machten keine Angaben zu einer eventuellen Kooperation, sodass davon auszugehen ist, dass diese keinen Kenntnisstand um eine solche Kooperation haben, oder es keine Kooperation gibt. Lediglich zwei Ausschussmitglieder gaben an, dass sie um eine Kooperation wissen, um welche es sich dabei handelt wurde jedoch nicht angegeben. Aus einer Broschüre des Frauenbeirates zu dessen zehnjährigem Jubiläum im Jahr 2007 geht folgendes hervor: „Die Vorsitzende des Frauenbeirates ist mit den Vorsitzenden [...] des Ausschusses für Migration und Integration im regelmäßigen Austausch." (Stadt Bochum, 2007, S. 5). Demnach ist nach Angaben von Seiten einer gleichstellungspolitischen Institution innerhalb der Stadtverwaltung, sprich dem Frauenbeirat, eine Kooperation, bzw. ein Austausch der politischen Multiplikator_innen zwischen dem AMI und dem Frauenbeirat vorhanden. Ein transparenter Übertrag dessen, scheint jedoch den befragten Ausschussmitgliedern gegenwärtig nicht bekannt zu sein. So sollten die Aussagen der Befragten in Bezug auf eine Verbesserung des eigenen, sowie des Kenntnisstandes der anderen Ausschussmitglieder von Seiten der gleichstellungspolitischen Institutionen, als auch vom Ausschuss selbst ernst genommen und als eine erste Handlungsempfehlung an den AMI aufgenommen werden. So gaben die Ausschussmitglieder an, dass diese sich mehr Informationen zu gleichstellungspolitischen Themen durch die Stadtverwaltung wünschen würden und dies in einer Auseinandersetzung im Ausschuss selbst und durch gezielte Seminare, Workshops und Fortbildungen gesehen sollte. Den zuvor genannten Aspekt der politischen Kooperation des Ausschusses für Migration und Integration mit gleichstellungspolitischen Institutionen der Stadt Bochum aufgreifend, wurde in den vertiefenden Interviews von den sechs befragten Ausschussmitgliedern ebenfalls angemerkt, dass eine solche Kooperation zwischen diesen beiden kommunalpolitischen Gremien nicht stattfindet. Auch die Ausführungen des Frauenbeirates in dessen Jubiläumsbroschüre aus dem Jahr 2007, die anmerkt, dass die Vorsitzende des Beirats im regen Kontakt mit dem Vorsitzenden des Ausschusses für Migration und Integration steht, konnte sogar von dem betroffenen Ausschussvorsitzenden nicht bestätigt werden (Stadt Bochum, 2007). Ferner wurde von den befragten Ausschussmitgliedern angemerkt, dass sie folglich nicht einmal um die Akteur_innen der gleichstellungspolitischen Institutionen der Stadt Bochum wissen. Somit zeigt sich ein hoher Kommunikationsbedarf zwischen den beteiligten Akteur_innen für die unterschiedliche Bewertung der verschiedenen Sichtweisen. Eine transparente Kommunikation der beiden Vorsitzenden der genannten Gremien aufgrund der vorliegenden Ergebnisse, wäre demnach ein geeigneter Übertrag, um die vorhandenen Defizite einer eventuell gezielten Kooperation auszuräumen und einen inhaltlichen Austausch anzustoßen. Der Frauenbeirat der Stadt Bochum könnte demnach, als ein Gremium der Stadtverwaltung diesen Übertrag übernehmen und die Kooperation bzw. den inhaltlichen Austausch gemeinsam mit dem AMI herausarbeiten. Insgesamt können aufgrund der Betrachtung der erzielten Stichprobenergebnisse, sowohl der Fragebogenerhebung, als auch durch die sechs vertiefenden Interviews, folgende Handlungsempfehlungen für den Ausschuss für Migration und Integration der Stadt Bochum zusammengefasst werden.

4. Handlungsempfehlungen für den Ausschuss für Migration und Integration und den Frauenbeirat der Stadt Bochum

Aus den vorliegenden Ergebnissen der beiden Stichproben gingen einige Wünsche und Anregungen der befragten Ausschussmitglieder hervor, die dazu dienen gezielte Handlungsempfehlungen für die weitere Arbeit des AMI und auch die Arbeit des Frauenbeirats der Stadt Bochum herauszustellen. Nun folgend können einige Handlungsempfehlungen für die zukünftige Arbeit des Ausschusses für Migration und Integration und des Frauenbeirates der Stadt Bochum hervorgehoben werden. Diese Empfehlungen sind als Orientierungen für deren weitere inhaltliche Arbeit zu verstehen.

Der Ausschuss für Migration und Integration der Stadt Bochum sollte die bereits vorhandenen inhaltlichen Ressourcen in Bezug auf dessen Wissen um die Gruppen von Migrant_innen mit einem mehrfachen Förder- und Integrationsbedarf, im Sinne der Intersektionalität (z. B. nach Winker & Degele, 2009) für seine weitere Arbeit nutzen. Dabei handelt es sich vor allem um die Faktoren der Ethnizität, sprich der Herkunft der in Bochum lebenden Migrant_innen, sowie deren sozialer Schichtzugehörigkeit. Im Fokus der Intersektionalität werden folglich bereits zwei wichtige Kategorien in der Auseinandersetzung mit der Gruppe von Migrant_innen, die einen besonderen Förderbedarf haben inhaltlich behandelt. Der Faktor „Geschlecht" sollte jedoch mehr Beachtung innerhalb der inhaltlichen Arbeit des AMI finden, da dieser bisher nicht explizit herausgestellt wurde. So gibt es bestimmte inhaltliche Auseinandersetzungen innerhalb des Ausschusses, in dem eine Differenzierung der Geschlechter wichtig ist und angewandt werden sollte. Der Frauenbeirat der Stadt Bochum könnte diesen Aspekt für seine weitere inhaltliche Arbeit ebenfalls aufnehmen und explizit herausstellen, welche Aspekte der inhaltlichen Arbeit innerhalb der Kommune einer gezielten geschlechtlichen Differenzierung bedürfen. Dieses Wissen sollte nach der Erarbeitung dem Ausschuss für Migration und Integration zur Verfügung gestellt werden, oder gegebenenfalls sogar gemeinsam mit dem Ausschuss entwickelt werden. Eine Kooperation beider Gremien bezüglich einer Hinführung zu einem expliziteren geschlechts- und gleichstellungspolitischen Fokus innerhalb der Arbeit des Ausschusses würde folglich als sehr sinnvoll erscheinen.

Hier sind vor allem Defizite im Bereich der Flüchtlingspolitik oder im Themenbereich der häuslichen Gewalt zu nennen. Wie bereits in der Diskussion herausgestellt ist im Besonderen eine differenzierte Betrachtung von weiblichen und männlichen Flüchtlingen und Asylbewerber_innen vorzunehmen (UNHCR, 2008). Als vierte Kategorie nach Winker und Degele (2009) ist deren physische und psychische Befindlichkeit, also der „Körper" als Oberkategorie, zu betrachten. Hier werden erneut die unterschiedlichen Bedürfnisse, die weibliche und männliche Flüchtlinge und Migrant_innen haben deutlich. Dies betrifft vor allem alle Migrant_innen mit Pflegebedarf und Migrant_innen im Alter. Hierbei ist es besonders bedeutsam, dass der Ausschuss für Migration und Integration auf die spezifische Problematik dieser Migrant_innengruppe achtet und innerhalb der inhaltlichen Arbeit des Ausschusses Handlungsempfehlungen für den Bereich der Ausbildung von z. B. Pflegefachkräften mit interkulturellen und sprachlichen Kompetenzen einsetzt. Darüber hinaus wäre es sinnvoll, wenn der AMI bereits bestehende Modelle zur besseren Integration von Menschen mit Migrationshintergrund in das deutsche Gesundheitssystem für Bochum evaluiert und gegebenenfalls eine Umsetzung mit anstößt. Auch hier könnte der Frauenbeirat der Stadt Bochum eine Schnittstelle für eine inhaltliche Auseinandersetzung bezüglich der zuvor genannten Themen sein, indem der Beirat themenspezifische Kooperationen oder inhaltliche Schulungen für den Ausschuss inhaltlich anstößt und gegebenenfalls inhaltlich begleitet.

Ein weiterer wichtiger Aspekt, welcher in der inhaltlichen Arbeit des AMI aufgenommen und vorangetrieben werden sollte ist die interkulturelle Öffnung der kommunalen Stadtverwaltung. Hierbei lässt sich im Besonderen ein Bezug zu einer Aussage im Integrationsbericht der Bundesregierung aus dem Jahr 2011 hervorheben, welche die gegenwärtige Situation um die interkulturelle Öffnung der Verwaltung beschreibt:

> „Die interkulturelle Öffnung der Verwaltung und der sozialen Dienste gilt als Motor der Integration. Personen mit Migrationshintergrund bzw. Ausländerinnen und Ausländer sind sowohl im öffentlichen Dienst als auch unter den sozialversicherungspflichtig Beschäftigten des pädagogischen Fachpersonals trotz vereinzelten leichten Anstiegs der Anteile im gesamten Berichtszeitraum unterrepräsentiert." (Die Beauftragte der Bundesregierung für Migration, Flüchtlinge und Integration, 2011, S. 16-17).

Folglich ist ein gezielter Einsatz des AMI in Bezug auf eine Ausbildungs- bzw. Einstellungsinitiative innerhalb der Bochumer Stadtverwaltung unabdingbar. So sollte eine solche Initiative vom Ausschuss angestoßen und inhaltlich begleitet werden.

Ferner sollte eine Evaluation der in Bochum durchgeführten anonymisierten Bewerbung inhaltlich begleitet durchgeführt werden, um zu überprüfen, ob die bereits angestoßenen Aspekte zur interkulturellen Öffnung der kommunalen Stadtverwaltung effektiv waren bzw. in zukünftigen Verfahren weiterhin sind. Der Frauenbeirat der Stadt Bochum könnte den zuvor genannten Evaluationsprozess aus gleichstellungspolitischer Perspektive begleiten und auch hier eine gezielte Kooperation mit dem AMI anstreben, um Diskriminierungen im Sinne der Intersektionalität herauszustellen und gemeinsame Handlungsanweisungen zur Beseitigung dieser Defizite auszuarbeiten.

Außerdem sollte eine konkrete Verbesserung des Kenntnisstandes der Ausschussmitglieder rund um den Themenkomplex des „Gender Mainstreaming" stattfinden. So sollte das Verständnis des „Gender Mainstreaming", welches gegenwärtig z. B. im Integrationskonzept der Stadt Bochum (2009a) als „Frauenförderung" verankert ist, zu einem Verständnis der Gleichbehandlung beider Geschlechter führen. Die konkrete Verbesserung dieses Konzeptes reicht von der primären Beschreibung des Begriffs des Gender Mainstreaming bis hin zu konkreten Beispielen für eine Umsetzung dieses Konzepts in kommunalpolitischen Gremien. Eine gezielte Kooperation gerade mit den gleichstellungspolitischen Institutionen der Stadt wäre demnach als sinnvoll zu betrachten. Eine Verbesserung des Kenntnisstandes über gleichstellungspolitische Themen erscheint als notwendig und kann durch Fortbildungen und Workshops gezielt verbessert werden. Der Frauenbeirat der Stadt Bochum sollte die inhaltliche Auseinandersetzung des AMI durch und mit seiner fachlichen Expertise begleiten und anstoßen. Ein letzter wichtiger Aspekt welcher in der inhaltlichen Arbeit des AMI aufgegriffen und in höheren politischen Gremien, wie zum Beispiel dem Landesintegrationsrat des Landes Nordrhein Westfalen, angestoßen könnte, ist die Einführung eines kommunalen Wahlrechts für Menschen mit ausländischer Staatsbürgerschaft, um eine gezielte und gesellschaftlich anerkannte Partizipation für Menschen mit Migrationshintergrund zu erreichen. Dies ist jedoch ein Aspekt der nur vom AMI angestoßen, jedoch nicht umgesetzt werden kann. Diesen Aspekt sollte der Frauenbeirat ebenfalls unterstützen und eine gezielte frauenpolitische bzw. gleichstellungspolitische Perspektive herausstellen. Abschließend ist festzuhalten, dass eine gezielte Kooperation der beiden kommunalpolitischen Gremien unabdingbar ist, um eine Auseinandersetzung mit geschlechts- und gleichstellungspolitischen Themen im AMI zu ermöglichen und ein Bewusstsein für die Wichtigkeit der zuvor genannten Aspekte bei den beteiligten Akteur_innen zu erreichen.

Literaturverzeichnis

Amnesty International (2009). Alle 30 Artikel der Allgemeinen Erklärung der Menschenrechte.http://www.amnesty.de/alle-30-artikel-der-allgemeinen-erklaerung-der-menschenrechte (abgerufen am 07.06.13).

Arnold, A.M. & von Griesheim, G. (2002). Trümmer, Bahnen und Bezirke. Berlin 1945-1955. Berlin.

Aufhauser, E. (2000). Migration und Geschlecht: Zur Konstruktion und Rekonstruktion von Weiblichkeit und Männlichkeit in der internationalen Migration. In: K.Husa, C.Parnreiter & I.Stacher (Hrsg.). Internationale Migration. Die globale Herausforderung des 21 Jahrhunderts? Frankfurt am Main. S. 97-122.

Bundesamt für Migration und Flüchtlinge (2013). Aktuelle Zahlen zu Asyl. Berlin. http://www.bamf.de/SharedDocs/Anlagen/DE/Downloads/Infothek/Statistik/statistik-anlage-teil-4-aktuelle-zahlen-zu-asyl.pdf?__blob=publicationFile (abgerufen am 06.06.13).

Bundesministerium der Justiz (2012). Grundgesetz für die Bundesrepublik Deutschland. http://www.gesetze-im-internet.de/gg/BJNR000010949.html (abgerufen am 08.03.2013).

Bundesministerium der Justiz (2006). Allgemeines Gleichbehandlungsgesetz. http://www.gesetze-im-internet.de/bundesrecht/agg/gesamt.pdf (abgerufen am 09.06.13).

Bundesministerium für Familie, Senioren, Frauen und Jugend (2012). Strategie "Gender Mainstreaming". http://www.bmfsfj.de/BMFSFJ/gleichstellung,did=192702.html (abgerufen am 11.03.2013).

Bundesministerium für Familie, Senioren, Frauen und Jugend (2005). Gender-Datenreport.http://www.bmfsfj.de/doku/Publikationen/genderreport/01-

Redaktion/PDF/Anlagen/gesamtdokument,property=pdf,bereich=genderreport,sprache=de,rwb=true.pdf (abgerufen am 12.06.13).

Bundesministerium für Familie, Senioren, Frauen und Jugend (2001). Gesetzes zur Durchsetzung der Gleichstellung von Frauen und Männern. http://www.bmfsfj.de/RedaktionBMFSFJ/Abteilung4/Pdf-Anlagen/PRM-13097-Gesetz-zur-Durchsetzung-der-Gl,property=pdf,bereich=bmfsfj,sprache=de,rwb=true.pdf (abgerufen am 09.06.13).

Butterwege, C. (2005). Migration in Ost- und Westdeutschland von 1955 bis 2004. http://www.bpb.de/gesellschaft/migration/dossier-migration/56367/migration-1955-2004 (24.03.13)

Bührmann, A. (2009). Intersectionality – ein Forschungsfeld auf dem Weg zum Paradigma? Tendenzen, Herausforderungen und Perspektiven der Forschung über Intersektionalität. In: GENDER, 1 (2), 28-45.

Committee on the Elimination of Discrimination against Women (1995). Beijing Declaration and Platform for Action. http://www.un.org/womenwatch/daw/beijing/pdf/BDPfA%20E.pdf (abgerufen am 06.06.13).

Council of Europe (2012). Steering Committee for Equality between Women and Men (CDEG). http://www.coe.int/t/dghl/standardsetting/equality/04CDEG/index_en.asp (abgerufen am 12.06.13)

Concil of Europe (2004). Gender Mainstreaming. Conceptual framework, methodology and presentaion of good practises. Strasbourg. http://www.coe.int/t/dghl/standardsetting/equality/03themes/gender-mainstreaming/EG_S_MS_98_2_rev_en.pdf (abgerufen am 11.03.2013).

Crenshaw, K. (1989). Demarginalizing the Intersection of Race and Sex: A Black Feminist Critique of Antidiscrimination Doctrine. In: The University of Chicago Legal Forum, 139-167.

Deutscher Bundestag (2012). Grundgesetz für die Bundesrepublik Deutschland. Berlin. https://www.btg-bestellservice.de/pdf/10060000.pdf (abgerufen am 09.06.13).

Deutscher Bundestag (2010). Statistische Übersicht: Weibliche Abgeordnete im Bundestag. http://www.bundestag.de/dokumente/datenhandbuch/03/03_06/03_06_01.html (abgerufen am 16.06.13).

Die Beauftragte der Bundesregierung für Migration, Flüchtlinge und Integration (2011). Zweiter Integrationsindikatorenbericht erstellt für die Beauftragte der Bundesregierung für Migration, Flüchtlinge und Integration. Berlin.

Diekmann, A. (2010). Empirische Sozialforschung. Grundlagen, Methoden, Anwendungen. Reinbek bei Hamburg.

European Institute of Gender Equality (2013). About EIGE. http://eige.europa.eu/content/about-eige (abgerufen am 12.06.13).

Europäische Union (1997). Vertrag von Amsterdam zur Änderung des Vertrags der Europäischen Union, der Verträge zur Gründung der Europäischen Gemeinschaft sowie einiger damit zusammenhängender Rechtsakte. http://www.europarl.europa.eu/topics/treaty/pdf/amst-de.pdf (abgerufen am 07.06.13).

Frey, R. (2004). Entwicklungslinien: Zur Entstehung von Gender Mainstreaming. In: M. Meuser & C. Neusüß (Hrsg.) (2004). Gender Mainstreaming. Konzepte, Handlungsfelder, Instrumente. Bonn.

Frisch, M. (1967). "Man hat Arbeitskräfte gerufen, und es kommen Menschen." – Vorwort zu dem Buch «Siamo italiani – Die Italiener. Gespräche mit italienischen Arbeitern in der Schweiz», In: A.J. Seiler (Hrsg.). "Überfremdung I" in Max Frisch: Öffentlichkeit als Partner. Zürich.

Fücks, R., Drewes, S. & von Bargen, H. (2009). Vorwort. In: L. Holtkamp, E. Wiechmann & S.Schnittke (Hrsg.) (2009). Unterrepräsentanz von Frauen in der Kommunalpolitik. Berlin.

Gender Kompetenz Zentrum (2012). Rechtsgrundlagen. Rechtliche Grundlagen von Gender Mainstreaming. http://www.genderkompetenz.info/genderkompetenz-2003-2010/gendermainstreaming/Grundlagen/rechtsgrundlagen (abgerufen am 06.06.13).

Gender Kompetenz Zentrum (2010). Geschichte von GM international und EU. http://www.genderkompetenz.info/genderkompetenz-2003-2010/gendermainstreaming/Grundlagen/geschichten/international (abgerufen am 12.06.13).

Herwartz-Emden, L. (2000). Einwandererfamilien. Geschlechterverhältnisse, Erziehung und Akkulturation. Osnabrück.

Holtkamp, L., Wiechmann, E. & Schnittke, S. (2009). Unterrepräsentanz von Frauen in der Kommunalpolitik. Berlin.

Holzapfel, A. (Hrsg.) (2013). Deutscher Bundestag. 18.Wahlperiode. Kürschers Volkshandbuch. Rheinbreitbach.

Information und Technik Nordrhein-Westfalen (2013a). Bevölkerung in Nordrhein-Westfalen am 25. Mai 1987 und 9. Mai 2011 nach der Nationalität (Ergebnisse der Volkszählung 1987 und des Zensus 2011). http://www.it.nrw.de/statistik/z/daten/tab3.pdf (abgerufen am 13.06.13).

Information und Technik Nordrhein-Westfalen (2013b). Bevölkerung in Nordrhein-Westfalen am 9. Mai 2011 nach dem Migrationsstatus (Ergebnisse des Zensus 2011). http://www.it.nrw.de/statistik/z/daten/tab5.pdf (abgerufen am 13.06.13).

Kleiner, G. (2012). Geschichte der Gemeinwesenarbeit. Oder: von der Gemeinwesenorientierung über den Sozialraumbezug zum Quatiersmanagement. In: Sozialmagazin 37.Jahrgang 7-8/2012, S.12-32.

Klinger, C. (2008). Überkreuzende Identitäten – Ineinandergreifende Strukturen. Plädoyer für einen Kurswechsel in der Intersektionalitätsdebatte. In: G.-A. Knapp & C. Klinger (Hrsg.). ÜberKreuzungen. Fremdheit, Ungleichheit, Differenz. Münster.38-67.

Knapp, G.-A. (2008). „'Intersectionality' – ein neues Paradigma der Geschlechterforschung?". In: R. Casale, & B. Rendtorff (Hrsg.). Was kommt nach der Genderforschung? Zur Zukunft der feministischen Theoriebildung. Bielefeld. 33-53.

Kommission der Europäischen Gemeinschaften (1996). Einbindung der Chancengleichheit in sämtliche politischen Konzepte und Maßnahmen der Gemeinschaft. Brüssel. http://eurlex.europa.eu/LexUriServ/LexUriServ.do?uri=COM:1996:0067:FIN:DE:PDF (abgerufen am 12.06.13).

Krell, G., Mückenberger, U. & Tondorf, K. (2011). Gender Mainstreaming: Chancengleichheit (nicht nur) für Politik und Verwaltung. In: G. Krell et. al. (Hrsg.). Chancengleichheit durch Personalpolitik. Wiesbaden. 85-104.

Krell, G. & Sieben, B. (2011). Diversity Management. Chancengleichheit für alle und auch als Wettbewerbsvorteil. In: G. Krell et. al. (Hrsg.). Chancengleichheit durch Personalpolitik. Wiesbaden. S.155-172.

Lenz, I. (2010). Intersektionalität. Zum Wechselverhältnis von Geschlecht und sozialer Ungleichheit. In: R. Becker & B. Kortendiek (Hrsg.) (2010). Handbuch der Frauen- und Geschlechterforschung. Wiesbaden.158-165.

Lamnek, S. (2010). Qualitative Sozialforschung. Lehrbuch. Weinheim, Basel.

Landesfrauenreferat MV e.V. IMPULS MV - Regionalstellen für Gleichstellung von Frauen und Männern am Arbeitsmarkt (Hrsg.) (2012). Die Hälfte des Himmels, die Hälfte der Erde, die Hälfte der Macht. Frauen in der Politik. Rostock. http://www.impulsmv.de/tl_files/impuls/Dokumente/materialien/120116_IMPULS-MV-08_FiP.pdf (abgerufen am 11.03.2013).

Lewalter, S., Geppert, J. & Baer, S. (2009). Leitprinzip Gleichstellung? – 10 Jahre Gender Mainstreaming in der deutschen Bundesverwaltung. In: GENDER Heft 1/2009, S. 125–139.

Lutz, H. & Wenning, N. (2001). Differenzen über Differenz – Einführung in die Debatten. In: Dies. (Hrsg.). Unterschiedlich verschieden. Differenz in der Erziehungswissenschaft. Opladen.11-24.

Meuser, M. & Riegraf, B. (2010). Geschlechterforschung und Gleichstellungspolitik. Von der Frauenförderung zum Diversity Management. In: B. Aulenbacher et. al. (Hrsg.) (2010). Soziologische Geschlechterforschung. Wiesbaden. 189-209.

Meuser, M. & Neusüß, C. (2004). Gender Mainstreaming. Konzepte, Handlungsfelder, Instrumente. Bonn.

Ministerium für Inneres und Kommunales des Landes Nordrhein-Westfalen (2013). Gemeindeordnung für das Land Nordrhein-Westfalen (GO NRW). Geltende Gesetze und Verordnungen (SGV. NRW.) mit Stand vom 27.2.2013. https://recht.nrw.de/lmi/owa/pl_text_anzeigen?v_id=23200212051 03438063 #det269143 (abgerufen am 08.03.2013).

Oelschlägel, D. (2005). Gemeinwesenarbeit. In: H-U. Otto & H. Thiersch (Hrsg.) (2005). Handbuch Sozialarbeit und Sozialpädagogik. München. S. 653-659.

Oltmer, J. (2005). Deutsche Migrationsgeschichte seit 1871. http://www.bpb.de/gesellschaft/migration/dossier-migration/56355/migration-1871-1950 (abgerufen am 14.06.13).

Osterhammel, J. (2012). Das 19.Jahrhundert. 1880 bis 1914. http://www.bpb.de/izpb/142137/1880-bis-1914 (abgerufen am 14.06.13).

Öztürk, A. (2011). Editorial. In: Bundeszentrale für politische Bildung (Hrsg.). Aus Politik und Zeitgeschichte. 50 Jahre Anwerbeabkommen mit der Türkei. 61.Jg. 43/2011. S. 1.

Pelzer, M. (2009). Geschlechtsspezifische Verfolgung findet in vielen Fällen im Privaten statt. http://www.bpb.de/internationales/weltweit/menschenrechte/38734/interview-fluchtursachen (abgerufen am 14.06.13).

Pries, L. (2013). Erweiterter Zusammenhalt in wachsender Vielfalt. In: Pries, L. (Hrsg.) (2013). Zusammenhalt durch Vielfalt? Bindungskräfte der Vergesellschaftung im 21. Jahrhundert. Wiesbaden. S. 13-38.

Spivak, G.C. (1985). The Rani of Sirmur. In F.Barker (Hrsg.). Europe and Its Others. Volume 1. Colchester. University of Essex Press. S. 128-151.

Stadt Bochum (2012). Sozialbericht Bochum 2012. Eigendruck. Bochum.

Stadt Bochum (2009a). Integrationskonzept der Stadt Bochum. Grundlagen für die Integrationsarbeit. Eigendruck. Bochum.

Stadt Bochum (2009b). Katalog über die Zuständigkeit der Ausschüsse des Rates der Stadt Bochum gemäß Beschluss des Rates der Stadt Bochum vom 06.11.2009.
http://www.bochum.de/C12571A3001D56CE/vwContentByKey/N26R26TE02 8HGILDE/$file/rat_zustaendigkeitskatalog.pdf (abgerufen am 08.03.2013).

Stadt Bochum (2009c). Integrationskonzept der Stadt Bochum. Statistiken. Eigendruck. Bochum.

Stadt Bochum (2007). Zehn Jahre Frauenbeirat der Stadt Bochum.
http://www.bochum.de/C12571A3001D56CE/vwContentByKey/W27BUB586 53BOLDDE/$FILE/10jahre_frauenbeirat.pdf (abgerufen am 21.03.2013).

Stadt Bochum (Angabe ohne Jahr).
http://www.bochum.de/C125708500379A31/vwContentByKey/W2776CG268 9BOLDDE (abgerufen am 27.02.2013).

Statistisches Bundesamt (2013). Zensus 2011. Bevölkerung. Bundesrepublik Deutschland am 09.Mai 2011.
https://www.destatis.de/DE/PresseService/Presse/Pressekonferenzen/2013/ Zensus2011/bevoelkerung_zensus2011.pdf;jsessionid=64B9919941B83246 F032D685606A81C9.cae3?__blob=publicationFile (abgerufen am 13.06.13).

Statistische Ämter des Bundes und der Länder (2013). Zensus 2011. Bevölkerung nach Geschlecht und Migrationshintergrund.

https://ergebnisse.zensus2011.de/#StaticContent:00,BEV_2_1_8,m,table (abgerufen am 13.06.13).

Stiegler, B. (2002). Gender macht Politik. 10 Fragen und Antworten zum Konzept Gender Mainstreaming. Bonn.

Straßburger, G. & Bestmann, S. (2008). Praxishandbuch für sozialraumorientierte interkulturelle Arbeit. Arbeitshilfen für Selbsthilfe- und Bürgerinitiativen Nr. 36. Bonn

Sunjic, M. H. (2012). Sensibilität für Flüchtlingsfrauen steigt allmählich. Der lange Weg zur Verbesserung der Lage in Europa und international. In: E. Hausbacher et. al. (Hrsg.). Migration und Geschlechterverhältnisse. Wiesbaden.

Schnell, R., Hill. P. B. & Esser, E. (2011). Methoden der empirischen Sozialforschung. München.

Schubert, K. & Klein, M. (2011). Chancengleichheit. In: Das Politiklexikon. 5., aktual. Aufl. Bonn.

Schönwälder, K., Sinaoglu, C., Volkert, D., Heimershoff, L., Kofri, C. & Walbott, T. (2011). Vielfalt im Stadtparlament? Noch große Defizite. Erste umfassende Studie über Einwanderinnen und Einwanderer in den Räten deutscher Großstädte. http://www.boell.de/downloads/20110629_Kurzfassung_Ratsmitglieder_mit_ MH.pdf (abgerufen am 16.06.13).

Toprak, A. & Nowacki, K. (2012). Muslimische Jungen. Prinzen, Machos oder Verlierer?. Freiburg im Breisgau.

Toprak, A. (2010). Integrationsunwillige Muslime? Ein Milieubericht. Freiburg im Breisgau.

Toprak, A. (2007). Das schwache Geschlecht - die türkischen Männer. Zwangsheirat, häusliche Gewalt, Doppelmoral der Ehre. 2. Auflage. Freiburg im Breisgau.

Treibel, A. (2000). Migration als Form der Emanzipation? Motive und Muster der Wanderung von Frauen. In: C. Butterwege & G. Hentges (Hrsg.). Zuwanderung im Zeichen der Globalisierung. Migrations-, Intergrations- und Minderheitenpolitik. Opladen. S.75-90.

UN Department for General Assembly and Conference Management (2009). Universal Declaration of Human Rights.
http://www.ohchr.org/EN/UDHR/Pages/Language.aspx?LangID=ger
(abgerufen 06.06.13).

United Nations (2000). Resolution adopted by the General Assembly on the report of the Ad Hoc Committee of the Whole of the Twenty-third Special Session of the General Assembly (A/S-23/10/Rev.1). S-23/2. Political declaration.
http://www.un.org/womenwatch/daw/followup/ress232e.pdf (abgerufen am 12.06.13).

United Nations (1996). Report of the Fourth World Conference on Women. Beijing, (4-15 September 1995). New York.
http://www.un.org/womenwatch/daw/beijing/pdf/Beijing%20full%20report%20E.pdf (abgerufen am 12.06.13).

United Nations (1986). Report of the World Conference to review and appraise the achievements of the United Nations Decade for Women: Equality, Development and Peace ! Nairobi (15 to 26 July 1985). New York.
http://www.un.org/womenwatch/daw/beijing/otherconferences/Nairobi/Nairobi%20Full%20Optimized.pdf (abgerufen am 12.06.13).

United Nations High Commissioner for Refugees, UNHCR Handbook for the Protection of Women and Girls (2008).
http://www.unhcr.org/refworld/docid/47cfc2962.html
(abgerufen am 19.03.2013).

Winker, G. & Degele, N. (2009). Intersektionalität. Zur Analyse sozialer Ungleichheiten. Bielefeld.

Wylkop, J. (2012). Offene Türen bei der Stadt für RUB☐Studierende Projektstart: „Wissenschaft und Politik gehen Hand in Hand" Gender Mainstreaming: RUB und Stadtverwaltung kooperieren.

http://bochum.de/C12571A3001D56CE/vwContentByKey/W28STCDE651B
OLDDE/$FILE/Projekt_Gender_Mainstreaming.pdf
(abgerufen am 10.04.2013).

Yildirim-Fahlbusch, Y. (2003). Türkische Migranten: Kulturelle Missverständnisse. PP 2, Ausgabe Mai 2003, S. 213. Köln.

Zimmermann-Hegmann, R. et. al. (2007). Sozialraumanalyse. Soziale, ethnische und demographische Segregation in den Nordrheinwestfälischen Städten. Dortmund.

Anhang

Anhang 1:

Weitere Ergebnisse der vorliegenden Stichprobe

Ergebnisse der Angaben zur subjektiven Wahrnehmung der in Bochum lebenden Spätaussiedler_innen

Die Mitglieder des Ausschusses für Migration und Integration der Stadt Bochum sollten die von ihnen in ihrem Stadtteil subjektiv wahrgenommen lebenden Spätaussiedler_innen benennen. Die Verteilung auf die einzelnen Personengruppen nahmen die Ausschussmitglieder wie folgt vor: Zehn Nennungen (83,4%) erfolgten auf russische Spätaussiedler_innen, neun Nennungen (75,0%) auf polnische Spätaussiedler_innen, insgesamt vier Nennungen (33,4%) fielen auf jugoslawische Spätaussiedler_innen und abschließend wurden drei Nennungen (25,0%) auf kroatische Spätaussiedler_innen abgegeben.

Ergebnisse der Angaben zur persönlichen Einstellung zur Migration und Integration

Aus Tabelle A 1 geht hervor in welchen gesellschaftlichen, sozialen und/oder politischen Bereichen die Mitglieder besonderen Handlungsbedarf im Bereich Migration und Integration im Allgemeinen sehen. 22,8% (n=5) der Ausschussmitglieder gaben an, dass die Bildungs- und Arbeitsmarktpolitik für Migrant_innen und die Öffnung des Arbeitsmarktes für Migrant_innen als wichtigste Aufgabe mit besonderem Handlungsbedarf angesehen wird. Darauf folgen je drei Nennungen (je 13,6%) in den Bereichen des Spracherwerbs, der gesellschaftlichen- und kommunalpolitischen Partizipation und der interkulturellen Öffnung der Stadtverwaltung, der Nachhaltigkeit und dem demographischen Wandel im Bereich der Migrant_innenarbeit, der Zielgruppenarbeit mit Jugendlichen im Bereich der Prävention von Jugenddelinquenz, der Mädchenarbeit und gezielter Förderungsprojekte, sowie der Integrationspolitik und der sozialen und humanitären Flüchtlingshilfe.

Tabelle A1: Angaben zu gesellschaftlichen, sozialen und/oder politischen Bereichen in denen im Bereich der Migration und Integration im Allgemeinen einen besonderen Handlungsbedarf gesehen wird

	Häufigkeiten	Prozent
Bildungspolitik für Migrant_innen & Öffnung des Arbeitsmarktes für Migrant_innen & Arbeitsmarktpolitik im Allgemeinen	5	22,8%
Spracherwerb	3	13,6%
Gesellschaftliche- und Kommunalpolitische Partizipation & Interkulturelle Öffnung von Stadtverwaltungen	3	13,6%
Nachhaltigkeit & Demographischer Wandel im Bereich der Migrant_innenarbeit	3	13,6%
Zielgruppenarbeit mit Jugendlichen (Prävention im Bereich Delinquenz von Jugendlichen), Mädchen & gezielte Förderungsprojekte	3	13,6%
Integrationspolitik & Soziale- und Humanitäre Hilfe für Migrant_innen und Flüchtlinge	3	13,6%
Interkultureller Austausch & Interkulturelle Arbeit	2	9,2%
Gesamtnennungen*	22	100,0%

Anmerkung: *Mehrfachnennungen möglich

Aus Tabelle A 2 geht hervor, in welchen gesellschaftlichen, sozialen und/oder politischen Bereichen die Mitglieder des Ausschusses für Migration und Integration Besonderen Handlungsbedarf im Bereich Migration und Integration innerhalb der Stadt Bochum sehen. 28,6% (n=8) der Ausschussmitglieder gaben an, dass die gesellschaftliche- und kommunalpolitische Partizipation und die interkulturelle Öffnung der Stadtverwaltung als besondere Aspekte innerhalb der Stadt Bochum angesehen werden. 21,4% (n=6) der Ausschussmitglieder gaben an das ein interkultureller Austausch, sowie die interkulturelle Arbeit innerhalb der Kommune sehr wichtig sind. Fünf Nennungen (17,9%) entfielen auf die Bildungs- und Arbeitsmarktpolitik und die Öffnung des Arbeitsmarktes für Migrant_innengruppen innerhalb der Stadt Bochum. 10,7% (n=3) gaben an, das ein besonderer Handlungsbedarf in der Integrationspolitik der Stadt Bochum gesehen wird. Zwei Nennungen (7,1%) nannten den Spracherwerb von Migrant_innen als wichtigen Handlungsaspekt innerhalb der Stadt Bochum.

Tabelle A 2: Angaben zu gesellschaftlichen, sozialen und/oder politischen Bereichen in denen im Bereich der Migration und Integration innerhalb der Stadt Bochum einen besonderen Handlungsbedarf gesehen wird

	Häufigkeiten	Prozent
Gesellschaftliche- und Kommunalpolitische Partizipation & Interkulturelle Öffnung von Stadtverwaltungen	8	28,6%
Interkultureller Austausch & Interkulturelle Arbeit	6	21,4%
Bildungspolitik für Migrant_innen & Öffnung des Arbeitsmarktes für Migrant_innen & Arbeitsmarktpolitik im Allgemeinen	5	17,9%
Zielgruppenarbeit mit Jugendlichen (Prävention im Bereich Delinquenz von Jugendlichen), Mädchen & gezielte Förderungsprojekte	4	14,3%
Integrationspolitik	3	10,7%
Spracherwerb	2	7,1%
Gesamtnennungen*	28	100,0%

Anmerkung: *Mehrfachnennungen möglich

Ergebnisse der Angaben zur Kooperation mit anderen Institutionen, Vereinen, Zentren etc.

Mit welchen Institutionen, Vereinen und Zentren kooperiert der Ausschuss für Migration und Integration der Stadt Bochum? Die Beantwortung dieser Frage wird in Tabelle A 3 veranschaulicht. 28,0% (n=7) der AMI Mitglieder gaben an, das der Ausschuss mit anderen Migrant_innenorganisationen und -vereinen kooperiert. Die zweit häufigsten Nennungen entfielen mit je 20,0% (je n=5) auf politische Parteien, außer der NPD, sowie anderen Ausschüssen des Stadtrates. Hier wurden der Jugendhilfeausschuss, der Sozial- und Gesundheitsausschuss, sowie der Ausschuss für Bildung und Wissenschaft genannt. 12,0% (n=3) der Ausschussmitglieder gaben an, dass der AMI mit Nicht-Migrant_innenorganisationen, Verbänden und/oder Vereinen kooperiere. Hierfür wurde exemplarisch der Paritätische Wohlfahrtsverband genannt. Zwei Ausschussmitglieder (8,0%) gaben das Integrationsbüro der Stadt Bochum als Kooperationspartner an. 12,0% (n=3) gaben unspezifisch weitere Kooperationen an ohne diese konkret zu benennen.

Tabelle A 3: Angaben zu Kooperationen des Ausschusses für Migration und Integration mit anderen Institutionen, Vereinen, Zentren etc.

	Häufigkeiten	Prozent
Migrant_innen Organisationen & Vereine	7	28,0%
Politische Parteien (außer der NPD)	5	20,0%
Andere Ausschüsse (Jugendhilfeausschuss, Sozial- und Gesundheitsausschuss & Ausschuss für Bildung und Wissenschaft)	5	20,0%
Nicht Migrant_innenorganisation/Verbände/Vereine	3	12,0%
Integrationsbüro der Stadt Bochum	2	8,0%
Keine Ahnung / Keine genauen Angaben	3	12,0%
Gesamtnennungen*	25	100,0%

Anmerkung: *Mehrfachnennungen möglich

In der genauen Beschreibung der zuvor genannten Kooperationen mit den aufgeführten Kooperationspartnern gaben vier Ausschussmitglieder (n=4, 33,3%) an, dass die Kooperation im gegenseitigen Besuch, Austausch und der Vorstellung der jeweiligen Arbeit innerhalb der Sitzung des Kooperationspartners und der im Rat der Stadt Bochum vertretenen Parteien, außer der NPD, besteht. Eine Nennung (n=1, 8,4%) entfiel auf die Aussage, dass der AMI gemeinsam mit den zuvor genannten Kooperationspartner_innen Beschlüsse fasst und gemeinsame Projekte initiiert. Drei Ausschussmitglieder (n=3, 25,0%) gaben an, dass sie keine Ahnung bezüglich der genauen Kooperation mit den angegebenen Kooperationspartnern hätten, bzw. die genaue Kooperation nicht genauer definieren könnten. 33,3% (n=4) der Ausschussmitglieder machten bei dieser Frage keine Angabe.

Im Diagramm B 1 werden die Nennungen der Ausschussmitglieder auf die Frage, ob diese untereinander im Sinne der Gleichstellung handeln dargestellt. Sieben Ausschussmitglieder (58,0%) beantworteten diese Frage mit „Ja". Drei Mitglieder (25,0%) gaben keine Antwort auf diese Frage und zwei Ausschussmitglieder (17%) gaben an, dass sie diese Frage nicht beurteilen können.

Diagramm B 1: Handeln die Ausschussmitglieder untereinander im Sinne der Gleichstellung

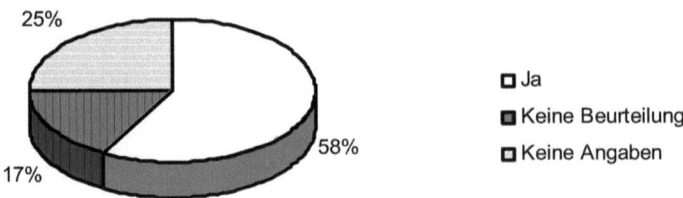

Abbildung B 1: Handeln die Ausschussmitglieder untereinander im Sinne der Gleichstellung

Auf die Frage, ob die Ausschussmitglieder des AMI für die in Bochum lebenden Migrant_innen im Sinne der Gleichstellung handeln, antworteten 50,0% (n=6) mit „Ja". 33,0% (n=4) machten keine Angaben und 17,0% (n=2) der Ausschussmitglieder gaben an, diese Frage nicht beantworten zu können.

Diagramm B 2: Handeln die Ausschussmitglieder für die Migrant_innen der Stadt Bochum im Sinne der Gleichstellung

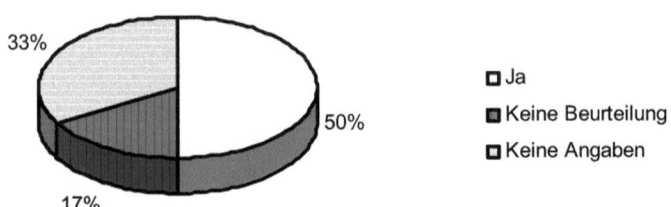

Abbildung B 2: Handeln die Ausschussmitglieder für die Migrant_innen der Stadt Bochum im Sinne der Gleichstellung

Anhang 2:

Fragebogen

FRAGEBOGEN

Sehr geehrte Mitglieder des Ausschusses für Migration und Integration der Stadt Bochum,

der Ihnen hier vorliegende Fragebogen zur Erfassung von „Handlungsansätzen, Umsetzungen und Erfahrungen mit gleichstellungspolitischen Themen im Ausschuss für Migration und Integration der Stadt Bochum" ist Teil des Projektes „Gender Mainstreaming im Spannungsfeld zwischen Theorie und Praxis – Wissenschaft und Politik gehen Hand in Hand ".

In diesem Rahmen soll unter anderem die Evaluation der Arbeit des Ausschusses für Migration und Integration der Stadt Bochum unter dem besonderen Fokus von gleichstellungspolitischen Aspekten untersucht werden.

Die von Ihnen in diesem Fragebogen gemachten Angaben sind freiwillig werden anonymisiert und vertraulich behandelt. Ihre Mitwirkung leistet einen wichtigen Beitrag zu dem Projekt „Gender Mainstreaming im Spannungsfeld zwischen Theorie und Praxis – Wissenschaft und Politik gehen Hand in Hand ". Vielen Dank!

Hier nun einige Anmerkungen zum Fragebogen selbst. Falls Sie sich beim Ankreuzen einer Antwort geirrt haben sollten, so ist dies kein Problem. Ich bitte Sie in diesen Fällen, das falsch angekreuzte Kästchen komplett auszumalen ☒ und Ihr(e) Kreuz(e) erneut an der von Ihnen als richtig empfundenen Stelle zu machen ☒. Ferner möchte ich Sie bitten, Ihre schriftlichen Antworten so deutlich wie möglich aufzuschreiben, um eine Lesbarkeit zu gewährleisten. Nicht Zutreffendes kann zudem gestrichen werden. Die Bearbeitung dieses Fragebogens wird circa 30 bis 45 Minuten in Anspruch nehmen.

Ich bedanke mich herzlich für Ihre Bereitschaft, an dieser Befragung teilzunehmen und danke Ihnen ferner für Ihre Unterstützung des Projekts „Gender Mainstreaming im Spannungsfeld zwischen Theorie und Praxis – Wissenschaft und Politik gehen Hand in Hand".

1. Angaben zu Ihrer Person

1.1. Geschlecht

☐ männlich   ☐ weiblich

1.2. Ihr Geburtsjahr

1.3. Ihr Geburtsort *(Stadt/Bundesland/Land)*

1.4. Wenn sich Ihr Geburtsort außerhalb der Bundesrepublik Deutschland befindet, wann sind Sie nach Deutschland gekommen und wo haben Sie seit dem in Deutschland gelebt? *(Hierbei geht es um die Anzahl möglicher Wohnortstationen und den damit verbundenen Wohnorten)*

1.5. Ihre Staatsangehörigkeit und Herkunft *(Haben Sie einen Migrationshintergrund oder gehören Sie der Gruppe der Spätaussiedler/innen in Deutschland an, dann geben Sie an dieser Stelle bitte an: deutsche Staatsangehörigkeit, türkischer Migrationshintergrund oder deutsche Staatsangehörigkeit, kein Migrationshintergrund u. a.)*

1.6. Wo befindet sich Ihr aktueller Wohnort? *(hier ist ausschließlich der Bochumer Stadtteil in dem Sie selbst leben, gemeint. Ihre komplette Anschrift ist nicht erforderlich)*

[   ]

1.7. Sie haben in der vorherigen Frage angegeben, in welchem Stadtteil sich Ihr aktueller Wohnort innerhalb der Stadt Bochum befindet. Bitte kreuzen Sie im Folgenden an, ob die Aussagen auf den Stadtteil, in dem Sie selbst leben, a) zutreffen, b) teilweise zutreffen oder c) gar nicht zutreffen.

In dem Stadtteil, in dem Sie leben	Trifft zu	Trifft teilweise zu	Trifft gar nicht zu
a) leben viele Menschen mit Migrationshintergrund	☐	☐	☐

Wenn diese Aussage zutrifft, oder teilweise zutrifft, aus welchen Ländern stammen die Menschen mit Migrationshintergrund, die gemeinsam mit Ihnen in ihrem Stadtteil leben? *(Mehrfachnennungen möglich)*

☐ Türkei   ☐ Russland

☐ Polen   ☐ Kroatien

☐ Italien   ☐ Jugoslawien

☐ Griechenland ☐ andere Staaten der EU und zwar:_____

☐ Sonstige Länder (z. B. China, Japan, Sri Lanka, Indien, Pakistan usw.):

[   ]

In dem Stadtteil, in dem Sie leben...	Trifft zu	Trifft teilweise zu	Trifft gar nicht zu
b) ...leben viele Spätaussiedler/innen	☐	☐	☐

Wenn diese Aussage zutrifft oder teilweise zutrifft, aus welchen Ländern stammen die Spätaussiedler/innen die gemeinsam mit Ihnen in ihrem Stadtteil leben? *(Mehrfachnennungen möglich)*

☐ Russland

☐ Polen

☐ Jugoslawien

☐ Kroatien

☐ andere(r) Staat(en): _____

1.8 Ihr Beruf *(Bitte geben Sie hier an, welchen Beruf Sie erlernt haben)*

[   ]

2. Angaben zu Ihrer Arbeit im Ausschuss für Migration und Integration

2.1. Welcher Gruppe im Ausschuss für Migration und Integration gehören Sie an?

☐ Ratsmitglied

☐ Gewähltes, stimmberechtigtes Mitglied der Migrant_innenvertretung

☐ Beratendes Mitglied

☐ Sachkundige/r Bürger/in

2.2. Seit wann gehören Sie dem Ausschuss für Migration und Integration an?

☐ seit der laufenden Legislaturperiode, beginnend im Jahr 2009

☐ bereits seit zwei Legislaturperioden

☐ seit mehr als zwei Legislaturperioden

2.3. Welche Motivation haben Sie, im Ausschuss für Migration und Integration mitzuarbeiten?

2.4. Wie sind Sie in den Ausschuss für Migration und Integration gekommen? *(Wurden Sie von einer Person oder einer Institution – z. B. einer Partei od. einem Verein – vorgeschlagen, haben Sie sich eventuell selbst vorgeschlagen, wurden Sie benannt, oder gewählt usw.)*

3. Angaben zur inhaltlichen Arbeit des Ausschusses für Migration und Integration

3.1. Worin sehen Sie die Hauptaufgaben des Ausschusses für Migration und Integration der Stadt Bochum?

3.2. Welche der von Ihnen zuvor genannten Hauptaufgaben des Ausschusses für Migration und Integration der Stadt Bochum empfinden Sie selbst als besonders wichtig?

3.3. Gibt es Stadtteile in Bochum, in denen die von Ihnen genannten Hauptaufgaben des Ausschusses für Migration und Integration besondere Wichtigkeit bekommen? Wenn ja, an welche Stadtteile denken Sie dabei und welche Hauptaufgaben empfinden Sie dort als besonders wichtig?

3.4. Welche Migrant/innen Gruppen umfasst die Arbeit des Ausschusses für Migration und Integration hauptsächlich? *(Hier ist es wichtig, die Länder zu nennen aus denen die Menschen kommen, auf die sich die Arbeit des Ausschusses hauptsächlich bezieht)*

3.5. Warum sehen Sie bei denen von Ihnen zuvor genannten Gruppen einen höheren Handlungsbedarf, als bei anderen hier in Bochum lebenden ethnischen Gruppen?

4. Angaben zu Ihrer persönlichen Einstellung zur Migration und Integration

4.1. In welchen gesellschaftlichen, sozialen und/oder politischen Bereichen sehen Sie im Bereich der Migration und Integration im <u>Allgemeinen</u> einen besonderen Handlungsbedarf?

4.2. In welchen gesellschaftlichen, sozialen und/oder politischen Bereichen sehen Sie persönlich im Bereich der Migration und Integration <u>innerhalb der Stadt Bochum</u> einen besonderen Handlungsbedarf?

5. Angaben zur Kooperation mit anderen Institutionen, Vereinen, Zentren usw.

5.1. Mit welchen Institutionen (Parteien, anderen Ausschüssen, Rat, Bezirksvertretungen usw.), Vereinen und/oder Zentren kooperiert der Ausschuss für Migration und Integration der Stadt Bochum?

5.2. Wie sieht die konkrete Kooperation mit denen von Ihnen zuvor genannten Kooperationspartnern aus?

5.3. Gibt es eine gezielte Kooperation Ihres Ausschusses mit gleichstellungspolitischen Institutionen (Gleichstellungsstellen, Frauenbeirat usw.), Frauenvereinen, Frauenverbänden und/oder Frauenzentren mit gleichstellungspolitischem Schwerpunkt innerhalb der Stadt Bochum?

5.4. Wenn Ihr Ausschuss mit einer der zuvor genannten Institutionen etc. kooperiert, welche gleichstellungspolitischen Themen werden mit diesem Kooperationspartner behandelt und welche Handlungsansätze und Umsetzungen gingen aus dieser Kooperation hervor?

6. Angaben zu allgemeinen geschlechtspolitischen Themen im Ausschuss für Migration und Integration

6.1. Gibt es spezielle Themen in der Arbeit des Ausschusses für Migration und Integration der Stadt Bochum, die im Besonderen die Förderung und/oder Integration von <u>Mädchen und/oder Frauen</u> mit Migrationshintergrund beinhalten? Wenn ja, um welche Themen handelt es sich dabei?

6.2. Wo sehen Sie Bereiche, in denen im Besonderen Mädchen und/oder Frauen mit Migrationshintergrund gefördert werden sollten? *Nennen Sie konkrete Beispiele.*

6.3. Gibt es spezielle Themen in der Arbeit des Ausschusses für Migration und Integration der Stadt Bochum, die im Besonderen die Förderung und/oder Integration von Jungen und/oder Männern mit Migrationshintergrund beinhalten? Wenn ja, um welche Themen handelt es sich dabei?

6.4. Wo sehen Sie Bereiche, in denen im Besonderen <u>Jungen und/oder Männer</u> mit Migrationshintergrund gefördert werden sollten? *Nennen Sie konkrete Beispiele.*

6.5. Gibt es zudem Themen in der Arbeit des Ausschusses für Migration und Integration, die Gruppen umfassen, die einer mehrfachen Förderung/Maßnahmen bedürfen?

Dabei handelt es sich nicht allein um Menschen mit Migrationshintergrund, sondern um weitere Aspekte, die zu einer Mehrfachdiskriminierung und Ausgrenzung innerhalb der eigenen sozialen Gruppe, als auch innerhalb der deutschen Mehrheitsgesellschaft innerhalb der Stadt Bochum führen können (z. B. Geschlecht, Alter, sexuelle Orientierung, Behinderung usw.).

Dies bedeutet, dass es z. B. besondere Gruppen gibt, die aufgrund ihres Migrationshintergrundes **und** z. B. einer körperlichen und/oder einer geistigen Behinderung besonderer Förderung/Integration bedürfen? Wenn ja, welche Gruppen würden Sie dazu zählen? *(Mehrfachnennungen möglich)*

☐ Migrant/innen mit Assistenzbedarf (aufgrund einer körperlichen und/oder geistigen Behinderung)

☐ Migrant/innen mit homosexueller Orientierung oder anderer sexueller Identität (Transsexualität, Transgender, Intersexualität)

☐ Migrant/innen mit Pflegebedarf

- ☐ Migrant/innen im Alter

- ☐ Migrant/innen mit geringem Einkommen (z. B. Migrant/innen die von staatlichen Transferleistungen leben (ALG II, Hartz IV))

- ☐ Migrant/innen mit Asylbewerberstatus

- ☐ Migrant/innen mit besonderer Religionszugehörigkeit und zwar:

    - ☐ römisch-katholisch
    - ☐ evangelisch
    - ☐ evangelisch-freikirchlich
    - ☐ orthodox
    - ☐ islamisch, und zwar...
        - ☐ schiitisch
        - ☐ sunnitisch
        - ☐ alevitisch
        - ☐ andere
    - ☐ jüdisch
    - ☐ buddhistisch
    - ☐ einer anderen Religionsgemeinschaft zugehörig
    - ☐ keiner Religionsgemeinschaft zugehörig

- ☐ Migrant/innen mit einer Zugehörigkeit zu einer bestimmten politischen Institution

- ☐ andere:

☐ keine der zuvor aufgeführten Angaben

6.6. Wenn Sie in der vorherigen Frage mindestens eine der aufgeführten Gruppen genannt haben, worin sehen Sie im Besonderen den Förderungs- und/oder Integrationsbedarf dieser Gruppe?

6.7. Gibt es Handlungsansätze in der Arbeit des Ausschusses für Migration und Integration der Stadt Bochum, die die von Ihnen genannten Gruppe(n), für eine besondere Förderung/Integration zu thematisieren und in konkreten Projekten und/oder gezielten Förderungen umzusetzen?

7. Angaben zur persönlichen Einschätzung gleichstellungspolitischer Themen im Ausschuss für Migration und Integration

7.1. Was bedeutet für Sie die Gleichstellung von Frauen und Männern?

7.2. Handeln die Mitglieder des Ausschusses für Migration und Integration <u>innerhalb des Ausschusses untereinander</u> im Sinne der Gleichstellung von Frauen und Männern? Wie sieht die konkrete Umsetzung der Gleichstellung von Frauen und Männern innerhalb des Ausschusses aus? Welche Beispiele können Sie nennen?

7.3. Handeln die Mitglieder des Ausschusses für Migration und Integration für <u>die Menschen mit Migrationshintergrund</u> in der Stadt Bochum im Sinne der Gleichstellung von Frauen und Männern? Wie sieht dies konkret aus?

7.4. Gibt es konkrete Umsetzungen gleichstellungspolitischer Themen des Ausschusses für Migration und Integration? Bitte nennen Sie diese Umsetzungen.

7.5. Wo sehen Sie konkreten Verbesserungsbedarf gleichstellungspolitischer Themen innerhalb der Arbeit des Ausschusses für Migration und Integration der Stadt Bochum?

7.6. Wie schätzen Sie Ihren eigenen Kenntnisstand in gleichstellungspolitischen Themen ein?

☐ sehr gut

☐ gut, mit wenigen Wissenslücken

☐ vorhanden, jedoch nicht besonders ausgereift

☐ ausreichend

☐ schlecht

☐ kein Kenntnisstand

7.7. Wie schätzen Sie den Kenntnisstand der anderen Mitglieder des Ausschusses für Migration und Integration in gleichstellungspolitischen Themen ein?

☐ sehr gut

☐ gut, mit wenigen Wissenslücken

☐ vorhanden, jedoch nicht besonders ausgereift

☐ ausreichend

☐ schlecht

☐ kein Kenntnisstand

7.8. Sehen Sie für sich selbst Verbesserungsbedarf im inhaltlichen Kenntnisstand über gleichstellungspolitische Themen? Welche Möglichkeiten zur Verbesserung würden Sie sich wünschen?

7.9. Sehen Sie für die Mitglieder des Ausschusses für Migration und Integration Verbesserungsbedarf im inhaltlichen Kenntnisstand über gleichstellungspolitische Themen? Wie könnte eine Verbesserung umgesetzt werden?

7.10. Sehen Sie Bedarf in der Thematisierung und Umsetzung von gleichstellungspolitischen Themen für Menschen mit Migrationshintergrund der Stadt Bochum? Wie sollte dies aussehen?

7.11. Sehen Sie Möglichkeiten innerhalb des Ausschusses für Migration und Integration sich gezielter mit gleichstellungspolitischen Themen auseinanderzusetzen und konkrete Projekte und/oder Förderungen/Integration voranzutreiben? Welche konkreten Handlungsansätze sehen Sie in diesem Bereich?

Vielen Dank!

Anhang 3:

Interviews

Einige der befragten Mitglieder des Ausschusses für Migration und Integration der Stadt Bochum baten darum, einige Passagen ihres Interviews unkenntlich zu machen.

Interview 1 – Person A

Leitfadeninterview zur Vertiefung der Ergebnisse der Fragebogenerhebung zum Thema „Erfahrungen, Umsetzungen und Handlungsansätze gleichstellungspolitischer Themen im Ausschuss für Migration und Integration der Stadt Bochum."

Im folgenden Interview geht es um die Vertiefung der Ergebnisse der von mir durchgeführten Fragebogenerhebung zum Thema „Erfahrungen, Umsetzungen und Handlungsansätze gleichstellungspolitischer Themen im Ausschuss für Migration und Integration der Stadt Bochum".

Hierbei soll es vor allem darum gehen, die Ergebnisse der Fragebogenerhebung vertiefend zu diskutieren und eventuelle Handlungsanweisungen für die weitere politische Arbeit des Ausschusses für Migration und Integration, sowie der gesamten Bochumer Stadtverwaltung, unter geschlechtspolitischen Aspekten, besonders der Umsetzung des Gender Mainstreaming, zu entwickeln.

Alle von Ihnen gemachten Aussagen sind freiwillig, zudem werden Ihre Angaben selbstverständlich anonymisiert und vertraulich behandelt. Eine schriftliche Zusicherung des Datenschutzes und der Anonymität halte ich unterschrieben für Sie bereit. Dieses Interview wird ca. 30-45 Minuten dauern und besteht aus standardisierten Fragen und Nachfragen. Falls Sie nach dem Interview noch weitere Nachfragen haben sollten, stehe ich Ihnen gerne zur Verfügung.

Interviewerin: Können Sie mir zunächst noch mal Ihren Namen und die Gruppe, der Sie im Ausschuss für Migration und Integration in Bochum angehören, nennen? Und ferner würde mich interessieren, wie Sie in den Ausschuss gekommen sind.

Befragte: 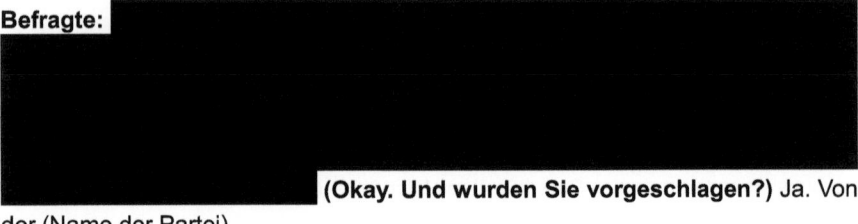 (**Okay. Und wurden Sie vorgeschlagen?**) Ja. Von der (Name der Partei).

Interviewerin: Okay. Ich möchte nun zunächst auf die Ergebnisse der von mir durchgeführten Fragebodenerhebung bezüglich der Hauptaufgaben des Ausschusses für Migration und Integration eingehen. Zu den drei meist genannten Hauptaufgaben des AMI gehören laut der Angaben der Befragten Mitglieder: 1. die Förderung der kulturellen, sozialen und sprachlichen Integration von Menschen mit Migrationshintergrund; 2. die Interessensvertretung von jungen und alten Migranten, sowie deren Grundversorgung; und 3. die interkulturelle Öffnung der Stadt Bochum, also der Stadtverwaltung. **Welche der zuvor genannten Hauptaufgaben halten Sie persönlich für besonders wichtig und warum? Und würden Sie diesen Angaben noch etwas hinzufügen aus Ihrer Perspektive?**

Befragte: Erstmal muss ich sagen, dass ich die alle drei ganz wichtig finde und ganz richtig, dass das auch gemacht wird, aber an erste Stelle würde ich dann die Aufklärung stellen. Das heißt, mehr Informationen, also eine Schnittstelle für die Leute die mit Migrationshintergrund im Ausschuss sitzen, die einfach in Bochum als Bevölkerung wohnen. Das heißt, dass was wir da machen, ist gut, aber nicht alle bekommen das mit und als Schnittstelle muss auch eine Infoquelle da sein. **(Okay)** Sonst find ich die alle wichtig, aber bevor ich die Leute kulturell fördere muss ich aufklären, die sollen auch wissen was es gibt und Information bekommen, wie sie in Bochum zu diesen Quellen, ob das sprachliche Förderung oder interkulturelle Förderung ist, wie man dazu kommen kann. **(Hmm)** Weil genau das fehlt, da fehlt diese Infoschnittstelle. Das würde ich unbedingt als Punkt eins benennen. Weil ohne diesen Punkt, egal was wir da machen, funktionieren die anderen Punkte auch nicht, ne. Von unseren Sitzungen, wenn die Leute nichts davon mitbekommen, oder keine Ahnung davon haben, ähh, von dem, was da beschlossen wurde, dann bringt das auch nichts. Das ist dann nur für uns und nicht den Wähler und das ist nicht gerade unser Ziel.

Interviewerin: Okay. Auf die Frage nach der Migrantengruppe, welche die inhaltliche Arbeit des Ausschusses für Migration hauptsächlich umfasst, wurden die

Gruppen der türkischen Migrant_innen, der russischen Migrant_innen und die der Flüchtlinge bzw. der unbegleiteten minderjährigen Flüchtlinge genannt. Weitere Nennungen entfielen auf iranische, polnische, irakische und syrische Migranten. **Auch hier, können Sie mir, aus Ihrer persönlichen Sicht heraus schildern, welche der zuvor genannten Gruppen die hauptsächliche inhaltliche Arbeit des AMI ausmacht und warum das so ist?**

Befragte: (kurze Pause) Ja eigentlich, so wie ich das sehe liegt der Arbeitsschwerpunkt von dem AMI natürlich bei der türkischen Bevölkerung und ähh deren Migrantenfeld, weil natürlich diese Migrantengruppe aus der Türkei ziemlich groß hier in Bochum ist. **(Hmm.)** Natürlich gibt's auch andere Nationalitäten, aber so prozentuell, wenn man das jetzt nachrechnet, dann sind natürlich die türkischen Migranten die meisten, ähm, das sind dann fast 90% Prozent von allen Migranten oder 70%. Und weil sie auch, ähh, einer anderen kulturellen und ähh ideologischen Hintergrund haben brauchen sie natürlich mehr Zeit und mehr Akzente für sich und deswegen wird von meiner Seite aus, überwiegt nur diese Gruppe für die Arbeit des AMI herausgestellt. Natürlich gibt's auch noch die Gruppen um die Flüchtlinge, die auch ganz wichtig sind und die auch ähh viel Zeit und Förderung brauchen, aber ich finde, dass auch nen bisschen zu wenig für diese Gruppe getan wird. Es sollte genauso viel für die getan werden, wie für alle anderen auch, die türkischen Migranten stehen hier in Bochum im Mittelpunkt. Es ist auch gut so **(Hmm.)** aber alle anderen brauchen auch nen bisschen mehr Energie. **(Okay, dann wurden die russischen Migranten genannt, also würden Sie die jetzt als die zweithäufigst vorkommende Gruppe beschreiben, oder ist das einfach weil die eine andere Problematik mitbringen?)** Die haben eine andere Problematik, die bringen auch andere Problematik mit sich und ich würde die nicht als zweite Gruppe nennen, weil als zweite Gruppe würde ich eventuell, die polnischen Migranten nennen, wobei die zählen nicht als „richtige" Migranten, weil die eher Spätaussiedler sind. Die Balkanländer würde ich wahrscheinlich als zweites nennen, dass heißt die alle aus dem ehemaligen Jugoslawien und alle die dazu gehören, Albanien und so weiter, weil die auch eine andere Mentalität haben und auch eine große Problematik mit sich bringen. Aber danach die russischen Migranten natürlich auch. **(Und sie sagen die Flüchtlinge haben nicht genügend Platz im Ausschuss?)** Ich finde auch, die brauchen, weil das sind die Leute die ähh im Vergleich zu Russen oder die nicht einfach so kommen, sondern die kommen weil die keinen anderen Ausweg haben. Das ist jetzt die Sackgasse wo es danach nicht mehr weiter geht. Also deswegen sind die da und äh meistens kommen die auch ohne alles und das sind die Leute die wirklich hilflos dastehen. **(Hmm.)** Und unsere Aufgabe ist nen bisschen mitzuhelfen und mit zu organisieren und schon wieder aufzuklären. **(Hmm.)** Also bevor sie was machen, müssen sie auch wissen, was sie machen dürfen, sollen, wollen und so weiter **(Hmm. Und würden Sie diese Aufklärung jetzt nur auf Seiten der Migranten, oder bzw. der Flüchtlinge sehen, oder wäre es auch die Aufgabe des Ausschusses diese Aufklärung gegenüber der Wohnbevölkerung in Bochum zu leisten?)** Insgesamt ist das für alle Parteien wichtig. Also das heißt, für die Partei von den Flüchtlingen und auch für die Partei von den Bürgern in Bochum, die auch mit den Flüchtlingen zusammenleben. Beide sollen etwas machen, dass heißt für alle Parteien ist das nicht so einfach. Ich verstehe auch die Bochumer Bevölkerung, dass sie auf einmal so etwas wie eine UFO sehen, keine Ahnung, Menschen die aus einem anderen Kosmos kommen, weil die nicht zu uns passen, aber genau so schwer ist das für die Migranten, die solange gereist sind und jetzt da sind und gut. Sie haben es dann wahrscheinlich ihrem Heimatland noch schwieriger, aber trotzdem brauchen die Hilfe. **(Hmm.)**

Interviewerin: Okay. Aus den Angaben zu den gesellschaftlichen, sozialen und politischen Bereichen, in denen im Bereich der Migration und Integration ein besonderer Handlungsbedarf gesehen wird, gehen sowohl im Allgemeinen als auch auf die Stadt Bochum bezogen folgende Ergebnisse vor: Als besonders wichtig angesehen wird eine gezielte Arbeitsmarkt- und Bildungspolitik für Migrant_innen, der Spracherwerb von Migrant_innen, die gesellschaftliche und kommunalpolitische Partizipation, wie eben schon angesprochen die interkulturelle Öffnung der Stadtverwaltung, sowie die interkulturelle, sowie der interkulturelle Austausch und die interkulturelle Arbeit. Also ich wiederhole noch mal die Aussagen. Gezielte Arbeitsmarkt- und Bildungspolitik, Spracherwerb, gesellschaftliche und kommunalpolitische Partizipation, interkulturelle Öffnung der Stadtverwaltung und interkultureller Austausch und interkulturelle Arbeit. **Auch hier noch mal die Nachfrage, wie schätzen Sie diese Angaben ein und welche Aspekte sehen Sie als besonders wichtig für die Stadt Bochum an?**

Befragte: (kurze Pause). Das ist alles ganz richtig, nur wie gesagt die Leute, dass ist jetzt die Mentalität von denen, die werden auch weniger von selber kommen und auch was suchen, was nachfragen. Meistens sitzen die zu hause, oder bei einer Freundin oder Bekannten **(Okay.)** und auf der einen Seite wollen sie etwas, und auf der anderen Seite wissen sie nicht wie sie das machen sollen **(Hmm.)** Es gibt schon die Leute die das wirklich gerne wollen gefördert zu werden, aber die wissen nicht wie. Und die trauen sich nicht zum Rathaus zu kommen oder zu einer Zentrale, um nachzufragen wo es etwas gibt und des wegen müssen wir schon wieder, **(Hmm.)** ich wiederhole mich, aber das ist wieder diese Schnittstelle, dass was in Bochum fehlt. Also die Schnittstelle zur Information für die Migranten. Wie das umgesetzt werden soll weiß ich nicht, ich glaube da muss schon ein bestimmtes Personal da sein, gut ausgebildetes Personal, die eventuell diese Cafes oder Informationsstellen besetzten, um aufzuklären. Ohne zu warten, dass die Leute zu uns kommen werden. Das werden sie nicht. **(Also das heißt, wenn ich Sie jetzt richtig verstanden habe, all die genannten Sachen sind zwar wichtig, aber die würden nichts nutzen, wenn die Leute nicht wissen wo sie sich die Hilfe holen können.)** Genau, genau. **(Und was bedeutet das dann für Bochum?)** Die Aufgabe vom Ausländeramt wäre auch so was zu machen, aber das geht nicht, und das bringt auch nichts. Die Leute werden auch nicht zum Ausländeramt gehen und nachfragen, wie das organisiert werden soll, ob in der Schule, da wo die Anzahl der Migrantenkinder groß ist, wo irgendwas fehlt, oder im Kindergarten oder im Sprachkurs für die Eltern, oder auch wie gesagt eine x-belibige Siedlungen, oder die Wohnungen, wo die meisten wohnen, dass weiß ich noch nicht ganz genau, aber ich finde das wichtig, weil das nutzt wirklich alles nichts, wenn die Leute nicht informiert sind. **(Hmm.)** Wie gesagt das ist toll gesagt, der Arbeitsmarkt, die Bildungspolitik, dass ist auch alles, was von der großen Politik kommt, aber das sind Wörter die einfach in der Luft hängen bleiben, ohne die richtige Leute zu finden. **(Und was ist mit einer interkulturellen Öffnung der Stadtverwaltung? Also wenn dort mehr Migrant_innen arbeiten würden?)** Das ja, da sind gerade diese Leute die im Endeffekt diese Schnittstelle konkret bilden können. Gut weil jeder von uns ist natürlich vernetzt und das heißt die ganzen Infos, und je mehr da vertreten sind, umso mehr Schnittstellen gibt es, umso mehr Vernetzungen haben wir da und dann geht das auch weiter.

Interviewerin: Gut, kommen wir nun zum eigentlichen Thema, nämlich den geschlechtspolitischen Themen. (Hmm.) Nur eine Nennung der befragten Ausschussmitglieder entfiel auf den Aspekt "Gender" als Hauptaufgabe des Ausschusses. **Welche Rolle spielt Ihrer Meinung nach das Thema "Gender " innerhalb der inhaltlichen Arbeit des AMI?**

Befragte: (kurze Pause). Das weiß ich nicht. Ich sehe wirklich bei diesem Thema..., ich bin da wahrscheinlich die falsche Ansprechpartnerin, weil ich sehe da diese Problematik nicht. **(Also sehen Sie diese nicht weil die Gleichberechtigung von Frauen und Männern innerhalb des Ausschusses quasi gelebt wird,)** Ja **(oder sehen Sie das nicht, weil das Thema einfach nicht vorkommt?)** Nein, ich sehe das auch nicht (kurze Pause). Im AMI sind wir gut vertreten als Frauen und ich finde nicht, dass wir da in der Minderheit stehen und Probleme damit haben. Natürlich wird alles was Migrantenfrauen angeht anders bewertet, natürlich sind wir als Frauen von dieser Seite viel wichtigere Kontaktperson als die Männer, aber das sehe ich genauso, ähm (kurze Pause) im Krankenhaus oder egal wie und wo, weil das ist jetzt gerade die Bezugsperson ist, aber dass das jetzt mehr auf die Problematik Gender geachtet wird darauf, dass finde ich nicht. Natürlich sind wir als Frauen, diejenigen, die mit den Migrantenfrauen Kontakt aufnehmen, aber trotzdem hier in Bochum und in unserem AMI sehe ich diese Genderthematik nicht als Problem. **(Hmm, okay)** Das Flüchtlingskontingent ja, aber gut natürlich müssen wir auch da wahrscheinlich nen bisschen mehr, Akzente setzen, diese Frauen mehr aufzuklären, mehr auf diese Problematik zu kommen, mehr zu kommunizieren, aber dass wir das nicht machen oder das wir diese Problematik im AMI haben, das sehe ich nicht so. **(Hmm, und warum glauben Sie haben andere Themen mehr Gewicht?)** (kurze Pause) Welche Themen meinen Sie? **(Die zuvor genannten)** Im AMI sind wir wie gesagt ja ganz gut vertreten, wir sind wahrscheinlich zu wenig „Hilfestelle" für die Migrantenfrauen, aber insgesamt (kurze Pause) kann ich nicht sagen, dass wir da ein Problem mit haben. Also ich persönlich finde nicht. Ich kann das nur von mir sagen. Ich hab diese Probleme nie gehabt. **(Und warum glauben Sie wurde der Gender Aspekt nur so selten genannt?)** Ich glaube wir haben jetzt auch diese sogenannte „Frauenquote". Die haben wir unabhängig davon, ob die Männer wollen oder nicht, die Frauen gehören jetzt in alle Posten und in alle Ausschüsse (kurze Pause). Ich muss ehrlich sagen diese Thematik ist mir nicht fremd, aber ich sehe das nicht als Problem. Die Frauen sind überall vertreten und die Frauen haben auch eine eigene Meinung und diese Meinung ist ab und zu auch noch deutlicher zu hören, als Männerstimmen. **(Und würden Sie denn konkreten Handlungsbedarf sehen, also meinen Sie dass der AMI sich damit mehr beschäftigen sollte?)** Alle sollen sich eventuell nen bisschen mehr mit der Frauenproblematik in den Flüchtlingslagern beschäftigen, das ja, aber im Prinzip, hätten es auch nen bisschen mehr Migrantenfrauen sein können, die in den AMI gehen. Auch zum Beispiel genau von dieser Schicht von (kurze Pause) Flüchtlingen, dass wird aber nicht funktionieren, die haben noch keine Rechte hier **(Hmm.)** Aber trotzdem, dass wir diese Problematik auch sehen und davon wissen. Kann sein, dass diese Problematik nicht existiert, aber das bekommen wir auch nicht mit, weil wir diese Schnittstelle für

Migranten nicht haben, leider muss ich wiederholen. Die haben Probleme und diese Probleme können sie nicht weiterbringen, wir wissen, dass es diese Probleme gibt, aber wir wissen nicht, was für welche und wie wir damit umgehen sollen. Wahrscheinlich versuchen wir da zu helfen, wo die das nicht brauchen und genau da wo brennt wird nicht geholfen.

Interviewerin: Auf die Frage, ob der AMI mit gleichstellungspolitischen Institutionen, also zum Beispiel dem Frauenbeirat oder der Gleichstellungsstelle kooperiere, gaben nur zwei der befragten Ausschussmitglieder an, dass es eine solche Kooperation gibt. Die anderen zehn befragten Mitglieder, gaben an, dass es entweder keine Kooperation gibt, sie von keiner Kooperation wüssten, oder machten keine Angaben. **Wie schätzen Sie diese Angaben ein? Gab es bzw. gibt es Kooperationen zu den zuvor genannten Institutionen und wenn ja, wie sehen diese Kooperationen aus?**

Befragte: Ich weiß es nicht, keine Angaben. Ich weiß es nicht. Möglicherweise auf jeden Fall mit dem Frauenbeirat (kurze Pause), da will ich gar nichts sagen, da weiß ich nichts. Und, ähh, die Gleichstellungsstelle, das ja. Das ist nicht vom AMI, sondern mehr von der ▬▬▬▬, daher kenne ich diese Mitarbeit. **(Und wie sah, bzw. wie sieht das aus?)** Nicht immer erfolgreich muss ich sagen, ja wir haben ziemlich oft verschiedene Meinungen zum Beispiel unabhängig davon was gesagt und geschrieben wird. Eine Forderung von der Gleichstellungsstelle ist, dass wir als ▬▬▬▬, die Männer am 08.März zum Frauentagsstand nicht einladen. Die Männer sind nicht eingeladen worden. Nicht herzlich willkommen sind, das find ich vollkommen falsch. Und das war da der Punkt, wo wir uns, nicht einverstanden erklärt haben und da waren die Männer, auch unsere Fraktionsmänner am Stand, weil wir finden, die müssen nicht ausgegrenzt werden. Das muss geradezu als gemeinsame Arbeit zusammengeführt werden **(Hmm.)** Das ist nicht immer einfach. **(Also die Gleichstellungsstelle?)** Ja, die haben gefordert, dass die Männer nichts beim 08.März zu tun haben und das beim Frauentag die Männer dort nichts zu suchen haben. Wir sehen das ganz umgekehrt, **(Hmm.)** weil eigentlich die Frauen sind für die Männer und die Männer für die Frauen da sind und wir müssen auch alle zusammen weiterleben und ich empfinde diese ganze Ausgrenzung als falsch. Das ist aber meine persönliche Meinung. Das ist schon wieder eine Stelle in die wieder zu viel Energie gesteckt wurde, statt diese Energie darein zu stecken, wo es wirklich brennt und wo die Energie notwendig ist. **(Also Sie sagen Frauenbeirat wissen Sie nicht?)** Ich weiß es nicht **(Und Gleichstellungsstelle?)** Nicht immer richtig. Die ist nicht immer richtig koordiniert und hat nicht immer die richtigen Akzente gesetzt. **(Aber so wirklich das die jetzt in den Ausschuss kommt und vorspricht und ihre Themen nennt?)** Nee, also ich hab das noch nicht erlebt. Und der Frauenbeirat, eine Frau von der Gleichstellungsstelle, sie war mal da und hat einen Vortrag gehalten, aber alle anderen nicht. Die von dem Frauenbeirat, das wüsste ich nicht. Ich will damit nichts sagen, aber ich weiß es nicht.

Interviewerin: Im Integrationsaspekt der Stadt Bochum ist der Aspekt des "Gender Mainstreaming" als eine Hauptaufgabe für die Arbeit aller daran beteiligten Akteur_innen verändert. **Was verstehen Sie unter dem Aspekt "Gender Mainstreaming"? Und sehen Sie konkrete Umsetzung dieser Handlungsanweisung in der Arbeit des AMI? Und können Sie mir vielleicht konkrete Beispiele dazu nennen?**

Befragte: (lange Pause) Erfolgreiche Zusammenarbeit **(Okay)** So dass wir als Frauen unsere Problematik einbringen können und dass wir gehört werden, dass wir auch die Problematik die wir wahrscheinlich besser verstehen auch weitergeben können, so auch von der Stadtseite, als auch von der Behördenseite. Und das dies auch richtig interpretiert werden kann. Weil keiner kann das besser verstehen als die Frauen selber **(Hmm.Und würden Sie den sagen, dass Gender Mainstreaming im AMI konkret umgesetzt wird?)** Ja. Ich sehe das als erfolgreich an. (Okay) Ja. **(Hmm. Auch noch mal als Nachfrage an dieser Stelle, gibt es irgendein konkretes Beispiel das Sie vielleicht nennen können?)** Ähm, zum Beispiel die Frau vom Integrationsbüro, dass ist auch eine Frau die nicht die Vorsitzende ist, aber sie ist die Geschäftsführerin von der Integrationsbehörde, dem Integrationsbüro und dass ist auch beste Beispiel dafür.

Interviewerin: Gut, dann jetzt die letzte Frage. **Gibt es denn etwas, von dem Sie glauben, dass es, dass Sie es persönlich aus einer Auseinandersetzung mit gleichstellungspolitischen Themen lernen würden, bzw. wie durch eine intensivere Auseinandersetzung die inhaltliche Arbeit des Ausschusses beeinflusst werden würde?**

Befragte: (lange Pause) Ich würde diese Thema wahrscheinlich weniger strapazieren wollen. Weil ich finde, dass zum Beispiel im AMI oder in der Fraktion oder in Bochum ███████████████████████████████████████
███████████████████████████████████████
███, sind wir gut vertreten und je weniger wir diese Thema strapazieren, umso

erfolgreicher wird auch unsere Zusammenarbeit. Wenn Sie mir jetzt erklären würden wo Sie eine Problematik sehen, würde ich wahrscheinlich auch andere Aspekte dargelegt bekommen, aber so sehe ich das nicht als Problem **(Hmm.)** Wir sind doch im AMI fast fünfzig zu fünfzig. **(Hmm.)** In der Fraktion sind wir wahrscheinlich ein bisschen weniger, aber dafür haben sie Frauen in der Fraktion auch Frauen, die führende Positionen haben, ▓▓▓▓▓▓▓ hat auch ein wichtiges Gewicht und natürlich muss es auch so weitergehen und wir können uns das nicht erlauben das es weniger wird **(Hmm.)** Das ja, aber das dieses Thema immer wieder im Vordergrund steht, ich würde da wahrscheinlich nen bisschen mehr Energie in richtige Arbeit stecken, als über diese Thematik zu reden. Eher handeln als diskutieren. Weil ich finde es halt schade, dass wirklich zu viel darüber diskutiert wird. Mehr handeln. Wenn auch Schritt für Schritt, langsam aber trotzdem ein bisschen mehr Mitbewirken. Es ist viel wichtiger, als ganz viel zu reden und nichts zu tun, wenn das nichts bringt, dann bringt das nichts. **(Also würden Sie sagen, dass innerhalb Bochums die Gleichbehandlung und Gleichstellung in der Verwaltung und den politischen Gremien gegeben ist?** (kurze Pause) Ich finde ja. Ich sehe das als Erfolg, ich finde es ziemlich erfolgreich. Kann sein, dass ich da falscher Meinung bin, oder ein falsches Bild habe, aber trotzdem, ich sehe das nicht als Problem. Nicht als das große Problem, kann sein, dass immer noch zu wenig Frauen an Repräsentationsstellen sind, aber wir haben auch in unserem Bochumer Dezernat auch ganz viele Frauen. Wie gesagt die Frauen sind gut vertreten. Es darf nur nicht weniger werden, von mir aus auch nen bisschen mehr sein, aber ich würde das wirklich nicht alles so als Problem da unter die Lupe nehmen. **(Gut, herzlichen Dank für das Interview.)** Bitte.

Interview 2 – Person B

Leitfadeninterview zur Vertiefung der Ergebnisse der Fragebogenerhebung zum Thema „Erfahrungen, Umsetzungen und Handlungsansätze gleichstellungspolitischer Themen im Ausschuss für Migration und Integration der Stadt Bochum."

Einleitungstext s. Interview 1

Interviewer: Gut. Können Sie mir zunächst noch mal Ihren Namen und die Gruppe, der Sie im Ausschuss für Migration und Integration der Stadt Bochum angehören nennen? Und mich würde interessieren, wie Sie in den Ausschuss gekommen sind.

Befragte: Also ich bin Name der Befragten, bin gewähltes Ratsmitglied über die Liste und meine Partei ist Name der Partei.

Interviewer: Okay. Ich möchte nun zunächst auf die Ergebnisse der von mir durchgeführten Fragebodenerhebung bezüglich der Hauptaufgaben des Ausschusses für Migration und Integration der Stadt Bochum eingehen. Zu den drei meist genannten Hauptaufgaben des AMI gehören laut der Angaben der befragten Mitglieder: 1. die Förderung der kulturellen, sozialen und sprachlichen Integration von Menschen mit Migrationshintergrund; 2. die Interessensvertretung von jungen und alten Migranten sowie deren Grundversorgung; und 3. die interkulturelle Öffnung der Stadt Bochum, also der Stadtverwaltung. **Welche der zuvor genannten Hauptaufgaben halten Sie persönlich für besonders wichtig und warum? Und würden Sie diesen Angaben noch etwas hinzufügen? Also ich wiederhol noch mal.** (Ja, bitte.) **Die 1., die 1. Sache ist die Förderung der kulturellen, sozialen und sprachlichen Integration; 2. die Interessensvertretung von jungen und alten Migranten sowie deren Grundversorgung; und 3. die interkulturelle Öffnung der Stadtverwaltung.**

Befragte: (kurze Pause) Also was jetzt meiner Meinung nach tatsächlich das wichtigste oder die? **(Genau. Also welche der genannten)** Ja. **(Hauptaufgaben, von denen)** Ja. **(von den Aussagen der Ausschussmitglieder)** Hmm. **(halten Sie persönlich für besonders wichtig)** Ja. **(und warum? Und würden Sie diesen Aussagen noch was hinzufügen?)** Ich denke der erste Punkt würde doch das meiste umfassen. Würde ich sagen. Was mir vielleicht so ein bisschen fehlt ist, man sagt, dass man die, dass, dass, dass es da auch darum geht nicht nur Menschen mit Migrationshintergrund, also nicht nur dass man so ein zwischen den beiden, die nicht, wie nennt man die denn jetzt? Biodeutsche nicht, nein. Also Zwischenleben einfach zwischen Migranten und Nichtmigranten. **(Ja.)** Das fehlt mir so ein bisschen. Also dass man das, oder hab ich das jetzt übersehen? Ich weiß es nicht. **(Ne.)** Aber dass, dass man das Zwischenleben zwischen diesen beiden Gruppen. **(Also im Grunde so was wie eine gemeinsame Integration oder wie würden Sie das verstehen? Also wie ich jetzt so verstanden habe, okay, Integration von den, von Menschen mit Migrationshintergrund ja, aber dazu gehören auch die deutsche Wohnbevölkerung in Bochum.)** Genau. Genau. Also dass man vielleicht das nicht immer nur so, so einseitig sehen würde, dass wir uns jetzt mal um die ganzen Migranten kümmern, sondern dass, natürlich richtig und wichtig ist, aber dass wir dann auch gleichzeitig auch noch sozusagen die andere Gruppe auch noch mit mehr einbeziehen. Also das fehlt mir so ein bisschen, dass man **(Hmm.)** ne, also dass man **(Ja.)** ja. **(Das würden Sie als eine Hauptaufgabe des Ausschusses betrachten?)** Ähm, ne. **(So ergänzend.)** Genau. Das würde mir vielleicht, das würde ich mir vielleicht wünschen. Ob das jetzt eine ist **(Hmm.)** ist eher vielleicht nicht so der Fall. Aber das würde ich mir vielleicht mehr wünschen. Das würde ich dann vielleicht auch, es gibt natürlich Projekte, wo das auch irgendwie passieren und das, das sind auch Aufgaben. Das würde ich auch auf jeden Fall sagen. **(Hmm.)** Aber das würde ich mir zum Beispiel mehr wünschen. **(Okay.)** Das würde ich ergänzen, zu sagen, ja. **(Also diese Projekte, die Sie angesprochen haben, gehen auf die, also den Einbezug von dem, von der deutschen Wohnbevölkerung.)** Genau, genau. Sei es mal, dass man Stadtteile irgendwie versucht neu zu gestalten. **(Hmm.)** Da bezieht man ja nun mal alle mit ein. Und zum Glück gibt es ja auch Stadtteile, wo dann auch Migranten wohnen und Nichtmigranten. **(Hmm.)** Und da passiert das ja auch schon, ne. **(Okay.)** Aber ja, dass man das einfach vielleicht stärker, stärker fördern würde. Also dass (kurze Pause), ja, **(Hmm.)** also dass man vielleicht nicht irgendwie, man ist immer so dabei zu sagen, man, man, man baut hier zum Beispiel irgendwie ein neues Stadtteilzentrum auf, **(Hmm.)** und macht es dann vielleicht in Dahlhausen, da, wo vielleicht sowieso ein bisschen irgendwie mehr passiert in diese Richtung. **(Ja.)** Aber warum passiert es nicht in Stiepel? Ich mein, ich weiß nicht, ob Sie sich in Bochum **(Hmm.)** ein bisschen auskennen, **(Ja.)** ne. Aber dass man da sagt, aber diese, diese Gruppe erfasst man ja dann wiederum nicht. vielleicht die Stiepler, **(Hmm.)** die vielleicht sowieso ein bisschen mehr für sich sind und vielleicht sagen "Ja, Mensch", haben vielleicht nicht so die Ahnung, ne, wie lebt der

157

Türke doch zu Hause. Ne? Also warum man doch sich dann immer in diese Stadtteile dann orientiert, wo vielleicht doch sowieso was passiert, wo es ein Zusammenleben doch irgendwie **(Hmm.)** schon eher gibt, anstatt da, da reinzugehen, wo vielleicht die Probleme gibt, vielleicht wo der, wo der, wo der Stiepler dann sagt "Ja, Mensch" und diese Vorurteile einfach vielleicht mehr greifen als vielleicht **(Ah okay.)** in, wenn wir es jetzt nur auf Vorurteile beziehen oder wenn es jetzt, wenn wir es jetzt mal so negativ sehen wollen. Ne, aber einfach, dass, ja vielleicht hat man in Stiepel nicht so die Ahnung zum Beispiel was heißt Ramadan, aber vielleicht in Dahlhausen doch. Natürlich leben da mehr Türken, aber da leben ja auch Deutsche. **(Hmm.)** Aber da ist das Zusammenleben doch intensiver. **(Ja. Okay.)** Das vielleicht so ein bisschen, also. **(Ja.)** Aber vielleicht sind wir jetzt gar nicht bei der Frage. Vielleicht aber. **(Ja, gut, also Sie haben gesagt, dass die Förderung der kulturellen, sozialen und sprachlichen Integration für Menschen mit Migrationshintergrund die Hauptaufgabe wäre, die Sie jetzt am wichtigsten)** Ja, ja. **(empfinden würden.)** Und dass die Umsetzung, ja und dass diese Umsetzung vielleicht, dass man die auch anders gestalten müsste vielleicht auch in Zukunft. **(Hmm.)** Wie gesagt nicht nur in diesen so genannten Brennpunkten was zu tun, sondern vielleicht auch außerhalb mal zu gehen.

Interviewer: Hmm. Ja, okay. Auf die Frage nach der Migrantengruppe, welche die inhaltliche Arbeit des Ausschusses für Migration hauptsächlich umfasst, wurde, wurden die Gruppen der türkischen Migrant_innen, der russischen Migrant_innen und der Flüchtlinge bzw. der unbegleiteten minderjährigen Flüchtlinge genannt. Weitere Nennungen entfielen auf iranische, polnische, irakische und syrische Migranten. (Hmm.) **Können Sie mir auch hier aus Ihrer persönlichen Sicht heraus schildern, welche der zuvor genannten Gruppen die hauptsächliche inhaltliche Arbeit des AMI ausmacht und warum das so ist?**

Befragte: (kurze Pause) Ich denke, wenn wir jetzt die türkische **(Also die wurden am häufigsten genannt, ne.)** Genau. Das liegt wahrscheinlich daran, dass hier die meisten Türken doch leben, **(Ja.)** von denen. Und ich glaub es kommt gar nicht mal auf die ganze, auch auf eine politische Situation an und wenn wir dann sagen Irak und Syrien, **(Ja.)** ich meine das ist dann politisch irgendwie begründet. **(Hmm.)** Und ob ich das so teilen würde? **(Ja.)** Oder können Sie mir ein? **(Also können Sie mir)** Ja. **(aus Ihrer pesönlichen Sicht heraus schildern, welche der zuvor genannten)** Ja, doch. **(Hauptsache. Hauptsächlich die inhaltliche Arbeit ausmacht?)** Ja. Ja. **(Und warum das so ist.)** Wie gesagt, warum, das waren wahrscheinlich die zwei Punkte. **(Ja.)** Und ich könnte es, ja, ich müsste es so bestätigen, ja. **(Hmm.)** Und wie gesagt, es gibt dann halt natürlich, ja, politische Gründe, warum es jetzt vielleicht, wird auch in Zukunft vermehrt die Syrier sein werden, die uns vielleicht doch irgendwie beschäftigen. **(Okay. Und warum Flüchtlinge und unbegleitete Minderjährige?)** (kurze Pause) **(Also das ist, ja, auch eine spezielle Gruppe, ne.)** Hmm, ja. **(Also die sind unabhängig von der Nation, die da hinter steckt. Bei den anderen, also Türken,)** Ja, ja, ja. **(Russen und so steckt immer eine Nation dahinter, bei Flüchtlingen, die wurden halt auch häufig genannt, also muss das ja ein, also auch einen großen Anteil an inhaltlicher Arbeit umfassen innerhalb des Ausschusses. Ist das so?)** Ja, doch. Wobei ich das Gefühl habe, dass es noch nicht, also in der Vergangenheit für mich persönlich nicht so war, also das ist jetzt grade aber vielleicht ein Jahr, wenn überhaupt, **(Hmm.)** dass das mehr so in den Vordergrund gekommen ist, aber ich glaube, dass das wirklich politische Gründe hatte. **(Okay.)** Also, also wenn ich jetzt so zurück denke, **(Ja.)** ja, ist es mehr und mehr gekommen, die Geschichte sag ich mal. Aber ich glaube, das eher, eher die, die Zukunft, also es wird nach der Kommunalwahl für den AMI, also bei der nächsten wird es vielleicht doch stärker sein. Aber das ist auch nur jetzt eine Prognose von mir. **(Hmm.)** Aber dass ich jetzt sage, dass, ja, das ist halt wie gesagt für mich eher, eher so noch nicht ganz so alt, die Geschichte. **(Okay.)** Aber **(Also ist es eher was (unverständlich) politisches, was aufkommt?)** Ja, doch. **(Ja.)** Aber was vielleicht wahrscheinlich mehr und mehr, ja, uns auch beschäftigen wird immer mehr auch. **(Hmm.)** Tatsächlich, ja. Vielleicht auch weil sich dann auch das Integrationsbüro dann auch viel mehr damit auseinander setzen muss, weil man, weil wir dann viele unbegleitete Minderjährige auch hier haben, **(Hmm.)** die dann hier auch zur Schule gehen, die auch irgendwo hier **(Ja, klar.)** ja, aufgefangen werden müssen, wie auch immer. Aber ich glaube, das wird mehr, mehr in der Zukunft sein. **(Okay.)** Ja.

Interviewer: Okay. Aus den Angaben zu den gesellschaftlichen, sozialen und politischen Bereichen, in denen im Bereich der Migration und Integration ein besonderer Handlungsbedarf gesehen wird, gehen sowohl im Allgemeinen als auch auf die Stadt Bochum bezogen folgende Ergebnisse vor: Als besonders wichtig angesehen wird eine gezielte Arbeitsmarkt- und Bildungspolitik für Migrant_innen, der Spracherwerb von Migrant_innen, die gesellschaftliche und kommunalpolitische Partizipation, die interkulturelle Öffnung der Stadtverwaltung, sowie die interkulturelle, sowie der interkulturelle Austausch und die interkulturelle Arbeit. Kann ich gerne noch mal wiederholen. Also besonders wichtig: Arbeitsmarkt- und Bildungspolitik, Spracherwerb, gesellschaftliche und kommunalpolitische Partizipation, interkulturelle Öffnung der Stadtverwaltung und interkultureller Austausch und interkulturelle Arbeit. (Hmm.) **Wie schätzen Sie diese Angaben ein und welche Aspekte sehen Sie als besonders wichtig für die Stadt Bochum an?**

Befragte: Also für mich, muss ich ganz ehrlich sagen, sind das oftmals immer so schöne Schlagwörter, **(Hmm.)** so Schönwörter nenn ich sie mal, **(Ja.)** ne. Das hört sich alles so toll an. Politische und gesellschaftliche Partizipation. **(Hmm.)** Was das auch immer heißen mag. **(Hmm.)** Klar, kann ich sagen, das ist toll, das hört sich auch gut an. Ich kann, könnte dem nicht widersprechen. Aber ich glaube im Alltag sieht das doch, kann ich es so nicht bestätigen. **(Hmm.)** Oder ich frag mich immer, was heißt das denn dann genau. **(Hmm.)** Ne? Dass ich jetzt irgendwie, weiß ich nicht, ein Kaffeeklatsch von Migrantinnen irgendwie, dass sie dann, weiß ich nicht, im Zentrum xy sich da treffen und das ist dann irgendwie eine gesellschaftliche und, die sehe ich noch nicht. **(Hmm.)** Obwohl, aber was, ja, was ich genau ändern soll oder was ich mir wünschen würde oder wie man das umsetzen soll, das könnte ich tatsächlich nicht sagen. **(Hmm.)** Aber ich bin auch immer nicht so der Freund von diesen Schönwörtern und von diesen tollen Aussagen, **(Hmm.)** wo ich aber denken, aber keiner kann mir auch vielleicht genau sagen, ne, was heißt das denn aber genau, was genau soll das denn überhaupt bedeuten oder wo kann ich das erfahren oder **(Hmm.)** wie erfahre ich das. Ja, Partizipation heißt für mich, ja, Teilhabe. Aber wo dran teilhaben? Doch wieder in meiner eigenen, wieder doch in meinem Stadtteil, wieder doch mit meinen, ne, mit meinen Freunden oder vielleicht doch **(Hmm.)**, ja, mit der anderen Gruppe, wo ich es mir vielleicht wünschen würde **(Hmm.)** oder wo ich denke, da kommen wir zusammen oder. **(Ja.)** Von daher. Was mir jetzt zum Beispiel fehlen würde ist zu sagen, okay, was kann ich aber zum Beispiel von den Migranten mitnehmen, ne. **(Hmm.)** Was kann mir der Migrant mitgeben. Oder was, es heißt ja immer nur so ich, ich, ich nehme irgendwie mir was Tolles von den anderen heraus, **(Hmm.)** aber was kann ich dann geben oder was, ne? **(Ja. Ja.)** Von daher. Aber wie war genau noch mal die Frage. Vielleicht... **(Also die, die Ausschussmitglieder haben im Grunde angegeben in welchen Bereichen besonderer Handlungsbedarf gesehen wird.)** Okay. Ach so. **(Ja. Und das)** Ja. **(im Allgemeinen)** Ja. **(als auch für die Stadt Bochum.)** Ja. **(Und da haben sie halt gesagt, dass es, dass besonders wichtig ist eine gezielte Arbeitsmarktpolitik für Migranten)** Hmm. **(zu machen und Bildungspolitik,)** Okay. **(den Spracherwerb zu fördern,)** Ja. **(die gesellschaftliche und kommunalpolitische Partizipation,)** Hmm. **(die Stadtverwaltung interkulturell zu öffnen und interkulturellen Austausch und interkulturelle Arbeit voranzutreiben.)** Gut. Ich dachte das waren sozusagen, das sind jetzt die Punkte, die, das sind jetzt keine Ziele sondern ist jetzt sozusagen der Ist-

Zustand oder das ist **(Ja. Also im Grunde wie es sein sollte. Wo ist Handlungsbedarf.)** Ja, okay. **(Ja.)** Das, das kann ich, das kann ich total, das stimmt. **(Hmm.)** Das ist auf jeden Fall, ja. **(Und in Bezug auf die Stadt Bochum? Gibt's da irgendwas Spezifisches?)** (kurze Pause) **(Weil ich mein die Forschung bezieht sich ja jetzt auch auf)** Hmm. Ja, ja vielleicht dann doch dann, dass ich mir wünschen würde, dass sich, dass sich der Anteil der Mitarbeiter in einer Stadtverwaltung mit Migrationshintergrund, dass er sich der auf jeden Fall erhöhen sollte. **(Hmm.)** Ja, dass vielleicht die Sachbearbeiterin oder die, die Verwaltungsfachangestellte, ja, vielleicht doch Migrations, also mehr auf jeden Fall als was jetzt ist. **(Hmm.)** Ne? Also dass sich vielleicht das doch mehr die Russinnen mehr irgendwo oder der Russe mir gegenüber ist, wenn ich in so eine... **(Ja.)** Das würde ich mir auf jeden Fall wünschen. Also wenn man sich interkulturell öffnen will oder auch vielleicht muss, **(Ja.)** dann **(Wär das ein Punkt,)** Genau. **(wo man sagen würde, das ist für Bochum wichtig.)** Genau. **(Ja.)** Oder doch Mitarbeiter, die doch zweisprachig und damit meine ich jetzt nicht vielleicht unbedingt Englisch, **(Ja.)** aber vielleicht doch, ja, türkisch und russisch, **(Russisch.)** arabisch. **(Ja.)** Genau.

Interviewer: Okay. Das war's zu den Hauptaufgaben. (Ja.) Also die Hälfte des Interviews (Befragte lacht) ist schon rum. (Ja.) Jetzt kommen wir im Grunde zu den Knackpunkten, zu den geschlechtspolitischen Themen. (Hmm.) Also eine Nennung entfiel auf den Aspekt "Gender" als geschlechtspolitisches Thema (Hmm.) als Hauptaufgabe des Ausschusses. Also wir haben gehört, Hauptaufgaben, ne, sind hier kulturelle, sprachliche, soziale Integration. (Hmm.) Und wie gesagt, eine Person hat nur angegeben der Aspekt "Gender" ist eine Hauptaufgabe des Ausschusses. (Ja.) **Welche Rolle spielt Ihrer Meinung nach das Thema "Gender " innerhalb der inhaltlichen Arbeit des AMI?**

Befragte: Also ich glaube das ist in dem Ausschuss, also wie ich es jetzt persönlich einschätzen würde, **(Hmm.)** dass die Genderfrage gar nicht so im Mittelpunkt steht, aber nicht, weil es nicht als wichtig erachtet wird, sondern weil sie tatsächlich, ich glaube schon irgendwie mit drin spielt. Also ich weiß nicht, wie ich das erklären soll, aber **(Ja, im Grunde würde sich ja daran die Anschlussfrage stellen)** Ja, ja, ja. **(also, ne, die Frage ist: welche Rolle spielt Ihrer Meinung nach das Thema "Gender")** Ja. **(innerhalb der inhaltlichen Arbeit und warum glauben Sie, scheinen andere Hauptaufgaben, die genannt worden sind als wichtiger eingeschätzt zu werden?)** Hmm. **(Also im Grund war ja das, was Sie, was Sie jetzt schon so begonnen haben, ne?)** Hmm. Ja, also ich, also die

Genderfrage **(Hmm.)**, ob unser Klient oder auf unser Klientel jetzt bezogen? **(Ne, auf die inhaltliche Arbeit.)** oder **(Die inhaltliche Arbeit, die Sie im AMI leisten.)** Inhaltliche Arbeit, ja. Ja. **(Welche Rolle spielt da Gender?)** Also für mich, ich würde ganz salopp sagen keine. Weil, weil sie schon irgendwie mit drin ist. Also man, weil sie schon da gelebt wird. Also die... **(Hmm, ja.)** Wissen Sie wie ich meine? **(Ja.)** Weil sie nicht, weil sich da irgendwie, also da fragt sich, also, ich kann das glaube ich schwer erklären, aber ich habe nicht das Gefühl, dass sie nicht, sie wird nicht berücksichtigt, **(Hmm.)** weil sie nicht als wichtig erscheint, weil sie tatsächlich mit in dieser ganzen Arbeit schon für mich so drin ist, dass ich mich nicht frage inhaltlich, jetzt geht es vielleicht nur um die türkischen Jungen, **(Hmm.)** es ist irgendwie so mit drin. Also da war vielleicht die Gruppe oder, weil unser Klientel doch auch gut gemischt ist. **(Hmm.)** Also ich weiß nicht wie ich das anders erklären soll. **(Ja.)** Oder (unverständlich, beide sprechen gleichzeitig) **(...dass man also, meine Gedanken dahin wären zu sagen, dass einfach der Ausschuss als solches viele Themen behandelt, die für die inhaltliche Arbeit des Ausschusses einfach viel wichtiger erscheinen.)** Hmm. **(Also dass die, die Förderung von Integration, dass die im Vordergrund, der interkulturellen Öffnung der Stadtverwaltung.)** Hmm. **(Oder dass zum Beispiel die Grundversorgung der Migranten gewährleistet ist.)** Ja. **(Also diese, wenn man diese drei Hauptaspekte raus nimmt,)** Ja. **(dass das einfach ein Batzen von Arbeit ausmacht,)** Hmm. **(der einfach für den Ausschuss für Migration und Integration, denn so heißt er ja auch,)** Hmm. **(einfach Aspekte sind, die vordergründig sind.)** Ja. **(Und Gender einfach auf dieser Ebene einfach nicht wirklich behandelt wird.)** Hmm. **(Nicht weil wie Sie sagten, das jetzt nicht in den Hinterköpfen wäre, sondern weil es einfach nicht der Ort ist, um solche Sachen irgendwie zu besprochen.)** Hmm. **(Also wenn ich da jetzt, also das wär so.)** Ja, ich frag mich aber nur genau, was wäre dann zum Beispiel ein Punkt oder, oder wenn Sie jetzt mir eine Aussage geben könnten, wo Sie sich das mehr wünschen würden, weil ich, ich seh da jetzt grade nicht, weil wenn ich Förderung von Migranten oder wenn das ein Schwerpunkt des Ausschusses ist, **(Ja.)** was es ja auch, da hat sich für mich nie die, da ist die Genderfrage nicht, nicht, nicht für mich aufgekommen. **(Okay.)** Also weil ich schon ich in dieser Gruppe der Migranten diese Trennung gar nicht habe. **(Okay.)** Also, ne, was. **(Also da wird nicht unterschieden zwischen männlichen)** Genau. **(und weiblichen Migranten,)** Genau. **(sondern das sind)** Genau. **(die Migranten.)** Das sind die Migranten und **(Ja.)** also so, so hab ich es **(Ja.)** persönlich empfunden. Also, aber vielleicht würde ich gerne ein Beispiel mal hören, was vielleicht heißt, was wäre denn eine, eine, eine Gender, ein Genderthema, wo man sagen würde, okay. **(Hmm, zum Beispiel** weibliche Flüchtlinge.) Okay. (Haben zum Beispiel, also ne, immer mehr Studien zeigen auch, dass zum Beispiel weibliche Flüchtlinge) Ja. (mit mehr, ja,) Hmm. (mehr Belastung zum Beispiel) Ja. (zu kämpfen haben als männliche Flüchtlinge.) Ja. (Weil die Frauen, die aus den Ländern, aus den sie fliehen einfach einen schlechteren Start haben) Hmm, ja, ja. (als Männer zum Beispiel. Oder meinetwegen beim Thema Gewalt.) Hmm. (Sexualisierte Gewalt oder so.) Hmm. (Migrantinnen im Frauenhaus zum Beispiel) Hmm. (wär auch ein Thema.) Ja. (So. Aber diesen Themen wurden zum Beispiel gar nicht genannt.) Hmm. (So. Aber das sind für mich geschlechtsspezifische Themen,) Ja. (die, die, die jetzt spezifisch werden, wo ich denken würde,) Hmm, ja. (okay, da muss man jetzt differenzieren. Oder meinetwegen die, ganz plakativ gesagt, die türkischen Migrantenjungen,) Hmm. (die delinquent durch die Gegend laufen.) Hmm. (Also jetzt überspitzt gesagt.) Ja, okay. Ja. (Ja. Also das wäre) Ja. (für mich so eine Differenzierung.) Okay. Ja, also die, dass das passiert nicht (Hmm.) unbedingt, aber, wie gesagt, ich glaube nicht, nicht, dass man das bewusst irgendwie ausklammert oder das, was, was natürlich sein kann, dass man denkt, ja okay, jetzt bewusst heißt ja dann, dass man sich vielleicht nicht damit auseinander gesetzt oder man hat nicht diese Unterscheidung (Hmm.) also, (Ja.) ich würd's nicht unbedingt, wie gesagt, also, wenn man jetzt zum Beispiel weibliche, ja dann hat man die Gruppe der Flüchtlinge (Ja.) und da hat man ja Mädchen und Frauen da drunter und (Aber da wird nicht differenziert.) Nein. Genau. (Hmm. Okay.) Nein. (Okay.) Also aus diesem einen, aus diesem Aspekt heraus habe ich es selber auch noch nicht gesehen (Hmm.) zu sagen, für mich ist diese Gruppe dann da und die wird dann, ja, um die kümmert man sich oder (Hmm.) die haben dann, ne, (Ja.) Forderungen oder da ist Handlungsbedarf und das, das passiert dann, aber nicht, ja, (Hmm.) nicht geschlechterspezifisch. (Okay.) Ja. (Also noch mal, um) Ja, ja. (die Frage abschließend zu beantworten, würden Sie jetzt sagen, so wie ich Sie verstanden habe, dass die, dass Gender im Grunde nicht wirklich in dem Sinne eine spezielle Rolle spielt, weil im Grund das vorausgesetzt wird in der Arbeit, dass so eine Differenzierung stattfindet.) Ja. Die, die, die vielleicht dann auch automatisch passiert. (Okay.) Also dass man dann vielleicht sagt, okay, man hat jetzt zum Beispiel die, die, das Mädel aus dem Irak. Ja, dann geht man, die würde man dann vielleicht nicht unbedingt in eine, in eine Wohngruppe legen, wo dann vielleicht fünf Jungen mit drin sind. (Ja, klar.) Ne? (Ja, klar.) Also ich glaube so dieses, diese, diese, (Hmm.) das wird in der Arbeit, das passiert meiner Meinung, wie ich es empfinde schon in der Arbeit, das ergibt sich schon. (Okay. Oder steht vielleicht, also noch so, ne, oder steht vielleicht noch der Aspekt der Herkunft mehr im Vordergrund?) Auch. Ja, vielleicht. (Okay.) Auch, ja. (Okay. Also das könnte im Grunde auch so eine Beantwortung sein, also warum jetzt zum Beispiel,) Ja. (ne? Also warum andere Hauptaufgaben, also sprich diese Integration oder Öffnung im Grunde aufgrund der Herkunft eher im Fokus steht als der Aspekt Gender.) Ja. (Okay.) Ja. (Also das wäre jetzt so was, wo Sie sagen würden, okay, das wäre eine Erklärung dafür.) Ja, genau, ja, auch, auf jeden Fall, ja. (Okay.) Ja. (Warum glauben Sie denn, dass der Aspekt, also, ne, nur eine Nennung hat, Gender als Hauptaufgabe genannt, warum der so selten genannt wurde? Also nur eine Person hat gesagt, ja Gender ist eine Hauptaufgabe des Ausschusses. Warum ist das denn wohl so?) Ich überleg grad wie viele Frauen und Männer wir sind in dem Ausschuss. (Gespräch Pause) (Okay. Wo waren wir stehen geblieben? Genau, also warum grade jetzt dieser Aspekt nur ein Mal genannt wurde.) Kann ich nicht sagen. (Okay.) Also. (Also keine Idee warum?) Ne. (Warum da nicht mehrere Leute drauf gekommen sind, um?) Ja, ich, ich würd ganz frei raus einfach mal sagen, weil es, weil es vielleicht in dem Ausschuss keine so große Rolle spielt? (Hmm, okay.) Also als persönliches Empfinden (Ja, okay.) für jeden einzelnen. (Ja.) Oder dass es generell, also einfach nicht so, also ein wenig nicht so präsent ist. (Okay.) Hmm. (Ja, gut, das wär ja eine Erklärung.) Ja. (Ja.) Ich wüsste, wie gesagt, ich wüsste noch nicht mal wie viele Männer und wie viele Frauen wir im Ausschuss sind. Aber wahrscheinlich wie es oftmals in der Politik so ist, dass wir mehr Männer sind. (Hmm.) Das kann natürlich auch, aber es gibt ja nun mal Frauen und die haben's nur eine Nennung? (Eine Nennung.) Gut. Es ist ja nicht so, dass nur eine Frau da sitzt. Also fällt das ein bisschen auch raus vielleicht. (Hmm.) Sonst hätten wir ja irgendwie, weil 7, 8 sind wir ja auf jeden Fall. (Ja, 8 Frauen.) Ach, 8, genau, ja. (Ja. Okay.) Also ich (Keine Ahnung?) Keine Ahnung. (Okay. Wie wichtig finden Sie denn den Aspekt "Gender" innerhalb der Arbeit des AMI?) Ich hab mich aus dieser Hinsicht aber noch nie so irgendwie damit befasst. (Hmm.) Weil es für mich, für mich selber auch irgendwie nie, ja, nie eine Rolle gespielt hat, doch. (Okay.) Ja. Also nicht, wenn ich jetzt sagen kann speziell in diesem Ausschuss, war's für mich nie Thema auch. (Okay.) Ja. (Okay. Sehen Sie denn einen konkreten Handlungsbedarf in der Arbeit des AMI in Bezug auf Genderthemen? Und wen ja, welchen?) Also ich müsste mich da glaube ich, müsste mich mehr auf dieses Thema einlassen, (Ja.) auch zu sagen, aber Sie haben ja im Vorfeld auch ein-zwei Punkte genannt, wo ich dachte, ja klar, aus diesem Blickwinkel hab ich's noch nicht gesehen. (Ja.) Und von daher würde ich auf jeden Fall sagen Ja, Handlungsbedarf, ganz bestimmt. (Hmm.) Um das einfach mal, ja, durch, zu durchleuchten aus diesem Blickwinkel heraus und dann zu sagen Ja oder Nein.

(Hmm.) Aber das müsste, müsste ich jetzt selber noch machen. **(Okay.)** Also von daher könnte ich jetzt gar nicht so, auch in dieser Stelle gar nicht mal so sagen dann **(Hmm. Okay.)** wie jetzt genau oder wo, an welcher Stelle. **(Okay.)** Aber es ist auf jeden Fall wert oder sollte doch, ja, von diesem Gesichtspunkt mal aus betrachtet werden. **(Okay.)** Ganz bestimmt.

Interviewer: Auf die Frage, ob der AMI mit gleichstellungspolitischen Institutionen, also zum Beispiel dem Frauenbeirat oder der Gleichstellungsstelle kooperiere, gaben nur zwei der Befragten an, dass es eine solche Kooperation gibt. Die anderen zehn Befragten, also von den zwölf von den befragten Ausschussmitgliedern, gaben an, dass es entweder keine Kooperation gibt, sie von keiner Kooperation wüssten, oder sie haben keine Angaben gemacht. **Wie schätzen Sie diese Angaben ein? Und gab bzw. gibt es Kooperationen zu den zuvor genannten Institutionen und wenn, wie sehen diese Kooperationen aus?**

Befragter: Diese Kooperationen gibt es bestimmt, aber für mich mehr auf dem Papier als **(Hmm. In der praktischen Umsetzung?)** Genau. Also da habe ich jetzt keine Erfahrung mit. Also ich wüsste auch nicht an welcher Stelle das passiert ist. Aber das ist, ich glaube, also dass es diese Kooperation in irgendeiner Form doch bestimmt gibt oder dass es, dass es diese Stellen ja gibt und ich darauf zugreifen kann, **(Hmm.)** das ist ja. **(Und mit wem gibt's genau diese Kooperation? Also gibt's konkrete Kooperationsvereinbarungen mit jetzt beiden Institutionen? Also sowohl Frauenbeirat als auch Gleichstellungsstelle? Oder nur mit dem Frauenbeirat? Oder nur mit der Gleichstellungsstelle? Also.)** Also ich würde, ich denke mit beiden Stellen. **(Okay.)** Also ich, ich könnte jetzt nicht sagen an welcher Stelle ich das jetzt belegen könnte oder ob das irgendwie in einer, aber ich glaube diese, dieser, diese Kooperationsgeschichte, auf dem Papier gibt's sie bestimmt. **(Aber von einer konkreten Umsetzung dessen?)** Nein, das ne, das nicht. So an sich war das auch nie irgendwie, also in der praktischen Arbeit nie eine Erfahrung eigentlich damit gehabt. **(Okay.)** Im Ausschuss. **(Und warum glauben Sie ist das so? Also warum gibt's da keine Kooperation? Also die, über die, wie Sie so sagten, über die, die Kooperation auf dem Papier hinausgeht?)** Ich denke, weil, weil ja, ich glaube die Genderfrage in dem Ausschuss einfach noch nicht, noch nicht präsent genug ist. **(Hmm. Okay.)** Also das ist, ja, irgendwie nie, stand nie richtig so zur Debatte. Oder nie, würde ich sagen, also. **(Hmm.)** Ja. **(Okay. Also könnten Sie das, was Ihre Ausschussmitglieder genannt haben im Grunde bestätigen?)** Ja. **(Okay.)**

Interviewer: Im Integrationsaspekt der Stadt Bochum ist der Aspekt des "Gender Mainstreaming" als eine Hauptaufgabe für die Arbeit aller daran beteiligten Akteur_innen verändert. **Was verstehen Sie unter dem Aspekt "Gender Mainstreaming"? Und sehen Sie konkrete Umsetzung dieser Handlungsanweisung in der Arbeit des AMI? Und können Sie mir vielleicht konkrete Beispiele dazu nennen? Also vielleicht nachher einmal. Was verstehen Sie unter dem Aspekt "Gender Mainstreaming"?**

Befragter: Erklären Sie mir das Wort vielleicht bitte noch mal. Richtig. **(Also Gender kommt aus dem, Gender Mainstreaming kommt aus dem Englischen)** Ja. **(und es gibt keine wirkliche deutsche Übersetzung dafür, sondern, also Gender meint im ursprünglichen Sinn sowohl das biologische)** Hmm. **(als auch das soziale Geschlecht.)** Hmm. **(Und Mainstreaming bedeutet im Grunde der Hauptstrom. Also geschlechtlicher Hauptstrom, sowohl des biologischen als auch des sozialen Geschlechts.)** Hmm. Also so grob natürlich hab ich das auch schon, aber die Frage würde, könnte ich, was ich genau darunter verstehen soll, könnte ich nicht oder bzw. in welchem Zusammenhang. Müsste ich, ich müsste jetzt irgendwie. **(Ja, also, ne, im Grunde)** Ja. **(Also es ist im Integrationskonzept)** Ja. **(der Stadt Bochum)** Ja. **(verankert.)** Ja. **(Da steht ganz klar: Gender Mainstreaming ist eine Handlungsanweisung. Also wir müssen nach dem Prinzip von Gender Mainstreaming)** Ja. **(handeln.)** Ja. Ja. **(Ja, jetzt geb ich den Ball an Sie zurück. Also im Grunde,)** Ja. **(ne, also wenn ich Sie frage, was verstehen Sie da drunter.)** Ja. **(Und Sie sagen.)** Hmm. Ja, für mich. **(Also ich meine der Begriff ist ja allgegenwärtig,)** Ja, klar. **(den hört man ja überall.)** Genau. Genau. **(Was wär denn so jetzt quasi so das erste, was Ihnen in den Kopf schießen würde, wenn Sie, wenn Sie diesen Begriff hören?)** (kurze Pause) (lacht) Ich, also ich, ich weiß nicht genau, wie ich das grade jetzt an diesem Punkt beschreiben soll, aber ich (kurze Pause) **(Versuchen Sie es. Gibt auch kein richtig und auch kein falsch.)** Ja. Ne, genau, genau. (kurze Pause) (lacht) Es hört sich vielleicht doof an, weil ich es jetzt auch als Frau vielleicht sage, aber für mich nie wirklich so ein Thema. **(Okay.)** Also von daher ich könnte noch nicht mal sagen, ja das ist, ne, ich könnte, ich könnt's nicht sagen. **(Okay.)** Also ich müsste, ne, ich könnt's nicht sagen. **(Hmm. Und unabhängig davon, dass Sie jetzt vielleicht auch nicht wissen, was hinter diesem Begriff steckt.)** Hmm. **(Können Sie denn vielleicht sagen, ob es vielleicht konkrete Umsetzung von Gender Mainstreaming im AMI gibt? Also, ne, selbst wenn es immer nur dieses Wort ist, was einem)** Hmm. **(entgegenkommen,)** Ja. **(gibt's irgendwas in der konkreten Arbeit des AMI, wo man sagen könnte, ja, das ist, beruht auf**

Gender Mainstreaming irgendwie?) Würde ich, würde ich nicht sagen, nein. (Okay.) Weil was könnte es zum Beispiel sein? Wenn ich das mal so frage. **(Ja, also das, das würde ich, na ja, also innerhalb der Arbeit des, des, des AMI, hmm, es ist schwierig zu sage, weil dafür müsste man natürlich wissen, was Gender Mainstreaming bedeutet.)** Hmm. **(Das heißt wahrscheinlich würde das jetzt zu weit, also an dieser Stelle jetzt)** Ja. **(in diesem Moment)** Ja. **(zu weit führen Ihnen das jetzt irgendwie noch mal so irgendwie zu erklären, was das bedeutet.)** Ja. **(Ne? So.)** Ja. **(Weil ich glaube, zuerst steht das Verständnis davon. Also was man da drunter versteht.)** Ja. **(Um dann zu sagen, okay, das wurde vielleicht in der Arbeit konkret umgesetzt oder nicht.)** Hmm. **(Aber wenn Sie jetzt sagen, so, boah, ich weiß echt nicht)** Hmm. **(und ich wüsste auch nicht, wo das umgesetzt wurde,)** Hmm. **(dann ist das natürlich auch eine Aussage, die jetzt an der Stelle nicht zu bewerten ist,)** Hmm. **(weder gut noch schlecht ist.)** Ja. **(Sondern dass es einfach nur eine Beschreibung des Ist-Zustandes.)** Hmm. **(Und dann ist das auch in Ordnung so. Also wenn Sie sagen, keine Ahnung,)** Ja. **(dann ist es auch okay.)** Ja. **(Also da können wir an anderer Stelle vielleicht noch mal drüber, ne?)** Ja, machen wir auch. Weil ich kenn das Wort und ich hätte auch grob, klar, Gender, ne, aber für mich, aber was es genau, was von, ja was, was genau, ich könnt's nicht sagen. **(Hmm.)** Also, ne, also ich wüsste auch nicht genau. **(Okay.)** Ja. Ich könnt's nicht sagen an der Stelle. **(Ja, okay.)** Ja.

Interviewer: Gut. Dann sind wir schon bei der letzten Frage. **Gibt es denn etwas, von dem Sie glauben, dass es, dass Sie es persönlich aus einer Auseinandersetzung mit gleichstellungspolitischen Themen lernen würden, bzw. wie durch eine intensivere Auseinandersetzung die inhaltliche Arbeit des Ausschusses beeinflusst werden würde? Also wenn jetzt Gender Mainstreaming, was würden Sie persönlich aus der Auseinandersetzung davon lernen? Und was glauben Sie, würde eine intensive Auseinandersetzung in der inhaltlichen Arbeit des Ausschusses bewirken, also wenn das Thema Gender Mainstreaming in Vordergrund rücken würde? Also vielleicht einmal differenzieren: erst Sie persönlich und dann was es in der inhaltlichen Arbeit des Ausschusses machen würde.**

Befragter: (kurze Pause) Aus diesem Gesichtspunkt heraus den, also die Arbeit des Ausschusses nie irgendwie betrachtet. Also nie, nie wirklich **(Hmm.)** nie gesehen. **(Okay.)** Dass, ne, dass diese Genderfrage oder ich müsste es tatsächlich für mich selber noch, ja noch bearbeiten, verarbeiten, keine Ahnung. **(Hmm.)**

Aber jetzt aus dieser Arbeit heraus **(Hmm.)** könnte ich, weil ich es noch nicht in meinem Kopf selber **(Ja.)** irgendwie differenziert habe, **(Ja.)** dass ich es jetzt aus Gendergesichtspunkten irgendwie anders betrachten könnte. **(Hmm. Okay. Und würden Sie denn, also ich mein, ich hab ja auch ein paar Beispiele genannt.)** Hmm. **(Also glauben Sie denn, dass wenn der Ausschuss sich inhaltlich intensiver damit auseinander setzen würde,)** Ja. **(dass das was bringen würde und wenn ja, was das bringen würde? Also.)** Das würde bestimmt, ja, was würde es bringen? Vielleicht ein besseres Verständnis für, für das andere Geschlecht. **(Hmm.)** Also jetzt, ich bin ja kein Mann, dass ich das jetzt so sage, aber **(Ja, ja.)** dass ich mich aber auch vielleicht frage, dass die, dass die, ja dass die Migrantinnen aus Russland doch vielleicht anders handelt aus irgendeiner Genderfrage oder aus, dass das doch vielleicht ja irgendwie ja nen bisschen das Verständnis würde ich sagen, oder ein anderer Blickwinkel einfach auch **(Hmm.)** öffnet und auch ich glaub Verständnis einfach weckt **(Okay.)** die andere Seite doch einfach besser zu greifen, zu verstehen, zu **(Okay. Also würden Sie sagen das gibt es noch Handlungsbedarf?)** Auf jeden Fall. Ganz bestimmt, also, obwohl witziger Weise ich sage ich hab es nie für mich, aber gerade auch in diesem Interview, oder bei diesem Interview passiert ja dann was, oder ist ja schon passiert und dann sag ich mir, ja klar **(Ja.)** Noch nicht so betrachtet und eh was jetzt letztendlich bei der Betrachtung dann im Fazit rauskommt das ist ja egal. Aber ob ähm das mal aus dieser Hinsicht zu durchforschen, zu durchleuchten das wäre vielleicht nicht so schlecht. (lacht). **(Okay. Gut, dann sind wir auch am Ende, ich danke Ihnen herzlich)** Sehr gerne.

Interview 3 – Person C

Leitfadeninterview zur Vertiefung der Ergebnisse der Fragebogenerhebung zum Thema „Erfahrungen, Umsetzungen und Handlungsansätze gleichstellungspolitischer Themen im Ausschuss für Migration und Integration der Stadt Bochum."

Einleitungstext s. Interview 1

Interviewer: Können Sie mir zunächst noch einmal Ihren Namen nennen und die Gruppe, der Sie im Ausschuss angehören und seit wann Sie im Ausschuss sind?

Befragter: Mein Name ist Name des Befragten, bin seit 1994 im Ausländerbeirat. **(Ja. Und wie sind Sie in den Ausschuss gekommen?)** Also ich bin ja das direkte Mitglied, Mitglied **((unverständlich) Ja.)** (unverständlich) gewähltes Ausschlussmitglied und ich hab mich immer interessiert für die Sache der Migranten **(Hmm.)** und war auch durch die Gemeinde der ▮▮▮▮▮▮▮▮▮▮▮▮ **(Hmm.)** in Wattenscheid bin ich da auch Mitglied. Und da ist man die Probleme der gesehen, dass man halt eben im Ausschuss bzw. was tun musste **(Ja.)** und dadurch halt eben dann Liste, (unverständlich) aufgeschrieben und gewählt worden.

Interviewer: Okay. Super. Wie Sie ja im Fragebogen gelesen haben, habe ich ja die Hauptaufgaben des AMI abgefragt. Und die befragten Mitglieder haben also drei Aufgaben am häufigsten genannt. Die nenne ich Ihnen jetzt. Also 1. die Förderung der kulturellen-, sozialen- und sprachlichen Integration von Menschen mit Migrationshintergrund, 2. die Interessenvertretung von jungen und alten Migrant_innen, sowie deren Grundversorgung und das 3., was kam ist die Interkulturelle Öffnung der Stadtverwaltung. Also die drei Punkte. **Welche dieser drei Punkten halten Sie persönlich für besonders wichtig und warum und würden Sie dem noch was hinzufügen?**

Befragter: Also das erste war Förderung Kultur, Sozial und? **(sprachliche Integration.)** Sprachliche. Also die erste finde ich das sehr sehr wichtig, **(Hmm.)** weil man sollte die Migranten in ihrer eigenen Kultur, aber auch in Sozialraum und auch sprachlich fördern. Das gilt aber auch für, dass man halt eben auch beide Sprachen gut kann, **(Hmm.)** sowohl Muttersprache, aber auch deutsche Sprache.

Das ist aber für ihr weiteres Leben, Zusammenleben **(Hmm.)** hier in Deutschland sehr wichtig und auch in Bochum sehr wichtig. Und natürlich die Förderung der kulturellen, die kulturelle Seite würde ich sagen, dass man beide Kulturen fördern sollte, weil nicht einseitig. **(Hmm.)** Klar, die Migranten haben von der eigenen Kultur und die sollte man vielleicht auch mit, aber dass man auch was von der deutschen Kultur, dass das dann mitgelehrt wird, dass es mitgefördert wird, dass man halt das Zusammenleben dann auch einfacher machen kann. **(Quasi eine bessere Akzeptanz zustande bringen.)** Bessere Akzeptanz. Das ist vollkommen richtig. **(Ja. Aber auch auf beiden Seiten würden Sie auch sagen?)** Auf beiden, richtig, also ich will nicht einseitig fahren, weil es immer wichtig für mich, dass man die Kultur in Deutschland kennen lernt, auch kennt, **(Hmm.)** auch wichtig, auch für Allgemeinwissen wichtig ist und dass all dem und auch die eigene Kultur, die das mitbringen auch vielleicht, es gibt ja immer Gemeinsamkeiten **(Hmm.)** in der Kultur. **(Ja, klar. Und fehlt Ihnen an den drei Punkten noch was oder?)** Ne, das ist soweit, Kultur, Sozial, sprachlich und dann Interessen von Jung und Alt, es ist auch sehr wichtig, Junge und Alte. Und viele Migranten, die in der ersten Generation sind hier ansässig bzw. Teile sind dann in ihren Heimatstellen, aber viele sind hier und die brauchen auch unsere Unterstützung **(Hmm.)** wegen und für Altenheime, gerechte Altenheime, das heißt die, dass es auch die Öffnung, Interkulturelle Öffnung der Verwaltung bzw.**(Hmm.)** auch die, die, wie nennt man das, die paritätische Anstalten, das heißt also wie Caritas **(Ja.)** oder wie AWO **(Ja, ja.)** oder wie **(Wohlfahrtsverbände)** Wohlfahrtsverbände, die dann **(Ja.)** halt eben auch die alten Migranten dann halt eben auch ihren Interessen vielleicht noch mehr **(Hmm.)** und noch deutlich zu beachten. **(Okay.)** Also die drei Punkte sind sehr auf den Punkt getroffen.

Interviewer: Okay. Also auf die Frage nach der Migrantengruppe, welche die inhaltliche Arbeit des Ausschusses für Migration und Integration hauptsächlich umfasst, nannten die von mir befragten die türkischen Migrant_innen, die russischen Migrant_innen und die Flüchtlinge bzw. die unbegleiteten minderjährigen Flüchtlinge. Weitere Nennungen entfielen auf iranische-, polnische-, irakische- und syrische Migrant_innen. Auch hier die Nachfrage: **Können Sie mir aus Ihrer persönlichen Sicht sagen, welche der zuvor genannten Gruppen die Arbeit des AMI hauptsächlich ausmacht und warum das so ist?** Also die ersten, die ersten, die am häufigsten genannt worden waren die türkischen Migranten, (Die Türken, richtig.) Russen und die Flüchtlinge.

Befragter: Ich denke mal die Migrantengruppe, türkische Migrantengruppe **(Hmm.)** sind ja die in Bochum ja die größten Anteil **(Hmm.)**. Von den 50% ausländischer Migranten sind ja 50% von, ja von 50 (unverständlich) glaub ich die 20.000 türkische Migranten. **(Ja.)** Dass es so Hälfte der Migrantenanteil hier **(Ja.)** in Bochum. Und die Darsteller darin fällt das auf und von den 50%, von der türkischem Anteil meiner Beobachtung nach sind 80% hier sehr gut integriert. **(Hmm.)** Also das sind, wir auch, auch, arbeiten wir eben ▬ Moschee, Moschee in (unverständlich) hier, ▬▬▬▬▬▬▬▬▬▬▬▬▬, da arbeiten für viele Migranten, die sich dann, 80% sehr gut hier bildungsmäßig einige **(Hmm.)** also (unverständlich), aber auch vom Wissen her. **(Hmm.)** Und die anderen Teil, die sich vielleicht noch mal sperren, nicht sperren wie ich sag, aber das sind so, die sich nicht öffnen **(Hmm.)** eventuell gegenüber den einheimischen Bevölkerung und das sollte man da gleich noch mal nachträglich beim Arbeiten fixieren dann. **(Okay. Und die Gruppe der Flüchtlinge und der unbegleiteten Minderjährigen?)** Ehrlich gesagt mit Flüchtlingen und Minderjährigen hab ich persönlich nicht viel zu tun, in so einem **(Hmm.)** klientelmäßig nicht viel zu tun. Es sind aber Leute, gewählte Mitglieder, die sich damit sehr gut auskennen. **(Hmm.)** Aber die sollte man natürlich Flüchtlinge, die nichts dafür können eigentlich, weil aus ihren, aus den Heimatländern **(Hmm.)** die Missstände, die Misshandlungen oder bzw. Krieg, durch die Kriege dann halt eben vertrieben werden. **(Ja.)** Die sollte man dann aber auch hier ohne, versuchen zwar hier mit einzugliedern, **(Hmm.)** auch weil das, es gibt ihnen, sprachmäßig sollte man die fördern, dass sie **(Hmm.)** schnellstmöglichst die Sprache hier lernen, aber auch, dass sie halt eben Behördengänge oder begleiten kann, **(Hmm.)** Sozialarbeiter dazu stellen könnte und dass man viel schneller hier mit ein, **(Hmm.)** weil es sind Leute, die hier seit Jahren leben, **(Ja.)** als Flüchtlinge oder als Asylanten und die dann halt eben durch die Gesetze, gut, das können wir nicht, das ist halt eben ein Gesetz, **(Hmm.)** wie die das Gesetz dann so vorgeben oder Landesgesetzten, dass man dann halt eben die Asy..., ja, separat sieht, dass die dann wieder zurück gehen. **(Hmm.)** Aber in der Zeit, wo sie hier zwei, drei, vier, fünf Jahre leben, dann sollte man hier gucken, dass man dann deutsche Sprache also lernen richtig, **(Ja.)** und dass da vielleicht noch Arbeitsaufnahme neben **(Ja.)**, aufnehmen können. Ich weiß nicht, ob das dann ist, aber ich glaube nicht, Arbeitsaufnahme glaube ich nicht. **(Ne.)** Dass man die schneller hier mit integriert und **(Ja.)** eingliedert. **(Okay.)** Das wäre sehr wichtig.

Interviewer: Dann wurden abgefragt: Gesellschaftliche, soziale und politische Bereiche, in dem, im Bereich der Migration und Integration besonderer Handlungsbedarf gesehen wird. Also einmal im Allgemeinen und einmal in Bezug auf die Stadt Bochum. So, und die Ausschussmitglieder haben angegeben, dass eine gezielte Arbeitsmarkt- und Bildungspolitik, der Spracherwerb für Migrant_innen, die gesellschaftliche und kommunalpolitische Partizipation, die Interkulturelle Öffnung der Stadtverwaltung und der interkulturelle Austausch und die interkulturelle Arbeit wichtig sind und da ein Handlungsbedarf gesehen wird. **Wie schätzen Sie das ein und wo sehen Sie für Bochum eine besondere Wichtigkeit? Also ich kann noch mal, soll ich noch mal wiederholen?**

Befragter: Bildung, ne? Und Arbeit. **(Bildung, Arbeitsmarkt)** Markt, ja. **(Spracherwerb, gesellschaftliche und kommunalpolitische Partizipation, Interkulturelle Öffnung der Stadtverwaltung, hatten wir eben schon.)** Ja. **(Und interkultureller Austausch, interkulturelle Arbeit.)** Ich sag mal Interkulturelle Arbeit wird ja sowieso **(Hmm.)** für den, von den Migrantenorganisationen sehr viel getan **(Hmm.)** dafür. Und jahrelang war ja hier in der Stadt Bochum da die Öffnung der interkultureller, also die Interkulturelle Öffnung der Stadtverwaltung, **(Ja.)** das ist ja wichtig, dass, aber seit, seit vier Jahre, also durch die Fachkonferenzen, durch die internen, durch die (unverständlich) Konferenzen, die dadurch statt gefunden haben und sehr viel weit gebracht hat. Die Öffnung der Verwaltung ist sehr wichtig, dass man da dann nicht von Migranten erwartet wird, dass man Schritt macht, sondern vielleicht auch beide Seiten **(Ja.)** dann Schritte kommen. Und da ist wichtig, dass das halt eben interkulturelle Kompetenzen dann auch die Stadtverwaltung dann hat. **(Hmm.)** Und interkulturelle (unverständlich), wir können auch machen, dass Bildung und Arbeitsmarkt, Arbeitsmarkt ist sehr wichtig für die Jugendlichen da Migranten. **(Hmm.)** Es sind immer noch Schwierigkeiten bei der Suche nach einem geeigneten oder so auch Ausbildungsplätzen. Ausbildungsplätze sind sehr sehr schlecht. Und durch die anonymisierte Bewerbung bei der Stadt Bochum, die dann stattfindet, **(Hmm.)** denk ich mal, das wird dann auch da gefördert, dass es mehr Migrantenkinder **(Hmm.)** dann in die Ausbildung kommen oder auch in die Stadtverwaltung kommen. Und gut, Arbeitsmarkt ist in Bochum ist glaub ich viele Jugendliche, die arbeitslos sind. **(Hmm.)** Davon sind viele dann Migrantenkinder, die weiß ich nicht, in Zahlen weiß ich nicht, aber das sind, kann ich sagen, etliche. Und was für mich sehr wichtig ist, ist die Bildung. **(Ja.)** Bildung ist enorm wichtig für die Kinder, die jetzt, die erste Generation, die jetzt gekommen sind, **(Hmm.)**, die haben nur gearbeitet, Arbeitsplatz, zu nach Hause und wieder zurück. Da haben sie keine gesellschaftliche **(Ja.)** Beziehung gehabt. Nicht viele. Vielleicht 1-2 Prozente, die **(Hmm.)** dann vielleicht gehabt haben. Und die zweite, dritte Generation. Die zweite Generation ist die, sag ich mal, die in den

80er Jahren dazu gestoßen sind und die haben dann Erwerb der deutschen Sprachen, kamen sie sehr gut voran. Wichtig ist die jetzt in der dritten, vierten Generation, **(Hmm.)** das sind die, unsere Zukunft, sagen wir mal so. Gesellschaft politischer (unverständlich)**(Ja, klar.)** in Bochum. Und da bezahlen da, (unverständlich) wissen wir ja, **(Hmm.)** Einheimischen dann, kann man sagen das sind die Migrantenkinder, die sehr gute Bildungschancen kriegen sollten, **(Hmm.)** die unbedingt die Leistung bringen könnten, **(Hmm.)** und auch die viele gefördert bzw. dass man Abitur dann hat. **(Ja.)** Versucht, dass man da die Migrantenkinder in der Richtung rüberzieht. **(Hmm.)** Dass man halt eben, also Bildung ist sehr wichtig für die, für die jetzige Generation, in der dritten, vierten Generation, **(Hmm.)** die dann halt eben ihrer, ja, dass man dann durch diesen, es gibt einige Migranten da, (unverständlich) in der Bildung sehr hoch schreiben, auch Nachhilfe geben und das sag ich mal wichtig, dass die dann nicht, ja, nach der Schule dann ohne Abgang losgehen und dann **(Hmm.)** ja, auf der Straße landen, sag ich mal so. **(Ja.)** Könnte mal noch mehr, durch mehr Förderung, dass dann halt eben das Abitur dann oder bzw. die Hochschule dann **(Hmm.)** besuchen kann. **(Jetzt hab ich eine Zwischenfrage.)** Ja. **(Dieses ▮▮▮▮▮ hier zum Beispiel,)** Ja. **(ist das initiativ gegründet von, selber von Migranten, die gesagt haben, wir müssen unsere eigenen Kinder, sag ich jetzt, mehr unterstützen oder?)** Also hier noch kurz zum ▮▮▮▮▮, **(Ja.)** die wir ja grade in den Räumen sind, wurde 1998 **(Ja.)** gegründet, von den Studenten, der Migrantenstudenten, die in Bochum studiert sind. **(Ja.)** In Uni Bochum. Und dadurch haben sie erkannt, dass die, als Nachhilfeverein gegründet worden. **(Ja.)** Also Nachhilfe für Deutsch, Mathematik, Englisch. Und durch Jahren wurde halt eben hier Bildungsarbeit geleistet, die halt eben jetzt die Zahlen, ich glaub 1500 Schüler bis jetzt **(Hmm.)** hier durchgegangen und die sind viele dann, die Abitur geschafft haben oder auch in, in, in Bochum studiert haben. **(Hmm.)** Es sind Beispiele, woran man, ich sag mal nach den 15 Jahren sieht man das **(Klar.)** und (unverständlich) Bildungszentrum, dass man die eigenen Gewächse jetzt auch im Vorstand dann als Vorsitzende **(Ja.)** fungieren. Ich möchte, ▮▮▮▮▮ ▮▮▮▮▮, der ist dann hier im ▮▮▮▮▮ Nachhilfe bekommen, hat er Nachhilfe gegeben, studiert, jetzt ist er im Vorstand **(Hmm.)** des Bildungszentrums. Also es ist sehr sehr wichtig. **(Okay.)** (unverständlich) dazu unterstützen, dass man halt eben auch Migrantenkinder helfen ihre Abschlüsse schaffen. **(Ja. Auf jeden Fall. Okay. Zurück)** Ja. **(zum Ausschuss.)** Okay.

Interviewer: Ein Ausschussmitglied hat gesagt, dass der Aspekt "Gender", also gleichstellungspolitische Themen eine Hauptaufgabe des Ausschusses sind.

Welche Rolle nach spielt Ihrer Meinung nach, ja, Gender, also geschlechtspolitische Themen innerhalb der Arbeit des AMI?

Befragter: Gender, also Gleichstellung zwischen Mann und Frau oder? **(Ja. Also Gender, geschlechtspolitische Themen. Also welche Rolle spielt das Geschlecht in der Arbeit vom AMI? Gleichstellung, ja.)** Wir haben, wenn ich, letztes Mal im Ausländerbeirat und dann hinterher jetzt Ausschuss hier, **(Hmm.)** von den Migrantenlisten, die sie aufgestellt haben. Damals waren auch sehr viele Frauen dabei. **(Ja.)** Und jetzt sind es auch (unverständlich), von der (Name der Organisation) ist nur ein, zwei, drei. Wir haben drei, glaube ich, Mitglieder. **(Ja.)** Und Gleichstellung, das sollte jede Chance bekommen, ob Mann oder Frau. **(Ja.)** Wahrscheinlich Frau wird dann benachteiligt hier. Das man halt eben dann die, ja, die Arbeit dann in dem, in dem Ausschuss wieder aufnehmen können. **(Hmm.)** Das sind Aspekte "Gender" hab ich da, vielleicht hab ich was verpasst, weiß ich nicht. Aber **(Ist Ihnen bis jetzt, bis jetzt noch nicht aufgefallen?)** Die sind alle gleich. Deswegen sag ich **(Ja, okay.)** gleichgeschlechtliche, **(Also Sie)** gleiche Voraussetzungen, aber ich weiß nicht, **(Hmm.)** ob man noch mehr da was **(Hmm.)** tun könnten. Das wüsste ich jetzt nicht. **(Also Sie würden sagen, dass die Gleichstellung von Männern und Frauen einfach in dem Ausschuss vorausgesetzt ist oder)** Richtig. Das **(einfach gelebt wird.)** ist ja, das ist ja, **(Ja.)** das ist ja wiederum, Ausschuss stellt ja keine, keine Kandidaten ja vor. **(Hmm.)** (unverständlich) eine geringe (unverständlich) die politischen **(Ja.)** Partei oder beziehungsweise auch Verein, Verein, Vereinungen, Vereinungen, also Vereine, die sich also beziehungsweise, ja, wie sagt man so, zusammengestellte **(Hmm.)** Personen, die halt eben dann halt so ein, so ein Wahl dann, **(Ja.)** kommen dann in den Vorstand. Das heißt, es hängt ja von den, von den Parteien oder von den, die Aufstellung (unverständlich). **(Ja.)** So. Jetzt muss ich bei uns dann, war immer, bei der (Name der Organisation) dieses Jahr hatten wir auch eine, **(Hmm.)** Mitglied, mitgewählt worden dabei. Dann also, es, es hängt ja von den Parteien ja ab, **(Ja.)** wen wir aufstellen dann, ne. **(Ja, ja. Okay.)** Wenn die dann in den vorderen Reihen aufgestellt werden, kommen die auch in diesen Ausschüssen ja mit rein hier. **(Okay. Also dafür)** Da würd ich, würd ich **(Keine Differenzierung?)** Nein, also bei uns, bei mir würd ich da, sehe ich da keine **(Okay.)** Benachteiligung. **(Hmm. Und warum glauben Sie, dass jetzt nur eine Person das genannt hat? Also dass das so eine Hauptaufgabe ist. Sind andere Bereiche wichtiger vielleicht in der Arbeit des AMI?)** Also nur einer genannt hat, dass es noch mehr Gender sein muss? **(Ja.)** Oder Aspekte von Gender, der Gleichstellung sein müsste. **(Ja. Also ich hab zum Beispiel eine Idee davon, also wenn ich**

jetzt auf Flüchtlinge zum Beispiel gucke,) Okay. (dann gibt's zum Beispiel weibliche Flüchtlinge, die haben natürlich andere Bedürfnisse als männliche Flüchtlinge.) Ja. **(Natürlich ist deren Lage prinzipiell schlimm. Das steht außen vor.)** Ja. Ja. **(Aber zum Beispiel Frauen kommen manchmal aus Ländern, wo Frauen vielleicht in der Gesellschaft nicht gleichberechtigt sind, die vielleicht nicht gute Bildung genossen haben, die hierhin kommen und andere, ja, eine andere Hilfe brauchen als zum Beispiel Männer. Oder wenn zum Beispiel auf das Thema, keine Ahnung, jetzt mal ganz überspitzt Gewalt geht und sagt, ja, die, die, ich sag jetzt mal vorurteilsbehaftet, die türkischen Jungs, die kloppen sich immer nur)** Hmm. **(und die Mädels werden verkloppt.)** Hmm.**(Jetzt plakativ.)** Ja, das finde ich ja nicht okay. **(Also. Das stimmt nicht, natürlich nicht.)** Ja. **(Aber dann sind es natürlich so Aspekte, da wird schon unterschieden zwischen Mann und Frau. Das meine ich im Grunde)** Okay. **(auch damit.)** Ja, gut, aber die Flüchtlinge, die hierher kommen, werden ja von den Betreuern aufgenommen. **(Ja, ja. Okay.)** Und anders hier **(Hmm.)** betreut auch. **(Ja.)** Und das sind auch eine Meinung, was grade, was Sie gesagt haben türkische Jungen und Mädchen **(Ja, ja.)** bezogen, kann ja auch aus der Erfahrung ja sprachen, sind immer vorurteilsmäßig, könnte man sagen. **(Ja, ja. Auf jeden Fall.)** Auf jeden Fall. Weil es sind vielleicht von den 99%, ist das **(Ein einziger.)** 1%, **(Ja, ja.)** der das vielleicht dann, **(Natürlich.)** wird aber auf gleich **(Alle. Ja.)** So, ne. **(Ich weiß das.)** (unverständlich) Klar, wenn man türkisches Klientel spricht ist gleich **(Klar.)** Islam, **(Klar.)** also Moslem. **(Ja.)** Das wird dann wiederum auf die, auf Islam rübergesetzt. **(Ja, ja.)** Weil wie gesagt Islam benachteiligt dann Frauen Männer. So. (unverständlich) Aber es stimmt ja nicht. Wenn man dann islamisch eigentlich einen Weltfrieden, also Frieden **(Okay. Ja.)** Frieden und Toleranz in der Religion. Nur vielleicht sind wir bei einem oder anderen, die dann halt eben selber Schuld so sagen, dass man dann diese selber nicht, das nicht kennt **(Hmm.)** und dann die, dann Traditionen, damit ich's dann (unverständlich) **(Ja, okay.)** Ne? **(Ja.)** Also das, das ist (unverständlich), ich will sagen, dass man halt eben die bei der, bei, bei muslimischen jetzt Welt oder Gesellschaft, die wir hier leben, sind dann integriert, **(Hmm.)** Bildung, **(Ja.)** wollen die ein hohen Niveau haben. Und klar es sind nur pur 1-2%, die dann halt eben da **(Klar.)** zum Vorschein kommen und das wird dann leider **(Klar.)** gleich über den Kamm geschert und das ist, also persönlich würde ich darauf mit eingehen und dann auch das richtig darstellen wollen. **(Hmm. Ja. Nein, also ich bin ja vollkommen Ihrer Meinung, ne. So aber, ich sag, dass es natürlich, dass es natürlich diese Vorurteile gibt.)** Ja, selber Schuld. **(Aber dass man, dass man natürlich auch an der Stelle sagen muss, okay, wenn wir jetzt, wenn wir zum Beispiel** bei den Flüchtlingen bleiben,) Hmm. **(das es einfach so ist, dass vielleicht Frauen andere oder Mädchen andere Bedürfnisse in der Arbeit haben als Jungs. Ne?)** Ja, richtig. **(So. Genau.)** Ja, natürlich, aber wenn Sie sagen beziehungsweise zum Beispiel auf Flüchtlinge aus Afghanistan kommen auch Flüchtlinge aus Syrien oder **(Ja.)** Flüchtlinge aus, aus Irak, Iran, das sind ja **(Hmm.)**, Iran weniger, weil Irak (unverständlich) meistens die (unverständlich) Bevölkerung, die da auch flüchten dann. **(Ja.)** Und klar, dass sie dann, das hängt aber jetzt nicht wieder was sie beschließen, sondern ist glauben (unverständlich), es geht an die Regierung, **(Hmm.)** die das dann oder an den Diktatoren an den Sachen, die das dann eben diese Demokratie dann nicht erlauben. **(Hmm. Ja, ja.)** Und die, und ein Gelehrter hat mal gesagt "Islam ist eigentlich nicht gegen Demokratie". Man kann Demokratie haben, aber Hauptweise mit Islam zusammen leben können. **(Hmm.)** Das ist (unverständlich). Das ist das, was ich damit (unverständlich), Bildung. **(Ja.)** Leider in Afghanistan sind glaube ich 90% oder 80, absolut keine Ahnung, ich will es einfach nur hinstellen (unverständlich) und **(Ja.)** das fehlt Bildung, **(Ja.)** der dann davor mal Bildung hat, diese terroristischen Akten, die da starten, das ist dann einfach nur einer, der vor, vorgeht **(Ja.)** und die anderen folgen, weil die nichts wissen. **(Hmm.)** Wenn die selber lernen könnten, **(Hmm.)** selber lesen könnten, selber ihre eigenen Informationen holen können, **(Hmm.)** dann würd ja ganz anders hier laufen. **(Ja. Auf jeden Fall. Ja.)** Bildung, Bildung, Bildung. **(Ja. Okay.)** Das ist wichtig. **(Warum glauben Sie denn, dass dieser Aspekt "Gleichstellung" nur so selten genannt wurde? Also wie gesagt, von den 12 hat nur eine gesagt, so ja, das ist eine Hauptaufgabe, mit der wir uns beschäftigen.)** Wüsste ich jetzt nicht. Aber auf jeden Fall **(Okay.)** würde ich hier jetzt nicht sehen, dass die bei uns im Ausschuss beziehungsweise auch benachteiligt werden beziehungsweise **(Hmm.)** (unverständlich). Also ich würde da, wüsste ich jetzt nicht. **(Okay.)** Müssen wir paar Informationen oder näher erläutern, **(Ja.)** damit ich dann, was gemeint ist. **(Wie wichtig finden Sie denn den Aspekt "Gleichberechtigung" oder "Gender" in der Arbeit des AMI?)** Es ist, Gender, Gleichstellung, da muss ich ein bisschen **(Ja.)** überlegen, was das (kurze Pause). Gleichstellung von Mann und Frau. **(Hmm.)** Das ist also gleiche Rechte, Pflichten **(Hmm.)** und ich denke in Deutschland ist das so. **(Ja. Also quasi dass es, wenn Sie jetzt sagen in Deutschland ist es so,)** In anderen Ländern, gut, wie gesagt, **(Ja.)** (unverständlich) Flüchtlinge aus anderen Ländern kommen, die haben ja ganz andere, andere **(Ja. Okay.)** Aussetzungen, andere Beschaffenheiten oder andere **(Also Sie)** (unverständlich) Richtung, **(Ja.)** also ich könnte jetzt von hier aus sprechen **(Hmm.)**, von den Migranten, die hier sind, die sind also **(Hmm.)** ich würde sagen 80% Mann und Frau akzeptieren sich gegenseitig. **(Hmm.)** Und auch die (unverständlich) Frau, die **(Hmm.)** viele Frauen, die vielen Frauen, die ich jetzt hier kenne, weiß (unverständlich) hier in Bochum, alle arbeiten, alle sind, ihrem Beruf gehen sie nach und ich wüsste jetzt nicht, warum das noch mal **(Ja.)** die Gleichstellung dann da **(Ja.)** (unverständlich) fixiert, enorm wichtiger. **(Okay.)** Vielleicht können sie anders, es ist halt eben (unverständlich), **(Ja.)** aber jetzt in Bochum, wenn ich das so sehe. **(Aber ich find das, find das, find das schön, dass Sie so sagen so, in Deutschland ist das so.)** Ja. **(Also so eine Selbstverständlichkeit.)** Demokratie ist da. **(Ja super. Also find ich, find ich gut.)** Weil es ist einfacher wo die Kinder sind, es ist ja, es unterdrückt doch nichts. Und die Frauen und Männer sollen ihre Rechen und Pflichten ja richtig kämpfen. **(Ja. Auf jeden Fall.)** So. Und wenn man aber, sag ich mal, in Familienbasis dann kennt, **(Hmm.)** und Familie, eine Familie kann man nur bilden, wenn man gegenseitiges Verständnis und Toleranz aufbringt **(Ja.)** und auch dass man halt eben auch die Pflichten dann dazu auf beiden Seiten kennen lernt. **(Hmm.)** Es ist aber, Gleichstellung heißt ja nicht Mann und Frau sind gleich, kann ja nicht gleich sein. Eine ist eine Frau, einer ist Mann. **(Mann. Ja, klar.)** So. Aber gleiche Rechte, Pflichten. **(Ja.)** Das sollen sie beide haben. **(Ja.)** (unverständlich) er kocht, **(Hmm.)** diese ganzen Geschichten sind, was sie waren oder was andere geschrieben, Meinungen, das soll ja gebildet werden, das ist ja auch förderlich, auch für die Gesellschaft. **(Auf jeden Fall. Okay. Sehen Sie denn Handlungsbedarf im, im AMI bezüglich dieses Themas oder sagen Sie?)** Also nö, wüsste ich jetzt nicht. (unverständlich) **(Okay.)** Da würde ich sagen Nein. Also ich bin da, dieses Gleichbesch... bezieht sich ja jetzt nicht auf AMI, die gewählt sind, sondern auf den, **(Auf die Arbeit.)** auf die Arbeit der AMI. **(Ja.)** Noch mehr, weiß ich nicht. Wenn es da jemand da reinbringt, im AMI noch mit Ausstellungskulturen behandelt, aber ich sehe da **(Okay.)** keinen Behandlungsbedarf. **(Handlungsbedarf.)** Handlungsbedarf.

Interviewer: Ja. Okay. Dann gab's eine Frage, ob der AMI mit gleichstellungspolitischen Institutionen kooperiert. Also sprich dem Frauenbeirat oder der Gleichstellungsstelle. Und dann haben nur zwei der befragten Ausschlussmitglieder gesagt Ja, solche Kooperationen gibt es und die anderen zehn Befragten haben gesagt Ne, gibt keine Kooperation, wir wissen von keiner Kooperation oder machten keine Angabe. **Wie schätzen Sie das denn ein?**

Befragter: Es ist richtig, dass, also wäre gut, wenn die Frauenbeirat, die, ich kenn die auch nicht. **(Hmm.)** Ne? Also, oder auch bei der Gleichstellungsstelle, wer das da die Amtsleitung hat oder, oder wer, was für Aufgaben die haben. **(Ja.)** Das ist ein weniger, also wird wenig thematisiert in der AMI. **(Ja.)** Ist richtig. Und Frauenbeirat gibt's ja seid, seid es AMI gibt, glaub ich, seit, seit Ausländerbeirat gibt, oder halt vier Jahre später. **(Ja, ich glaub auch seit, seit)** Vier Jahre später glaub ich. Das weiß ich. 94, **(94?)** 98, 98 oder 94, weiß ich nicht. **(94.)** Okay. Gleichzeitig wie **(Ja, ja.)** Ausländerbeirat, ne? **(Ja.)** Und (unverständlich) aus Beirat, aus dem Beirat war, haben wir ja den Frauenbeirat hier ja auch mal von dem Mann, also (unverständlich) dabei. **(Hmm.)** Aber nachdem es Ausschuss geworden ist, wüsste ich jetzt nicht. **(Hmm.)** Keine, keinen von dem Frauenbeirat. Und sag ich mal auch rüber zu uns, dass ihre Probleme haben, das (unverständlich) oder welchen Themen sie arbeiten **(Ja.)** wissen wir auch nicht. **(Ja.)** Ist richtig. Ja. Das. **(Also gab es keine Kooperation?)** Also Kooperation wüsste ich jetzt nicht wahrnehmen. **(Nicht. Und gibt's jetzt auch nicht. Okay.)** (unverständlich) Nein. **(Gut.)** Vielleicht sollte man die mal da (unverständlich). **(Wie, wie könnte denn so eine Kooperation aussehen?)** Jetzt muss man wissen, was Frauenbeirat dann macht. **(Also im Grund wär der Punkt zu sagen, die müssen erstmal vorbei kommen und sagen, was macht ihr überhaupt.)** Was macht ihr überhaupt. Hmm. **(Ja.)** Oder wen betreut ihr? Oder für wen, Frauenbeirat heißt ja (unverständlich), alles von Frauen gewählt werden. **(Ja.)** Auch, auch, auch alle Frauen da drin sitzen. Deswegen kenn ich, dass da kein Mann da drin sitzt. **(Ja.)** Und die haben bestimmt ihre politische Engagement. Wüsste ich jetzt nicht, was, in welchen Themen sie da arbeiten. **(Aber das ist interessant, weil nämlich eine Frau aus dem Frauenbeirat ist eigentlich Beauftragte in zum Beispiel im AMI zu sitzen, als beratendes Mitglied.)** Ich hab keinen gesehen da von den. **(Ja, das ist)** Pass auf, ich wüsste jetzt nicht, ich kenn (unverständlich), aber ich wüsste jetzt nicht, dass eine vom Frauenbeirat da bei uns sitzt. **(Ja. Sollte, sollte eigentlich.)** Ja. **(Aber okay.)** (unverständlich) denk ich mal oder weiß ich nicht. **(Ja.)** Dann muss man die fragen. **(Ja gut. Aber ist ja interessant zu wissen, ne,)** Ja, natürlich. **(also dann wär ja im Grunde zu sagen, gut,)** Könnte sie ihre **(das wär super, wenn so was stattfinden würde. Okay.)** Ich denk mal, das ist, Frauenbeirat heißt genauso wie Ausländerbeirat oder AMI, dass die dann die Themen des, ich denke mehr Altenpflege, Altengeschichten auf jeden Fall (unverständlich) machen. Weiß ich jetzt nicht. Ist ja unterschiedlich. **(Ja.)** Aber sollen, sollen die mal vorbei kommen und ihre Arbeit vorstellen. AMI sollte mal einladen und dann die Frauenbeirat soll ihre Arbeit vorstellen. Das wär mal, mal eine gute Idee. **(Hmm.)** Und die Gleichstellungs- **(-beauftragte.)** -beauftragte sollte (unverständlich) auch mal kennen. **(Ja.)** Aber ich kenn die persönlich nicht.

Interviewer: Okay. Gut. Im Integrationskonzept der Stadt Bochum ist der Aspekt "Gender Mainstreaming" als Hauptgrundlage für die Arbeit der daran beteiligten verändert. Also sprich alle die, die im, an dem Integrationskonzept beteiligt waren, haben gesagt, okay, "Gender Mainstreaming" ist eine Handlungsgrundlage von uns. **Was verstehen Sie denn unter Gender Mainstreaming?**

Befragter: Das soll mir erklären was das ein Gender Mainstreaming ist. (unverständlich) **(Okay. Nein, alles gut. Also das ist ein englischer Begriff)** Okay. Ja. **(und der teilt sich in "Gender" und in "Mainstream".)** "Gender" heißt? **("Gender" heißt in dem Sinne wie es im Englischen bedeutet einmal das biologische Geschlecht, also sprich Mann und Frau, und das soziale Geschlecht, also wie bin ich sozialisiert in der Gesellschaft? Werde ich als Frau erzogen? Werde ich als Mann erzogen? Also das soziale Geschlecht, ne?)** Okay. Hmm. **(So. Und "Mainstreaming" heißt im Grunde so der Hauptstrom. Also sprich "Gender Mainstreaming" heißt, dass eine gleichberechtigte Arbeit auf Ebene von politisch handelnden Institutionen stattfinden soll. Das heißt keines der beiden Geschlechter soll diskriminiert werden. Also weder Frau noch Männer.)** Ja, gut, in Parteien sieht man ja, dass es mehr Mann Frau, Männer mehr sind als Frau. **(Ja.)** Das ist wahrscheinlich gesellschaftliche **(Hmm.)** Problem. Biologische Geschlecht, das soziale, das ist Mann und Frau, okay. Wie ich grade gesagt hab, **(Hmm.)** sind halt eben gleichberechtigt, aber nicht gleichgestellt. Es sind, ne, gleichgestellt würd ich nicht sagen, gleiche Stellung, aber auch Gleichberechtigung, aber nicht gleich. **(Hmm.)** So. **(Ja, ja, ich verstehe.)** Das biologische, ne? Und in Bochum, wenn ich das so sehe, wir haben in, in, in Bochum im Rat sehr viele Frauen Mitglieder, **(Ja.)** Ratsmitglieder. In der, in der, in der AMI sitzen auch **(Ja.)** sehr viele Frauen, also ich würde fast sagen überwiegend Frauen. **(Hmm.)** Ich denke mal, durch diese Gleichstellungsbeauftragte beziehungsweise den Jahren so **(Hmm.)** vielleicht gearbeitet worden ist, nimmt man ja das in parteipolitischen Institutionen oder (unverständlich) Partei (unverständlich), dass man halt eben eventuell die Frauen dann auch, wenn es aber 50 Männer zur Wahl stellen und 50 Frauen auch zur Wahl stellen. Das sind dann gleiche Anzahl dann **(Hmm. Ja.)** aufstellen oder beziehungsweise gewählt werden. **(Ja.)** Das wär vielleicht dann noch **(Ja, okay.)** (unverständlich) gleich. **(Okay. Und von dem, was wir jetzt im Grunde gemeinsam so erarbeitet haben, würden Sie denn sagen, dass es konkrete Umsetzung von diesem Aspekt, also ich meine es steht im Integrationskonzept der Stadt Bochum, können Sie nachgucken. Gibt's konkrete Umsetzung davon in der Arbeit des AMI? Also.)** In der Arbeit des AMI momentan, ich glaub auch in der Konzeption steht auch die Bildung und die anderen Sachen. **(Hmm.)** Momentan ist ein Hauptmerk auf Bildung und auf die, Bildung und Altenpflege, **(Ja.)** also ältere Menschen. **(Ja.)** (unverständlich), ne? Und das so momentan (unverständlich) Konzept und vielleicht kommt es ja dann. Dann die **(Okay.)** Erwartung, dass ne? **(Ja, gut.)** Also momentan steht die Bildung glaube ich da **(Okay.)** sehr hoch.

Interviewer: Jetzt sind wir schon bei der letzten Frage. **Glauben Sie denn, dass wenn Sie sich jetzt persönlich** (Ja.**) mit Gender, also gleichstellungspolitischen Themen auseinandersetzen würden und auch der Ausschuss in seiner inhaltlichen Arbeit, dass das was ändern würde an der, an dem Bewusstsein über diese Thematik?**

Befragter: Persönlich würde mir da mehr interessieren für Bildung, aber wenn das, Ausarbeitung und Ausschuss, wüsste ich jetzt nicht, was man, also was für mich von der Person was leisten könnte, das **(Hmm.)** (unverständlich). Mehr Arbeit stellen würde ich wahrscheinlich nicht, aber wenn das aber irgendeinen Problemlösung dann da ist, **(Hmm.)** dann aber dafür würde ich dann leisten, dass man halt eben diese Lösungswege dann **(Hmm.)** mitverfolgen kann beziehungsweise mit **(Ja.)** bearbeiten könnte. **(Ja.)** Aber (unverständlich). **(Also)** Mehr thematisiert wurde ja das (unverständlich) ja nicht, aber ich denk ja, dass die noch mehr, ja, weiß nicht, noch mehr Gleichstellung, noch mehr, also es ist **(Hmm.)** ja schon in, ich wüsste jetzt nicht, **(Ja, okay.)** ich dachte wär jetzt in Bochum **(Ja.)** so was. **(Okay.)** Weil, weil, weil an den, überall dann sieht, das ist ja auch gegeben mein ich. **(Hmm. Fänden Sie es denn gut, wenn es von der Seite so ein bisschen mehr Input kommen würde, wenn?)** Von der, von der, von der Frauenseite? (unverständlich) **(Ja)** Ja. **(die dann auch sagen, hier)** Das ist das Problem. **(ihr habt das, ihr habt, ne, ihr habt, ihr habt hier dieses Gender Mainstreaming in eurem Integrationskonzept.)** Mit eingegeben. **(Eingegeben. Ne, das ist ja)** Was ist das? **(ja nicht ohne Grund. Was ist das? Also.)** Also ich würde persönlich jetzt Gender immer noch nicht so richtig verstanden, **(Ja.)** was damit gemeint ist. **(Ja.)** Gemeint ist. Wenn der Frauenbeirat und die Gleichstellungsstelle dann dazu noch mehr sagen könnten, **(Hmm.)** um uns dann die im Ausschuss sitzenden Mitglieder dann informieren könnten **(Hmm)** und dann was gemeint ist, dann könnten wir ja dazu auch die Meinung mal vielleicht bilden. **(Ja.)** Aber so wüsste ich jetzt nicht, was ich sehe, Mann und Frau, gleiche Stellung, **(Hmm.)** Ist ja **(Ja.)** gegeben. Ich find jetzt nicht, dass es **(Ja.)** demokratisch unterdrückt ist. **(Ne. Okay. Gut. Dann sind wir schon am Ende.)**

Interview 4 – Person D

Leitfadeninterview zur Vertiefung der Ergebnisse der Fragebogenerhebung zum Thema „Erfahrungen, Umsetzungen und Handlungsansätze gleichstellungspolitischer Themen im Ausschuss für Migration und Integration der Stadt Bochum."

Einleitungstext s. Interview 1

Interviewer: Gut. Können Sie mir zunächst einmal Ihren Namen und die Gruppe, der Sie im Ausschuss für Migration und Integration der Stadt Bochum angehören, nennen. Und mich würde interessieren, wie Sie in den Ausschuss gekommen sind.

Befragter: Hmm. Ja, mein Name ist Name des Befragten und ich bin Mitglied der Name der Partei-Fraktion und bin als Ratsmitglied sozusagen **(Hmm.)** in diesen Ausschuss gekommen. Ich mache seit vielen Jahren Arbeit im sozialen Bereich von der Jobseite her und auch auf der politischen Seite her im, früher war ich im Jugendhilfeausschuss und dann liegt es irgendwann nahe, wenn man gefragt wird zu sagen "Ja, okay, kann ich mir vorstellen, kann an der einen oder anderen Stelle Akzente zu setzen, zu versuchen Akzente zu setzen, also so eine Aufgabe zu übernehmen." **(Hmm. Also sind Sie quasi durch die Partei oder durch die Fraktion...)** Durch die Fraktion. Hmm.

Interviewer: Okay. Ich möchte Sie zunächst auf die Ergebnisse der von mir durchgeführten Fragebogenerhebung bezüglich der Hauptaufgaben des Ausschusses für Migration und Integration eingehen. Zu den drei meist genannten Hauptaufgaben des AMI gehören laut der befragten Mitglieder: 1. die Förderung der kulturellen, sozialen und sprachlichen Integration von Menschen mit Migrationshintergrund; 2. die Interessensvertretung von jungen und alten Migranten sowie deren Grundversorgung; und 3. die interkulturelle Öffnung der Stadtverwaltung. **Welche der zuvor genannten Hauptaufgaben halten Sie persönlich für besonders wichtig und warum? Und würden Sie diesen Aufgaben noch was hinzufügen?**

Befragter: Also hinzufügen kann ich immer den Ansatz der sag ich mal politisch, kulturell-politisch-pädagogisch vielleicht zu bezeichnen ist, nämlich zu vermitteln und zu üben und zu probieren wie eigentlich Demokratie funktioniert, praktizierte Demokratie funktioniert. Es ist, ich hab in der Erfahrung jetzt grade aus dem Bereich der Migranten immer wieder festgestellt, auch auf der Jobebene, dass die klare und also diese Genauigkeit, die so mitteleuropäisch ist, die deutsch ist, dass die sozusagen bei vielen Migranten halt eben nicht so ausgeprägt ist, dass sie viele Dinge gelassener und würde sogar an mancher Stelle sagen, hier im mitteleuropäischen Raum würde man an mancher Stelle eher sagen, das ist korrupt, wie halt eben dann manche Dinge zustande kommen, ne. **(Hmm.)** Also von daher, das sind solche Sachen wie Zuverlässigkeit, vermeintliche Zuverlässigkeit oder Abmachungen, die ersten Erfahrungen sind schon einige zig Jahre her, wann und eben mit einem türkischen Mitarbeiter hier an der Organisation, der, wir haben uns verabredet und als ich dann gesagt habe um welche Zeit, guckte er dann mich komisch an und war halt, gut, war ein bisschen früher, so in den 80er Jahre, weil es gar nicht üblich war aus der, aus dem (unverständlich) der kam, sich zeitlich zu verabreden, sondern halt nur den Ort verabredet haben **(Hmm.)**, weil sowieso am Tag mehr von einem bestimmten Ort ist, kann man im Dorf machen, kann man so in diesen, in dieser Weltgegend. Und manchmal läuft da etwas merkwürdig in der westlichen Welt oder mitteleuropäischen (unverständlich) nicht machen, ne. Von daher ist es also schon wichtig sozusagen auch zu zeigen und zu erkennen, wie eigentlich das funktioniert, was wir hier als Demokratie bezeichnen, was wir als Demokratie üben. **(Hmm.)** Ne? Das ist aber so ein wichtiger Punkt in dem Zusammenhang und das macht sich an vielen Stellen bemerkbar, also die Konflikte, wenn halt wir einfach ein Verfahren wie Geschäftsordnung, na ja, beachten müssen und ich als Ausschussvorsitzender der Objektivität halt verpflichtet bin und zusehen muss, dass da natürlich nicht das Machogehabe, was durchaus unterwegs ist, sich durchsetzt sondern halt eben die Reihenfolge. So banal wie sich das anhört, so wichtig ist das an manchen Stellen, weil da lässt sich durchaus projizieren der Ansatz der Gleichberechtigung, ne. **(Hmm.)** Dass der, der die dicke Backe hat, wenn man das mal so sagen kann, nicht immer an erster Stelle steht, sondern auch andere Leute die Möglichkeit haben und oft ist es ja so, dass dann die Frauen geringere Möglichkeiten haben sich umzusetzen, weil (unverständlich), weil's aber auch kulturell halt eben ja anders dargestellt sind, anders angeboten sind. **(Hmm. Und in Bezug jetzt auf die, auf die Nennung von Ihren Ausschussmitgliedern, die gesagt haben "Okay, die Förderung der kulturellen, sozialen und sprachlichen Integration ist wichtig, dann die Interessen...)** Stimme ich ihnen zu. **(Ja, die Interessensvertretung von Migranten und die Grundversorgung und die interkulturelle Öffnung der Stadtverwaltung.)** Das ist **(Ja.)** grundsätzlich, ja sind halt die Ziele, die wir gemeinsam vereinbart und auch erarbeitet haben, also aus der Praxis heraus zu erkennen. **(Hmm.)** Also die interkulturelle Weiterentwicklung der Stadtverwaltung hat, also man hat immer zwei Seiten. Das eine ist, wenn wir einen Beginn eines Prozesses sind, muss eine besondere Akzeptuierung statt finden, **(Hmm.)** damit überhaupt klar wird was man will und was verändert werden muss. Auf Dauer gesehen wäre dann der Prozess eigentlich besser, wenn eine Normalität in der Menschenverteilung ist, aber auch Normalität auftaucht, sag ich mal, wenn halt eben Migranten auftauchen und sag ich mal der Bio-Deutsche, wenn man das so sagt mit dem zu tun hat. Das ist also an vielen Stellen noch nicht der Fall. **(Hmm.)** Kann man auch in der Friedrich-Ebert-Stiftung nachlesen wie unsicher und teilweise auch bedenklich die Einstellung gegenüber Migranten, gegenüber Fremden eigentlich ist, ne. **(Hmm.)** Also da ist viel zu tun an der Stelle, es ist notwendig grade Thema Verwaltung auch weiterzuentwickeln. Und die, zu der Interessensvertretung hab ich vorhin schon gesagt. Das eine ist natürlich, dass eine wirkliche Wahrnehmung oder ernst nehmen von Migrantenfragen, sieht man im Alltäglichen, nicht so an erster Stelle steht. **(Hmm.)** Da sind die Vertretung wichtig. Schade ist, dass in der letzten Landeslegislaturperiode die Gemeindeordnung dahingehend verändert worden ist, dass dem Ausschuss der in einer Experementierphase alle Rechte eines Ausschusses sonst hatte, dass diese Rechte wieder eingeschränkt worden sind. Also wir hatten bis zur letzten Legislaturperiode eine gewisse (unverständlich), also von schwarz-gelb ist das verändert worden. Da war der Ausschuss vollwertiger Ausschuss. **(Hmm.)** Was also da beschlossen wird in dem Rahmen hatte keinen beratenden Charakter, so ähnlich wie das bei den anderen Ausschüssen halt eben ist. Jetzt haben wir grundsätzlich nur beratenden Charakter, heißt also alles, was wir beschließen kann natürlich für den Haupt- und Finanzausschuss bzw. im Rat wieder gekenzelt werden, ne. Das ist nicht toll. Also das ist nicht gut, weil es ganz klipp und klar sagt, dass also keine Wertschätzung gegenüber dieser Ausschussarbeit und auch gegenüber den Migranten darstellt. **(Ist diese Einschränkung denn nur gegenüber dem Ausschuss für Migration und Integration erfolgt?)** Genau. Genau. **(Okay.)** Weil halt eben, gut, das ist ein, einerseits immer eine juristische Frage der, es sieht ja so aus, dass dem, die Mitwirkung innerhalb eines Ausschusses nach einem Staatsparlamentes nur jemand machen kann, der auch Bürger ist, **(Hmm.)** nicht Einwohner. **(Ja.)** Ne? Und, nach der Gemeindeordnung. Und von daher ist der Ausschuss eigentlich so ausgestaltet, dass immer mehr Ratsgliedmitglieder drin sein müssen, **(Hmm.)** müssen immer mehr die Mehrheit haben, also als an der Anzahl als Migrantenvertretung. **(Ja.)** Das ist bei uns ab 11 zu 10. Das hätte eigentlich ausgereicht. Warum man die Rechte dann beschnitten hat ist nicht wirklich nachvollziehbar, ist auch nicht gut und ist sozusagen auch ein Schritt eigentlich zurück. **(Hmm.)** Ne? **(Okay.)** Muss man ganz klar sagen. **(Und dann kam auch immer dieser Punkt Grundversorgung auch, also grade von**

jungen und alten Migrant_innen. Sehen Sie da besonderen Handlungsbedarf?) Ja, die Versorgung der Seniorenmigranten ist eigentlich ausgeblendet, weil lange Zeit spielten die keine Rolle, weil so der Mittelbau da 40-50. Jetzt sind aber wieder 20 Jahre vergangen seit Anfang der 90er Jahre, **(Ja, ja.)** so dass jetzt plötzlich 70jährige Migranten da sind, also das Problem wirklich auftaucht. Und das, sag ich mal, ist im besonderen Maße unterwegs bei halt eben kulturellen oder religiösen Fragestellungen, also immer dann, wenn es um Pflegesituationen geht oder wenn es halt eben um, also um Fremdunterbringung geht. Andererseits welche Möglichkeiten gibt es dann bei der Religionsausübung. Oder welche Möglichkeiten gibt es halt eben nicht. Und dann halt eben auch im Pflegebereich unmittelbar, das ist natürlich dann bei den, die, meistens in den Pflegeberufen Frauen sind dann eben, die Männer, Migrantenmänner eben ganz andere Probleme haben als das halt eben hier in unseren Breiten normalerweise üblich ist. **(Hmm.)** Und das ist unterbelichtet an ganz vielen Stellen. **(Okay.)** Auch die, der gesamte Bereich, also im Gesundheitsbereich gibt es eine ganze Reihe Dinge, die da noch nicht ausgeprägt sind. Wir haben, Gesundheitsbereich bedeutet ja auch, Menschen psychische Belastungen haben und so weiter, da gibt es keine vernünftige Aufklärung, ja, **(Hmm.)** also hier das Gesundheitsamt beauftragt oder beauftragen das Gesundheitsamt jetzt endlich sozusagen ein Guide herauszubringen, so ähnlich wie das in Essen oder in Köln ist, **(Hmm.)** in dem halt eben auch sag ich mal migrantenspezifische Krankheitsbilder, dass die auch behandelt werden können, insofern das möglich ist. Dass es aufgezeichnet wird, dass man dann auch in mehrsprachig, na ja, aufzeichnen kann welche Ärzte gibt es eigentlich für welche Zusammenhänge. Denn man muss es sich auch immer vorstellen, dass die gleiche, dass die Bezeichnung eines Arztes noch lange nicht verstanden wird wie sie, was weiß ich, von jemand, der zugereist ist wie es bei uns üblich ist. **(Hmm.)** Ne? Gibt's halt eben solche Dinge, die müssen weiter entwickelt werden. Also das auf jeden Fall, das ist auf jeden Fall unterbelichtet. Bei den Kindern ist schon, da wird schon eine Menge getan. Was manchmal fraglich ist oder nachteilhaft ist, dass ganz viele Organisationen sozusagen, na ja, rumbasteln **(Hmm.)** an der pädagogischen Betreuung und dass manchmal nicht so ganz klar ist, sind jetzt viele am selben Feld tätig ist ist das ausreichend, ist das falsch was gemacht wird. Also das könnte besser koordiniert werden. Ansonsten wird schon eigentlich eine Menge getan. Probleme sind immer die Seitenanstalten, also wenn halt eben **(Hmm.)** Flüchtlinge kommen, das ist noch mal eine besondere Problemlage, ne. **(Hmm.)** Wobei grundsätzlich man sagen kann, das macht nie Sinn Menschen, die noch nicht den Status, den vernünftigen geklärten Aufenthaltsstatus haben, das macht nie Sinn die Menschen in irgendeiner von was wegzuhalten oder auszugrenzen, es ist immer gut, immer gut sie in irgendeiner Weise einzubinden und beschäftigen. **(Hmm.)** Immer. Es gibt, alles andere sind ja lediglich eher Hilfs, Dokumente der Hilflosigkeit, zu versuchen auszugrenzen mit, es gibt ja nie pragmatische, nie sachliche Gründe. Spätestens wenn man es nachher, ich hab das jetzt an einem Beispiel mitbekommen, dass eine türkische oder iranische Familie, ich weiß gar nicht so genau, eine Frau, die ist 26, hat 9 Kinder. Die haben einen ungeklärten Aufenthaltsstatus, die stehen seit fast 10 Jahren auf der, sollen also ausgewiesen werden. **(Hmm.)** Anstatt jetzt hinzugehen und da endlich sozusagen eine menschliche Lösung zu finden, wurde immer durch die neue Schwangerschaft die Ausreisung vermieden. Und es wurde natürlich, muss natürlich eine Betreuung übers Jugendamt und Sozialamt eingebracht werden und zwar eine sehr teuere. **(Hmm.)** Und jetzt stelle ich sie so dämlich und blöde, zu versuchen so was zu vermeiden die Menschen hier zu lassen, weil bei dem Prozess gesehen, wenn man es rein rational sieht, ist extrem viel teurer wird. **(Hmm.)** Völlig unsinnig. Das versteh ich manchmal nicht, dass dann, na ja, mit unter Verwartungshandlung da (unverständlich), dass das dann so stoisch sich ausstattet, ne. **(Hmm. Okay.)** Also da ist auf jeden Fall einiges zu tun, was Jung und Alt betrifft. Also bei Älteren glaub ich, da ist noch mehr unterwegs, noch mehr Notwendigkeiten als bei den Jungen (unverständlich), ne.

Interviewer: Auf die Frage der Migrantengruppe, welche die inhaltliche Arbeit des AMI ausmacht, also die hauptsächlich umfasst, wurde die Gruppen der türkischen Migranten, der russischen Migranten und der Flüchtlinge bzw. unbegleitete minderjährige Flüchtlinge genannt. Und weitere Nennungen entfielen auf iranische, polnische, irakische und syrische Migranten. **Können Sie auch hier aus Ihrer persönlichen Sicht heraus schildern, welche der zuvor genannten Gruppen die hauptsächliche inhaltliche Arbeit des AMI ausmacht und warum das so ist?**

Befragter: Also die türkischen Vertreter sind sozusagen schon ziemlich weit vorne, also auch halt eben am weitester verbreitet sind und dann natürlich auch sozusagen insgesamt (unverständlich) aber größten Gruppe. **(Hmm.)** Die russischen sind halt eben vertreten, weil's halt, ja, ist immer der Status zwischen der deutsch-russischen und den Migranten, also je nach dem welchen Hintergrund sie haben. Sie sind halt eben, weil sie aktiv sind auf der, über die religiöse Ebene, über die jüdische Gemeinde, sind sie halt eben relativ stark vertreten und die haben auch demzufolge einen, ich sag mal, Sonderbonus. **(Hmm.)** Ne? Also den gegenüber ist also auch eine höhere Bereitschaft des Entgegenkommens als das manchmal bei den, bei den Türken ist. **(Okay.)** Kann man auch mal so sagen, ne? **(Hmm.)** Ja. **(Okay. Und bei den Flüchtlingen? Ist da denn in Bochum ein großer Handlungsbedarf?)** Also es gibt, das ist ein schwieriges Feld, weil grade im Bereich der Flüchtlingsarbeit, glaub ich, eine Menge Menschliches getan wird. **(Hmm.)** Einmal durch die Organisation der evangelischen Kirche und es gibt aber auch sehr viele grenzwertige, gesetzlich grenzwertige Geschichten, wo humanes Handeln notwendig ist, kann es manchmal gegen das Gesetz sein. An der Stelle kann man und wird auch nicht offen darüber geredet, weil die, das menschliche Handeln im Vordergrund stehen muss. Und das, was da gesetzlich manchmal vorgegeben wäre, also völlig, na ja, also im Grunde genommen Menschen sehr stark belasten würde und auch Biografien zerstören könnte. Das muss man mal so ganz klar sagen. An der Stelle, sag ich mal, ist das mit gedämpften, also schon mit gebremsten, ja, mit gebremsten (unverständlich), es wird viel getan, aber es wird nicht viel über das Gute, was getan wird geredet. Ne?

Interviewer: Okay. Dann gab's eine Frage zu gesellschaftlichen, sozialen und politischen Bereichen in denen im Bereich der Migration und Integration ein besonderer Handlungsbedarf gesehen wird, sowohl allgemein, als auch in Bezug auf die Stadt Bochum. Und da haben die Befragten folgendes gesagt: Also als besonders wichtig angesehen wird eine gezielte Arbeitsmarkt- und Bildungspolitik für Migrant_innen, der Spracherwerb, die gesellschaftliche und kommunalpolitische Partizipation, die interkulturelle Öffnung der Stadtverwaltung, haben wir eben auch schon gesagt, und der interkulturelle Austausch und die interkulturelle Arbeit mit Migranten. **Auch hier wieder: Wie schätzen Sie diese Angaben ein? Und welche Aspekte sehen Sie besonders für die Stadt Bochum an?**

Befragter: Hmm. Also für die Stadt Bochum sehe ich im besonderen Maße eine Wichtigkeit bei der Weiterentwicklung ganz konkret des höheren Bildungsabschlusses bei Migranten. **(Hmm.)** Das ist schlecht ausgeprägt. Ich hab jetzt die Zahl nicht in Vergleich zu anderen Städten in der Umgebung, also bei Gymnasien. Gymnasialabschlüsse sind also sehr viel weniger als im Vergleich in anderen Städten. Das ist nicht in Ordnung. Und es besteht letztlich auch keine wirkliche Wertschätzung der Migrantenbetriebe, die halt eben auch Ausbildung machen. Es ist sicherlich auch, da sieht man manchmal, die Realität zeigt manchmal auch ganz lustige Bilder, dass sozusagen, was so in Kabarett vorkommt, machst du Döner, ne?, ich mach Ausbildung bei Döner, brauch ich nur eine Woche für, dann bin ich Döner. Ne? Und so weiter. Das ist natürlich, das passt natürlich nicht unbedingt zusammen mit diesem starren System der Industrie- und Handelskammer, was ja sicherlich seine Berechtigung hat und auch Handwerkskammer, **(Hmm.)** muss man ganz klipp und klar sagen. Aber in dem Bereich, grade was die höhere Schulbildung anbetrifft und Schulabschlüsse anbetrifft, ist es auf den Gymnasien unterbelichtet, da ist auf jeden Fall was zu tun. Bei den Ausbildungsplätzen, das hat natürlich auch damit zu tun, dass ein relativ hoher Anteil Migranten in den auslaufenden Hauptschulen **(Hmm.)** ist. Ist natürlich dann bei relativ, na ja, also beim Hauptschulabschluss jedenfalls die Chance für Migranten, die Kinder dann einen Job zu finden auch nicht so riesig toll ausgeprägt. **(Hmm.)** Muss man ganz klar sagen. Und an der Stelle hat's Programme gegeben das zu verändern. Das war einmal nach dieser (unverständlich)-abwicklung, gab's so ein Programm "Arbeit für alle". Solche Sachen müssen eigentlich weiter betrieben werden. Auch da ist ganz klipp und klar, wer was zu tun hat kommt nicht auf dumme Gedanken, so banales Zeug muss man ja manchmal **(Hmm.)** benennen. Es ist einfach so. Und an der Stelle muss dann auch, muss wirklich zugesehen werden, dass man den Anteil derjenigen, die halt eben keinen Job haben und die möglicherweise aus ihrer Entwicklung her ungeeignet sind in einer Regelmäßigkeit eines Jobs nachzukommen, dass man den halt entsprechend auf die Beine hilft, ne, also das ist schon erforderlich. **(Hmm. Okay. Also Sie würden ganz klar sagen Arbeitsmarkt- und Bildungspolitik)** Ja. **(ist für diese Kommune am wichtigsten.)** Ja, klar. Sprache, klar, ist schon eine Binsenweisheit, wenn man nichts versteht, ne, **(Hmm.)** dann ist man hinten dran. (unverständlich) Sprache natürlich auch. Klar. **(Okay. Was ist mit, mit kommunalpolitischer Partizipation?)** Ja, hab ich ja vorhin schon versucht zu benennen. **(Hmm.)** Die ist in dem Zusammenhang der Ausschussarbeit benachteiligt worden durch die Gemeindeordnung. Ansonsten Partizipation und Teilhabe an Entscheidungsführungen, wenn man das so übersetzt. **(Ja.)** Es ist ein Prozess, der ist, demokratischer Prozess, der ist für Außenstehende unbefriedigend, ist für Leute, die neu dazu kommen nicht ganz durchschaubar. Ich seh das halt, ich hab selber als Ratsmitglied oder in der Bezirksvertretung einige Jahre gebraucht, obwohl ich in eine Fraktion eingebunden war, zu verstehen wie überhaupt dieses, diese Maschinerie funktioniert, was ist Verwaltung, was macht die, was ist Politik und machen eigentlich die Gremien, wie hängt der ganze Kram zusammen. **(Hmm.)** Dann kommt ja immer die Autoritätsfrage, wer hat wem was zu sagen, ne. Und das, sozusagen, in den Ausschuss zu packen, ist, also, dass dieser Ausschuss (unverständlich) ist in Ordnung, insgesamt aber zu wenig. Ich sehe nämlich, dass in der Vorbereitung zum Beispiel für die Ausschusssitzung die Fraktionen ja ihre Mitarbeiter haben und ihre Büros haben, die dann halt eben entsprechend die Ausschussmitglieder vorbereiten können und Informationen sammeln und coachen und so weiter. Und die Migranten haben das natürlich gar nicht, weil sie keinen Fraktionsstatus haben und weil sie teilweise ja nur (unverständlich) **(Hmm.)** zur Vertretung da sind. Von daher hab ich dann als Ausschussvorsitzender dafür gesorgt, dass wir grundsätzlich eine Vorbesprechung machen, anbieten, für die Migrantenvertreter, damit sie die Chance haben auch etwas hinter die Kulisse zu gucken, ne. Was heißt das eigentlich das, was da steht, sind ja zwei Dinge, das eine was man liest, das andere, was gemeint ist. Und so verklausuliert (unverständlich) halt eben in der durchdemokratisierten Verwaltungssituation Texte sich lesen. Ist das für Migrantenvertreter schlecht zu lesen, wenn sie halt eben normal, normales deutsch können und dann natürlich auch schlecht zu verstehen, das muss man ganz klar sagen. Von daher ist, ist das eine Möglichkeit, aber wirklich Partizipation zu erreichen, ob das so gelingt weiß ich nicht. Also das ist schwer zu sagen. Ich halt's aber besser, dass in einer Ausschusssituation haben als die zweite Möglichkeit, die nach der Gemeindeordnung möglich ist, einen Migrationsrat, wie heißt das Ding jetzt, gibt's einen Ausschuss und den, ja, jedenfalls die zweite Möglichkeit. **(Beirat? Ein Beirat?)** Ja, Beirat (unverständlich) **(Hmm, okay.)** Da sieht es so aus, dass eine andere Verteilung, da sind zwei Drittel Migrantenvertreter und ein Drittel Ratsmitglieder. Ich halte das für den Integrationsprozess für nicht zielführend, weil es das Problem sozusagen der Illusion beherbergt, nämlich, dass die Migranten, sag ich mal, außerhalb, also sozusagen ein Sonderstatus haben innerhalb des normalen parlamentarischen **(Hmm.)** Bewahrens. Der Sonderstatus heißt halt eben, dass eine Vorgabe, eine (unverständlich) Vorgabe ist. Und das ist unüblich in diesem Zusammenhang. Und weil wir, wir brauchen das, (unverständlich) das zu lernen, ne, um das auch praktizieren zu können, brauchen wir eigentlich dann auch eine durchgängig gleiche, eine durchgängig gleiche Verteilung bzw. durchgängig gleiches Verfahren. Ne? Damit man auch sehen kann, wie funktioniert eigentlich so was wie Ratsarbeit, so was wie parlamentarische Arbeit, wie funktioniert eigentlich hier die praktizierte Demokratie. **(Hmm.)** Da halt ich dann so eine Geschichte für mich besonders intelligent bzw. für besonders toll. Der zweite Punkt ist halt eben, dass die Anzahl der Ratsmitglieder und Anzahl der Migranten sollte schon möglichst der Realität entsprechen. Ne? Und da ist diese Ausschusssituation eigentlich die bessere, also mehr Partizipation möglich, weil dann auch ernster genommen wird, weil mehr Ratsmitglieder angesprochen sind sich dann im gesamten Prozess wiederzufinden und sich dafür einzusetzen.

Interviewer: Okay. Kommen wir nun zu den geschlechtspolitischen Themen im Ausschuss. Eine Nennung der befragten Ausschussmitglieder entfiel auf den Aspekt "Gender" als Hauptaufgabe des Ausschusses, also von den Befragten nur eine einzige Person, die gesagt hat "Gender, ja, ist auch eine Hauptaufgabe".

Welche Rolle spielt Ihrer Meinung nach das Thema "Gender" innerhalb der inhaltlichen Arbeit des AMI? Und warum glauben Sie, dass andere Hauptaufgaben häufiger genannt wurden?

Befragter: Die Frage, also Gender ist im Grunde eigentlich meiner Auffassung nach über den Ansatz der Geschäftsordnung grundsätzlich für, sag ich mal, gleiches Verfahren zu sorgen für alle eigentlich gar nicht das Thema bisher gewesen, weil in der Funktion als Ausschussvorsitzender ist mein grundsätzliches Anliegen, also wirklich eine absolute Gleichheit sozusagen in der Sitzung, im Sitzungsverlauf zu ermöglichen. Und also an keiner Stelle jetzt in irgendeiner Weise zu gewichten oder zu bewerten oder sonst dergleichen, wirklich das ganz klar an der Geschäftsordnung anzulehnen. An der Stelle ist es auch sehr hilfreich, sag ich auch ganz klipp und klar, weil es so ein roter Faden ist, der Intention, die ich ohnehin in dem Zusammenhang gegenüber habe. **(Hmm.)** Aber es ist einfach noch mal ein roter Faden und an der Stelle, also ich kann es jetzt überhaupt nicht sagen, feststellen, dass da jetzt große Defizite da gewesen sind. Ich hätte mir vorstellen können, dass das dann erstens häufiger zur Sprache kommt und dass das dann auch möglicherweise hier in der Befragung häufiger aufgetaucht wäre. **(Hmm.)** Ja. **(Glauben Sie denn, dass andere Hauptaufgaben wichtiger eingeschätzt werden als dieser Aspekt "Gender"?)** Ja, das ist wie so eine Grundfrage, nicht? Die Orientierung oder die, ja, die Orientierung an der Fragestellung Hauptaufgabe liegt ja letztlich schon an der Häufigkeit des Auftauchens eines Defizits, ne? **(Hmm.)** Und möglicherweise, also wie ich ja vermute ist, dass nicht in dem Zusammenhang ein großes Defizit. Ne? Also in dieser, in dieser Ausschusssituation. Ne? **(Glauben Sie auch, dass aufgrund Ihrer Aussage jetzt eben dieser Aspekt nur so selten wurde, weil dieses Defizit nicht)** Ja, weil es möglicherweise nicht erkannt ist. Weil so aus der Erfahrung her würde ich, wenn ich mal so zurück blicke, gibt's immer, gibt's immer bestimmte Schübe, dass also entweder mediengesteuert **(Hmm.)** eine bestimmte Fragestellung besonders im Vordergrund steht. Das ist eine Frage. Oder halt eben lokal, individuell lokale Situation, wenn halt eben jemand, was weiß ich, im Bereich der Flüchtlingshilfe arbeitet **(Hmm.)** und dann sind halt eben eine erhöhte Anzahl von Flüchtlingen, die da kommen, dann ist das eben erstmal wieder das größere Thema. Und so kann ich den Verlauf eigentlich benennen, also immer was wirklich ganz konkret angesagt ist, das kommt auch zur Sprache. **(Hmm.)** An der Stelle ist der Ansatz Partizipation schon, hat es schon seine durchaus interessante Wirkung. **(Hmm.)** Also dass es nicht dann verschwiegen wird, sondern da kommen immer die Fragestellungen auf den Tisch. Ne? **(Okay. Wie wichtig finden Sie denn den Gender-Aspekt innerhalb**

der Arbeit?) Also grundsätzlich sollte es normaler Bestandteil der Arbeit sein. **(Hmm.)** Also Wichtigkeit absolut, ne, gar keine Frage, ne, sollte also wirklich ein selbstverständlicher alltäglicher Bestandteil sein. **(Sehen Sie denn Handlungsbedarf aufgrund, also in Bezug auf diese, dieses, diesen Themenkomplex, zu sagen da muss in der inhaltlichen Arbeit des Ausschusses noch ein bisschen, na ja, dran gearbeitet werden, dass dieses Thema präsenter ist oder?)** Ja, wenn wir die, dann müssen wir die Ausschussarbeit jetzt sehen einerseits als Gremienarbeit. **(Hmm.)** In der Gremienarbeit, wie gesagt, glaube ich, weil es halt eben (unverständlich), dass es eine große Rolle spielt in, sag ich mal, dem gesellschaftlichen Kontext der einzelnen Migrantengruppen. **(Hmm.)** Kann mir das da sehr gut vorstellen, weil nach wie vor gibt es ja immer die strittige Diskussion, die ja so, solche Fragestellungen wie Verhältnis Mann und Frau bei Migrantenfamilien, solche Sachen wie Kopftuch tragen, Schleier tragen und solche Angelegenheiten, das sind ja Dinge, die schon da eine erheblichen Rolle spielen. Das ist, glaube ich, in dem Zusammenhang, ist in so einer Ausschussarbeit jetzt nicht zu leisten, aber es ist, wie gesagt, ein Teil, an dem, was mit Sicherheit diskutiert werden muss oder. Auch, es gibt schon Auftritte von, ich glaub bei Türken ist das häufig der Fall, die, sag ich mal, ziemlich machohaft sich da verhalten. Das fängt mit der Sitzposition an und **(Hmm.)** so weiter und so weiter. Gut, dass solche Sachen kann man ja über diese, über diese Geschäftsordnugssituation kann man die wunderbar wegbügeln, wenn man sich dieser Sache bewusst ist, ne. Also das als, das jetzt zu thematisieren hab ich die Erfahrung gemacht, Fragestellungen werden eigentlich nur diskutiert, wenn sie auch empfunden werden, wenn sie auch nachvollzogen werden. **(Hmm.)** Ne? Ansonsten wird ganz kariert (?) angeguckt nach dem Motto "Was ist das jetzt für ein Problem". **(Hmm.)** Ne? Ist das, was sollen wir damit? Ne? Also an der Stelle, innerhalb der Ausschusssituation kann es sein, dass das nicht die Rolle spielt nach meinem Eindruck, aber außerhalb, also auch wo die Migranten jetzt untereinander sind, da ist das immer schwer zu beurteilen, weil die Frauen sich grundsätzlich anders verhalten, viel zurückhaltender verhalten, wenn wir jetzt hier Vorgespräche machen oder so was. Ich kann es nicht beurteilen, warum das so ist, ob das jetzt nur Schüchternheit ist oder **(Hmm.)** kann ich nicht beurteilen. Ne?

Interviewer: Okay. Auf die Frage, ob der AMI mit gleichstellungspolitischen Institutionen, also zum Beispiel dem Frauenbeirat oder der Gleichstellungsstelle kooperierte, gaben nur zwei der befragte Ausschussmitglieder an, dass es eine solche Kooperation gibt. Die anderen zehn befragten AMI Mitglieder gaben an, dass sie entweder keine Kooperation kennen, also dass sie darüber nicht bescheid wüssten, dass es keine Kooperation gibt oder machten keine Angaben. **Wie schätzen Sie diese Angaben ein? Und gab es bzw. gibt es Kooperationen mit den zuvor genannten Institutionen und wenn ja, wie sieht diese Kooperation aus?**

Befragter: Also es gibt in dem Sinne keine aktive Kooperation. **(Okay.)** Wir haben, ich glaube in dem Frauenbeirat niemanden. Wir haben also in allen möglichen Ausschüssen und Institutionen Vertreter von uns, Delegierte. Aber ich meine Frauenbeirat, ich meine nicht. **(Eigene (unverständlich) als die nicht dafür?)** Das kann, ja das kann sein, das weiß ich nicht so genau. **(Ja, ja, okay.)** Also es ist, ich kann jetzt nicht genau sagen, als jetzt die Palette halt eben war und wir sehen schon, dass die, die Möglichkeiten nicht bedient, werden, ne, also diejenigen, die jetzt halt eben mit einer Aufgaben haben in anderen Ausschüssen oder einen anderen Beirat zu gehen, erfüllen das meistens nicht. Ne? **(Hmm.)** Weil die, ich hab extra den Tagesordnung, da war mir die Hauptsatzung auch wursch, eingebaut in den Bereich der Tagesordnung Bericht aus solchen Gremien, damit die Chance auch da besteht, dass die Vertreter, die halt eben in den anderen Bereichen drin, Schulausschuss, Schulentwicklungsplanung, was weiß ich, Altenhilfeplanung und Jugendhilfe und Gedönne, weiß nicht, alles was unterwegs ist, dass wirklich die Chance da ist, da Informationen sich zu holen und dass dann auch in den Beratungszyklus des Ausschusses anzugucken. Aber das wird nicht so bedient, wie man es sich eigentlich vorstellt. Von daher ist das wahrscheinlich dann auch in Vergessenheit geraten. **(Hmm.)** Dass da eine Kooperation mit den Frauen. Ich hab relativ setzen mit der Frau (Name) gesprochen in dem Zusammenhang, muss ich ganz klar sagen. **(Hmm.)** Daran mach ich das auch fest. Ne? **(Okay. Also Sie sagen ganz klar, eine aktive Kooperation gibt's nicht.)** Gibt es nicht, ja. **(Okay. Wäre es denn erstrebenswert das zu tun?)** Ja, ich glaub schon, dass, also alle Dinge, über die man redet oder reden muss, also die Defizite haben, über die muss man halt eben sprechen, damit was in Gang kommt. Und (unverständlich) wär es notwendig. **(Hmm.)** Ne? Also immer mit dem Blick darauf, dass man das, was jetzt, was jetzt unterwegs ist, dass man beleuchtet, ist das eigentlich in Ordnung oder hab ich jetzt hier irgendwie eine eingetrübte Selbstwahrnehmung was jetzt Gender, Thema Fragestellung im Ausschuss anbetrifft, oder eben auch nicht. Und dann halt eben auch darüber hinaus, was hat eben die gesellschaftlichen Entwicklung anbetrifft bzw. die Entwicklung der Migrantencommunity ist (unverständlich) auf jeden Fall notwendig. Ne? Dann auch dafür zu sorgen, dass Frauen Selbstbewusstsein entwickeln können, wenn das aus ihrer eigenen Umgebung nicht kommt, dass es auch andere Möglichkeiten gibt als das was jetzt unterwegs ist. Ne? **(Hmm.)** Das wär natürlich sinnvoll. Ne? **(Also ist die Einschätzung Ihrer Ausschussmitglieder vollkommen realistisch?)** Ja.

Interviewer: Okay. Im Integrationskontext der Stadt Bochum ist der Aspekt des "Gender Mainstreaming" als eine Hauptaufgabe für die Arbeit aller daran beteiligten Akteure verankert. **Was verstehen Sie unter dem Aspekt "Gender Mainstreaming"? Und sehen Sie eine konkrete Umsetzung dieser Handlungsanweisung in der Arbeit des AMI? Und können Sie konkrete Beispiele in dieser Umsetzung nennen?**

Befragter: Erstmal die Frage, bei der ich gesagt habe, hast du das eigentlich nicht vorher schon beantwortet? Ähm, also. **(Na ja, gut, also der Aspekt Gender ist ja schon was anderes als die Umsetzung von Gender Mainstreaming, ne?)** Ja. Ähm. Also unterm Strich, wenn man ehrlich eigentlich auch eher mal eine Formel, die fast in so eine Art Vorwort oder Einleitung sich wiederfinden lässt. Ne? Also gelebt finde ich das noch nicht unbedingt. Ne? Und also im Alltagsgeschäft wird ja die Projektion jeweils auf Gender Mainstreaming nicht unbedingt, findet nicht unbedingt statt. Ne? Sondern es wird dann benannt, (unverständlich) und dann gehen wir ins Alltagsgeschäft. So stellt sich das im Grunde genommen dar. **(Hmm.)** Also ist eher eine überschriftenthematische Begrifflichkeit, die nicht wirklich gelebt wird glaube ich. **(Also würden Sie sagen, dass es nicht umgesetzt wird in der Arbeit des AMI und dass es da auch nicht irgendwie konkrete Dinge gibt, die Sie jetzt benennen könnten, dass dieser Aspekt...)** Dass die jetzt durchgängig nicht, also von der Systematik her, also systematisch wird es nicht umgesetzt. Das ist durchaus vielleicht also Bereiche geben kann, wo das funktioniert, das kann sein, kann ich jetzt nicht, darüber habe ich noch gar nicht nachgedacht, ja so schätze ich das mal ein, ne. **(Hmm.)** Aber jetzt als Maxime und dann wird alles darauf abgeklärt oder so, **(Hmm.)** kann ich nicht, kann ich nicht erkennen. **(Okay. Und wenn ich jetzt noch mal so unverschämt nachfragen darf, können Sie noch mal benennen, was Sie unter dem Aspekt "Gender Mainstreaming" verstehen?)** Das versteh ich unter Gender Mainstreaming. (kurze Pause) Hmm. Hätte ich doch nur bei Wikipedia schnell nachlesen müssen. (lacht) **(Na ja, so ist das, so ist es realistischer.)** Ja, ja. (kurze Pause) Ja, also was stand da noch, muss ich noch (lacht) ehrlicherweise (kurze Pause) Also unterm Strich gesehen sozusagen eine, eine, eine, eine Bereitschaft, also ein grundsätzliches, grundsätzliches Ermöglichen der, des gleichberechtigten Handelns. Das stelle ich mir eigentlich unter, also als Selbstverständnis, als Grundlage stelle ich mir das eigentlich vor. Ne? Als gleichberechtigten Handelns. Um das mal ganz kurz zu machen.

Stimmt, hab ich zwar so nicht im Wikipedia gelesen, aber (lacht) aus dem Zusammenhang **(Okay.)** ist mir das eigentlich vom Prinzip her eigentlich klar.

Interviewer: Okay. Gut, dann sind wir schon bei der letzten Frage. **Gibt es etwas, von dem Sie glauben, dass Sie es persönlich aus einer Auseinandersetzung mit gleichstellungspolitischen Themen lernen würden, bzw. wie durch eine intensive Auseinandersetzung die inhaltliche Arbeit des Ausschusses beeinflusst werden könnte? Also einmal persönlich für Sie, ob das irgendwie was machen würde und ob eine inhaltliche intensive Auseinandersetzung im Ausschuss sinnvoll wäre.**

Befragter: Ja, müsste ich, müsste man dann, wie ich es vorher schon benannt hatte, an der Fragestellung festmachen, ne. Also so als gemeines, als Gemeindefragestellung ist ungefähr, ist das eher nur, ist das eigentlich nur theoretisch zu betrachten. Und so als Praktiker, als Lebenspraktiker oder wie auch immer man sich dann in der Kommunalpolitik aufhält, ist das immer themen- oder problemorientiert. Dann kommt man auf so eine Sache hin und überlegt und spricht und versucht was zu tun. Hat dann theoretisch zu diskutieren, da stellt sich für mich dann immer die Frage, wenn wir umsetzten wollen, ob überhaupt oder wollen wir umsetzen oder wollen wir halt eben paar Thesen entwickeln. Wofür müssen wir dann teilweise so eine schwache Soziologie oder schwache Pädagogik bauen, wenn die Realität ja das konkrete einfordert. Und wenn sie manche Dinge halt eben auch nicht fragt, ist es dann notwendig, grundsätzlich notwendig das breit zu besprechen. **(Hmm.)** Dass es sich immer richtig (unverständlich), Frage (unverständlich), die wird tot geschwiegen, ne, das ganze Thema um Extremismus, da wird ja vieles weggeschwiegen und so weiter. Also realitätsbezogen muss es eigentlich sein, wenn es da ist und auftaucht, dann muss man es diskutieren und theoretischer diskutieren, um dann vielleicht mal schon Position zu finden. Ich seh das jetzt an der Fragestellung der internationalen Schulen oder auch von manchen türkischen Schulen, die von bbz gebaut werden sollen, dass dann erstmal aus der Praxis heraus eine Fragestellung der Positionierung der einzelnen Parteien und einzelnen Mitglieder der Parteien statt finden muss, also dann geht der theoretischer Prozess los. So kann ich mir das in dem Zusammenhang eben auch vorstellen. **(Hmm.)** Dass also an einer Themensituation, an einer Fragestellung, an einem Problem halt eben man angehen kann, los gehen kann und sagen kann, also wo stehen wir eigentlich, was wollen wir eigentlich, was passiert hier überhaupt, ne? **(Hmm.)** Und da geht keiner das Prozedere oder da geht dann das Prozedere los. Ne? Man liest dann eben an der einen oder anderen Stelle unter-

193

schiedliche Gesichtspunkte, Thesen, hat so sein eigenes Weltbild und bastelt sich dann oder versucht dann sozusagen mit anderen zusammen dann daraus was zu basteln, was man möglicherweise umsetzen kann. **(Hmm.)** Grade bei dieser, bei dieser Schulfragestellung ist das unterwegs. Ne? **(Hmm.)** Ist das richtig, ist das falsch, ist das berechtigt, ist das nicht berechtigt, ne? Gibt, ist das jetzt, hat es jetzt einen religiösen Kolorit im Sinne der Fundamentalisierung von Menschen oder eben auch nicht. Der eine sagt dies, der andere sagt jenes. Ne? Wir wollen Integration, wir wollen keine Segregation, **(Hmm.)** andererseits gibt es zu wenig höhere Bildungsabschlüsse bei Migranten, ne, ist das denn gerechtfertigt und ja und nein (unverständlich). Also es ist nur ein Prozess, genauso kann ich es mir in dem Zusammenhang vorstellen, kann man dann solche Dinge entwickeln. Ich glaube auch, dass das gar nicht so verkehrt ist. **(Hmm.)** Ne? **(Also grade auch, also ich mein, ich kann das jetzt nur aus der Erfahrung durch die Interviews und auch durch die Auswertung der Fragebogenerhebung einfach sagen, dass, ne, die Frage, okay, Gender Mainstreaming ist zum Beispiel im Integrationsprozess der Stadt Bochum verankert und auch die Nachfrage, wissen Sie das überhaupt oder was verstehen Sie überhaupt, waren das immer große Augen, die mich angeguckt haben.)** Ja. Ja. **(Und das finde ich eigentlich an der Stelle, da gibt es ja einen konkreten Handlungsbedarf, weil man sagt, okay, man hat es verankert, es muss ja irgendwo)** Hmm. **(einen Grund haben, damit es verankert wurde. Und selbst wenn es nur der Grund war, dass irgendwer gesagt "Ihr, Ihr müsst jetzt auf Gender Mainstreaming achten". Und dann konfrontiert man die Leute damit dann so "Ohh, ich weiß das gar nicht")** (unverständlich) **(Also im Grund wär das ja so, weil es gibt ja auch Migrantenthemen, die definitiv so eine geschlechtliche Differenzierung irgendwie, ja, benötigen im Grunde, ne?)** Immer, immer Thema Altenfrage, Thema Sportunterricht. **(Flüchtlinge und so, ne?)** (unverständlich) **(Ja, ja, klar. Also von daher.)** Da sind sie sofort da. **(Ja. Ich glaub, also da einfach auch noch mal die Nachfrage, glauben Sie, dass in Bezug auf Grund dieser Aspekte, die ich jetzt eben genannt habe oder die Sie jetzt genannt haben, eine intensivere Auseinandersetzung mit der Thematik nicht einfach auch sinnvoll wäre, um einfach auch den Horizont an der Stelle einfach ein bisschen?)** Ja, also wenn's, es muss, wie gesagt, greifbar sein. **(Ja, okay.)** Für den Normalo. **(Hmm.)** Ne? Also wenn man jetzt nur schreibt am Tisch und so weiter, ist es eine andere Fragestellung, **(Klar.)** (unverständlich) wunderbare Gedanken machen, aber für den realen, für den Normalo muss das halt Hand bar sein, man muss wissen, man muss es greifen können, muss das sehen können, um zu verstehen, auch mitsprechen zu können **(Hmm.)** und auch weiterentwickeln zu können. **(Ja, okay.)**

Ne? Das beispielhaft zu machen oder auch konkret auch anzufragen, wo ist denn oder was heißt denn eigentlich Gender Mainstream? Wenn man das, diese Frage noch stellt ist schon wieder, gehen die Klappen schon wieder um, ja, ist völlig klar, weil keiner das so genau weiß, **(Ja, klar.)** was er dazu sagen soll. Und andererseits müsste das aber auf der inhaltlichen Frage halt eben sich vorrangig deskriptiv ergeben, **(Hmm.)** so dass man hinterher weiß, ach das war jetzt, klar, Gender Mainstream haben wir auch noch gemacht. Wenn das dann so **(Hmm.)** in der Praxis sagt. Ne? **(Hmm.)** Und dann wird's halt eben, das ist eben realistischer. Und das ist dann eben umsetzbarer. **(Okay. Gut. Dann sind wir durch.)** Ja.

Interview 5 – Person E

Leitfadeninterview zur Vertiefung der Ergebnisse der Fragebogenerhebung zum Thema „Erfahrungen, Umsetzungen und Handlungsansätze gleichstellungspolitischer Themen im Ausschuss für Migration und Integration der Stadt Bochum."

Einleitungstext s. Interview 1

Interviewerin: Okay. Dann fang ich einfach an. Okay? Gut. Kannst du mir zunächst einmal deinen Namen und die Gruppe, der du im Ausschuss für Migration und Integration der Stadt Bochum angehörst nennen? Und mich würde interessieren, wie du in den Ausschuss gekommen bist.

Befragter: Also mein Name ist Name des Befragten. Was war da noch? **(Welche Gruppe?)** Ach so, welche Gruppe. Du meinst jetzt die (unverständlich)? **(Ne, du bist sachkundiger Einwohner.)** Ich bin sachkundiger Einwohner, richtig, genau. **(Ja, okay.)** Richtig, genau. Sachkundiger Einwohner. Wie ich in den Ausschuss gekommen bin? ▬▬▬▬▬▬▬▬▬▬▬▬ ist unser Vorsitzender, hat mich angesprochen **(Hmm.)** und da waren einige Bewerber gewesen, ich hab mich dann auch mal vorgestellt über eine Runde und dann wurde ich dann angenommen.

Interviewerin: Okay. Also ich möchte zunächst noch auf die Ergebnisse der von mir durchgeführten Fragebogenerhebung bezüglich der Hauptaufgaben des Ausschusses eingehen. Zu den drei meistgenannten Hauptaufgaben von den Befragten kam folgendes heraus, also die haben gesagt die 1. Hauptaufgabe des Ausschusses ist die Förderung der kulturellen, sozialen und sprachlichen Integration von Migranten. Als 2. wurde genannt die Interessensvertretung von jungen und alten Migranten sowie deren Grundversorgung. Und das 3. war die interkulturelle Öffnung der Stadtverwaltung. Okay? **Jetzt würde ich gern von dir wissen welche der Hauptaufgaben, die ich eben genannt habe findest du besonders wichtig und warum? Und fehlt da noch was, würdest du dem noch was hinzufügen als Hauptaufgabe? Ich kann die noch mal vorlesen. Soll ich's noch mal vorlesen? Okay. Also 1. Hauptaufgabe: die Förderung der kulturelle, sozialen und sprachlichen Integration; 2. die Interessensvertretung von jungen und alten Migranten und die Grundversorgung von denen; und 3. die interkulturelle Öffnung der Stadtverwaltung.**

Befragter: Und die Frage ist? Was, was ich, was ich wichtig finde? **(Also von den drei genannten Hauptaufgaben, welche schätzt du besonders wichtig ein?)** Ich schätze alle besonders wichtig ein. **(Okay. Und warum?)** Ja, wenn ich, wenn, wenn ich mal das Wort Jung und Alt höre, **(Hmm.)** ich arbeite mit Jugendlichen zusammen. Und dementsprechend finde ich das sehr wichtig. Interkulturelle Öffnung der Verwaltung ist ein sehr sehr wichtiges Thema, absolut. Finde ich, weil es ist gut, **(Hmm.)** ich kenn das auch von mir früher, wenn ich mal sehr viel mit den Ämtern zu tun gehabt, grad mit Ausländeramt, als wir noch, noch, also unser Asylantrag noch am laufen war und während wir nicht anerkannt waren.) ich spreche jetzt von den 90ern, **(Hmm.)** Anfang 90er, Ende 80er. Da waren kaum Migranten in, in der Verwaltung gewesen. Genauso wie bei der Polizei. Ich finde es ist sehr wichtig, also ich finde es toll, dass es zum Beispiel in Holland farbige Polizisten gibt. Ich vermiss das hier total. **(Hmm.)** Ab und zu habe ich das bei, bei Bundeswehr seh ich das. Okay, das ist, das ist gut, aber was Straßenverkehr angeht, das hat doch eine Botschaft. Also eine ganz klare Botschaft, dass ordentlich auch der Verwaltung und deswegen auch ist wichtig interkulturell offen in der Verwaltung. Und was die sprachlichen Fähigkeiten und so weiter angeht der Migranten, das ist, das ist natürlich sehr wichtig. Also ich bin auch das beste Beispiel. Ich, nach 27 Jahren arbeite ich immer noch an meiner Sprache. Es ist wichtig, es ist der Schlüssel zu der Gesellschaft. Wir machen, also ich finde, ich, also in die Richtung Kultur machen wir ziemlich wenig im Migrationsausschuss. **(Hmm.)** Definitiv. Also das ist, ich komm ja von der Kultur und da ist, wir haben in der letzten Zeit sehr sehr viel über die Versorgung der Migranten, die alt sind gesprochen. **(Hmm.)** Zumindest bei den letzten Sitzungen hab ich den Eindruck gehabt, dass wir so, weil wir haben da immer Gäste, die oder, oder Leiter und Leiterinnen der Häuser, die da dann sprechen und und. Okay, ich denke das hat auch damit zu tun, dass die Anzahl der Migranten, die älter sind und in die Rente gegangen sind ziemlich hoch ist. **(Hmm.)** Aber ich würd mir wünschen, genau das Thema, was ich grade mit dir besprochen habe, ich würd mir wünschen, dass man die Angelegenheiten der jungen Menschen berücksichtigt und auch mal anspricht oder sogar noch sie einlädt in den Ausschuss. Ich hab ja auch selber für paar Aktionen gesorgt. Zum Beispiel Ende letzten Jahres hab ich eine Gruppe von, von Migranten, die neu aus Syrien und Irak hergekommen sind ohne ihre Eltern in den Ausschuss mal mitgenommen. Sieben waren das, genau. Und dann haben sie als erste, als erstes da dann auch gesprochen und ihre, ihre Bedürfnisse dann mitgeteilt, weil die Lehrerinnen mich nach meiner Lesung, die ich an der Schule gehabt habe, angesprochen haben, ob ich mich nicht dafür einsetzen kann. **(Hmm.)** Deswegen haben wir die schnell in den Ausschuss dann mitgenommen. Die fanden das toll. **(Hmm.)** Ausschuss fand das auch toll. Es kamen aber dann natürlich auch mal einige fragende Blicke, was soll das denn jetzt, ne? **(Hmm.)** Aber gut. Wir haben den auf jeden Fall geholfen. **(Okay. Gibt's noch von diesen Hauptaufgaben, die ich eben genannt habe was, was du noch hinzufügen würdest oder umfasst das das?)** Ne, das, das, das umfasst. **(Hmm, okay.)** Also ich könnte jetzt mal zum Beispiel was Jugendliche angeht jemanden, könnte ich das mal, würde ich gerne das auch gerne unterteilen in Soziale Jugendarbeit, die offenen Häuser, die kirchlichen Häuser und so weiter, wie die alle damit mal umgehen. Ich würde mal gerne mal wissen, wie groß der Anteil der Migranten in diesen Häusern ist und welche sozialen Schichten unter sich sind, welche sozialen Schichten dahin gehen und was, was in so einem Jugendfreizeithaus mal gemacht wird damit die Leute mal die Integration besser voran treiben. Das mein ich. Das ist das Feld, das Feld, was wir diese Themen mal gezielter mal angehen.

Interviewerin: Hmm. Gut. Auf die Frage der Migrantengruppen, welche die inhaltliche Arbeit des Ausschusses ausmachen, haben die meisten gesagt, dass es um die Gruppen der türkischen Migranten, der russischen Migranten und der Flüchtlinge bzw. der unbegleiteten Flüchtlinge gibt. Einige haben auch gesagt, es geht um iranische, polnische, irakische und syrische Migranten. **Kannst du mir auch aus deiner persönlichen Sicht heraus schildern, welche der von mir genannten Gruppen die hauptsächliche Arbeit des AMI ausmacht und warum das so ist?**

Befragter: Ja, klar. Also die türkischen Mitbürger. **(Hmm.)** Ganz klar. Die sind ja auch an der Mehrzahl. Russen haben wir auch. **(Hmm.)** Ja. Die Türken, ja, wenn man die Frage jetzt einfach beantwortet, ich mein das sind die Türken, ganz klar. **(Okay. Weil die im Grunde in der Wohnbevölkerung in Bochum den größten Teil ausmachen?)** Richtig. **(Also deswegen beschäftigt man sich mit dem am meisten?)** Die sind, die sind auch im, im, in den Ausschuss gut vertreten. **(Hmm.)** Nuran ist, ist Türken und einige andere. **(Hmm. Okay. Und die Flüchtlinge und die unbegleiteten Minderjährige?)** Du meinst aus wo, wo die her kommen oder? **(Ne, also die wurden auch ganz oft genannt. Also das ist, das eine Gruppe ist, mit der sich der AMI ganz häufig beschäftigt. Wie schätzt du das ein?)** (Kurze Pause) **(Oder ist das gar nicht so vielleicht?)** Ja, warte mal, ich muss überlegen. **(Hmm.)** Also ich hab ja grade gesagt, also wenn ich, wenn ich mal jetzt meine eigenen Erfahrungen in den letzten Monaten anschaue, dann ist es ja so, dass das meistens Flüchtlinge waren, die entweder aus afrikanischen Ländern kamen, **(Hmm.)** ganz klar, also junge Menschen ohne ihre Eltern, speziell diese

Zielgruppe. Und Syrien und Irak, Krisengebiete, **(Hmm.)** Afghanistan hab ich auch gehabt, **(Ja.)** Tadschikistan hab ich auch auch gehabt. **(Hmm.)** Also ich war sogar in einem Wohnheim gewesen, weil ich mich mit einem tadschikischen jungen Mann befreundet habe, der auch in dieser Schule, in dieser Hauptschule war, wo die Lehrerinnen mich **(Hmm.)** angesprochen haben. Der kann meine Sprache und wir kamen gut klar. Und ich fand es sehr wichtig, dass ich mal dann halt auch die Wohnheime besuche. Und dann hab ich mal das, die besuchen, und ich hab mal gesehen, das sind, das sind wirklich sehr viele aus Afghanistan, auch. **(Hmm, okay.)** So. Also mehr kann ich dazu nicht sagen. Also. **(Das ist im Grunde bedingt dadurch, dass es diese Krisengebiete gibt, die kommen hierhin und deswegen ist der Handlungsbedarf im Ausschuss da, sich damit zu beschäftigen?)** Sollte. **(Sollte.)** Wie gesagt, wir haben das jetzt mal reingebracht. **(Hmm.)** Es sollte aber so sein, dass, dass der Ausschuss, das ist mein Wunsch, dass die sich damit beschäftigen.

Interviewerin: Okay. Dann gab's ne Frage dazu, wo besonderer Handlungsbedarf in gesellschaftlichen, sozialen und politischen Bereichen im Bereich der Migration und Integration gesehen wird. Und da haben die meisten gesagt als besonders wichtig ist gezielte Arbeitsmarkt- und Bildungspolitik für Migranten, der Spracherwerb, die gesellschaftliche und politische Partizipation, die interkulturelle Öffnung der Stadtverwaltung und der interkulturelle Austausch und die interkulturelle Arbeit. **Wie schätzt du diese Angaben ein? Und welche Aspekte sind besonders wichtig für Bochum?**

Befragter: Alle Aspekte sind wichtig für Bochum. **(Okay.)** Alle Aspekte sind wichtig für Bochum. was das Thema Bildung angeht, **(Ja.)** ganz wichtig. Ganz wichtig. Also ich, ich plädiere grundsätzlich, um, um, um richtig die Bildung nach vorne zu treiben und effektiv nach vorne zu treiben, grade bei jungen Menschen. Ich plädiere für Infotainment. **(Hmm.)** Also, also mit Spaß Informationen und Bildung zu vermitteln. **(Hmm.)** Bei Migrant_innen ist es, ist es genau so. Wobei man muss ja auch unterscheiden, das, das wird oft nicht unterschieden. Also man, man, man sagt ja auch immer "Die Migranten", **(Hmm.)** die Migranten, also diejenigen, die aus Afrika kommen, die können, zum Beispiel es gibt Leute, die können mit 10, 11, 12 Jahren nicht mal lesen. Also das heißt, die fangen hier ziemlich vorne an. **(Ja.)** Was zum Beispiel bei meinen eigenen Landsleuten angeht, weil ich hör, ich hör das sehr oft, "Ach, die Iraner sind so gut gebildet. Ihr seid so toll. Mein, mein, mein Arzt ist auch ein Iraner. Ich hab auch Kommilitonen, die auch mal Medizin oder so studiert haben." So. Das heißt, oder, oder bei mir, "Ja, du bist so erfolgreich, das ist so toll." Gut. Das hat aber einen besonderen Grund. Die Iraner, die hier, also ich könnt glaube ich, wir sind hier in Deutschland nur um die 150.000, die Iraner, die nach Europa kommen und überhaupt, **(Hmm.)** überhaupt auswandert, die kommen aus der oberen sozialen Schicht. **(Hmm.)** Das ist zum Beispiel bei den Türken ganz anders. Die sind jetzt in der dritten, vierten Generation da, **(Hmm.)** aber ihre Wurzeln, das sind Arbeiterwurzeln. Die sind als Arbeiter hierher gekommen, **(Ja.)** haben nichts gehabt, so, so genannte Bergtürken, was ich nicht gerne nenne (lacht), **(Ja, ja.)** aber so, so ist es. Eben, ist man in Istanbul oder, oder irgendwo anders, da sagt man "Hey, diese Türken, die in Istanbul sind, gibt es gar nicht in Deutschland. Die sind ganz anders drauf. **(Hmm.)** Die sind, die sind sehr offen und westlich und so weiter." Die Türken in Deutschland sind, ja, das hat, das hat seine, seine Gründe, die zum Beispiel in so einem Ausschuss nicht beachtet werden können auch. **(Hmm.)** Finde ich. Also wir haben ja nicht mal die Zeit. Wie lange dauern die Sitzungen? 90 Minuten, höchstens 2 Stunden und dann ist die Luft raus. **(Hmm.)** Also. **(Es können gar nicht alle Themen be,)** Genau. **(behandelt werden.)** Aber da muss man, also noch mal zum Thema Bildung, also ich wünsche mir, dass wenn man sich auf Bildung, was ein sehr wichtiges Thema ist, wenn man sich damit befasst, dass man diese Unterschiede macht. **(Hmm.)** Also sagt ey, zum Beispiel ein Junge, der mit 10, 11, 12 Jahren nicht lesen kann, der braucht wirklich eine individuelle Förderung. **(Hmm.)** Mein, mein, mein Thema sowieso für Bildung, ist individuelle Förderung. **(Hmm.)** Auch in diesem Haus, das macht uns aus, wir können es uns leisten glücklicherweise, dass wir uns individuell mit jungen Menschen auseinander setzen. **(Hmm.)** Einer, der hierher kommt und rappen will und nicht richtig die deutsche Rechtschreibung mal beherrscht, der muss erstmal die deutsche Rechtschreibung man beherrschen. Und ein anderer ist total weit, ne. **(Hmm.)** Und der kommt und fängt einfach mal Streit. Am besten ist es, wenn die beiden zusammen arbeiten. (lacht) **(Ja, ja.)** Weil, weil, das wär dann wirklich (unverständlich) **(Die pushen sich dann, ja, ja. Das kenn ich.)** Dann sind wir beim Thema Partizipation. **(Ja.)** Also mir, mir fehlt es bei allen diesen Themen die Effektivität. Also **(Hmm.)** ich bin, ich bin Freiberufler und aus, aus dieser Sicht sehe ich, muss alles für mich mal effektiv sein. Zum Beispiel eben Migranten, die sich für andere Migranten mal einsetzten, **(Hmm.)** um die Bildung nach vorne zu treiben. **(Hmm.)** Das ist auch glaubwürdiger. **(Ja, glaub ich.)** Mir gefällt zum Beispiel so eine Aktion, dass man, dass man einen Aufruf macht, wer hat, wer hat noch Bock so was zu machen. **(Hmm.)** Ich hab jetzt zum Beispiel auch SR3 oder HS3 gehört als ich vor kurzem im Auto saß und an Frankfurt vorbei fuhr, dass die so eine, so eine Aktion gestartet haben, wer kann bei Bildung den anderen mal ehrenamtlich helfen. Das kam groß im

Radio. **(Hmm.)** Zwei Mal hab ich das gehört, ne. Weißt du, Tanja hilft mal ihrem Nachbarn immer Deutsch zu lernen. **(Hmm.)** Tanja ist eine Studentin und hilft mal. **(Ja. Ja, ja.)** Cool. **(Cool.)** Super. Weißt du? Hier auch, bitte. **(Ja.)** Also weil die, die, die Ressourcen, also die, die, die, das Budget dafür, dass wir irgendwelche Lehrer mal einstellen und irgendwelche Konzepte und so weiter, also viel besser ist es, wenn wirklich Nachbarn sich um Nachbarn kümmern. **(Ja, ich glaub auch, dass das bei vielen so ist, dann wenn man zu einer Behörde geht oder)** Ja, ja. **(zu einer offiziellen Stelle, dass dann so ein Zwang und so eine Kontrolle dahinter ist. Und wenn man das auf dieser ehrenamtlichen Ebene)** Ja. **(macht, ist es vielleicht viel, viel effektiver, weil die Leute eher einen Zugang dazu haben.)** Das wird auch viel mehr Power haben, also wer ehrenamtlich sich (unverständlich) einsetzt, der macht das aus Liebe und Leidenschaft. **(Hmm.)** Und Liebe hat eine unglaublich große Kraft. **(Auf jeden Fall.)** Als das irgendwelche Zwänge irgendwie, ja, wir müssen das jetzt mal tun. Gut, aber wie gesagt Bildung, also bei all den Themen, die wir jetzt grade genannt haben, Bildung, was Verwaltung angeht habe ich ja auch vorhin was gesagt. Aber ich find Bildung ist sehr wichtig. **(Hmm.)** Also das ist, dann haben wir, also ich mein wir haben hier auch mal das Thema, also solche Themen (unverständlich) Ausschuss, Salafisten, bla bla und so weiter und so fort. Ist wichtig, ist wichtig, aber da, wenn ich mal so was mal höre, weil ich selber mutiert, weil ich aus einem Gottesstaat komme, weil ich im Iran dann halt auch wirklich die, den religiösen Unterricht auch zutiefst dann verinnerlicht habe und da dann wirklich mal mutiert bin. **(Hmm.)** Zu einem weltoffenen was weiß ich Menschen. Plädiere ich für Bildung. **(Hmm.)** Bildung ist wichtig. Also **(Ja.)** und das, und das bitte individuell. Das können wir uns leisten und da müssen Wege geschaffen werden, die effektiv sind.

Interviewerin: Okay. Gut. Jetzt kommen wir zum Thema Gender. Eine Person, die ich befragt habe hat gesagt, eine Hauptaufgabe des Ausschusses sind geschlechtspolitische Themen. **Welche Rolle spielt deiner Meinung nach Gender innerhalb der inhaltlichen Arbeit des AMI? Und warum werden zum Beispiel andere Themen als wichtiger empfunden?**

Befragter: Warum denn andere Themen als Gender **(Ja, andere, also die Hauptaufgaben, die ich eben genannt habe, also die Integration, die interkulturelle Öffnung der Stadtverwaltung, das Kümmern um junge und alte Migrantengruppen. Warum werden die jetzt zum Beispiel als wichtiger empfunden als nur eine Person, die sagt, ja, Gender ist auch wichtig? Also welche Rolle spielt Gender überhaupt in dem Ausschuss?)** Einmal, ich muss mich entsinnen jetzt. Ich kann mich erinnern, dass ich, dass ich ein einziges Mal, ein einziges Mal dieses Thema unterschwellig **(Hmm.)** oder indirekt mal mitbekommen habe, weil es ging um, dadrum, ob, wenn irgendwelche Muslima dann sterben, **(Hmm.)** wie sie gewaschen werden sollen. Nicht von Männern, sondern von Frauen, **(Hmm.)** also so. Also in diesem Zusammenhang. Oder auch was Altenpflege angeht. **(Ja.)** Wer darf denn wen anfassen. **(Hmm.)** Aus islamischen Gründen (unverständlich). **(Hmm.)** Das nur, nur ein einziges Mal habe ich das bewusst mitbekommen. Ich muss aber dazu sagen, ich bin ja nicht immer **(Hmm.)** bei den Sitzungen dabei. Ich hab auch nicht immer Lust und Bock mal dahinzugehen. **(Ja.)** Ich guck mir immer die, die Agendas mal an und guck mal, was, was ansteht und wenn es mich anspricht, dann geh ich dahin. Also ich würd mal sagen, ich bin die Hälfte der Sitzungen da. Wir haben glaub ich 10 Sitzungen im Jahr, ich bin bei den 5 oder so **(Ja.)** dabei. Deswegen kann ich nicht behaupten, dass ich alles mal mitbekommen habe. Aber es war ein einziges Mal, ansonsten, ansonsten ich finde das sehr, sehr cool, dass wir da, warte mal, Ayse, andere haben wir auch, deren Name ich nicht kenne. Ayse kennst du, ne? Die mit dem Kopftuch. **(Hmm.)** Genau. Also die ist auch sehr, sehr, die hat sehr viel Power, redet auch gut da und kurz und bündig und setzt sich auch durch. Also, und ich find das total klasse. Also **(Hmm.)** das hat so (unverständlich) Kraft für mich. **(Hmm.)** Also sie ist Kopftuchträgerin und hat was zu melden. **(Hmm.)** Also nicht dass die Kopftuchträgerinnen nichts zu melden haben, **(Ja, ja, ich weiß was du meinst.)** aber im Gegensatz zu der allgemeinen Meinung **(Hmm.)** und auch andere. **(Hmm.)** Also wir haben, und ich find das toll, also wie gesagt, ich hab nie, nie das und das find ich toll, dass wir das nicht jetzt mal gezielt und bewusst jetzt angesprochen haben, weil es, so wird es in diesem Ausschuss zumindest gelebt, dass es eine Gleichberechtigung gibt. **(Hmm. Okay.)** Und Frauen sind weiter vorn, (unverständlich) und auch die Oberbürgermeisterin, (unverständlich). **(Okay.)** Und dann haben da zwei, zwei starke Personen vorne sitzen (lacht) (unverständlich) und deswegen Gender habe ich bis jetzt nicht so bewusst mal mitbekommen. **(Hmm. Okay. Aber warum glaubst du denn wurde dieser Aspekt nur ein Mal genannt? Also ganz viele haben andere Sachen genannt und eine Person hat nur gesagt, na ja, Gender spielt, ist auf jeden Fall eine Hauptaufgabe des Ausschusses.)** Also eine Person von allen Personen gesagt, das spielt eine Hauptaufgabe? **(Ja, ist eine Hauptaufgabe. Ja.)** Warum diese Person das genannt hat? **(Ja.)** Kann ich, kann ich dir nicht sagen. **(Hmm.)** Kann ich dir irgendwie nicht sagen. Vielleicht aus persönlichen Gründen. Aber ich weiß nicht. Also **(Hmm.)** vielleicht aus persönlichen Gründen, weil sie, weil sie, vielleicht eine sie, weil sie selber denkt, dass das, dass sie zu kurz, zu kurz kommt. Vielleicht. Weiß ich nicht. **(Okay.)** Das wäre eine Vermutung. **(Okay. Wie wichtig findest du denn den Aspekt Gender innerhalb der Arbeit des AMI?)** Ich finde, hab ich ja grad gesagt, ich finde es wichtig. **(Hmm.)** Und ich bin froh, dass wir es nicht plakativ angehen müssen. **(Hmm.)** Also wir leben es **(Ja.)** und ich genieße das. **(Okay. Siehst du denn konkret einen Handlungsbedarf in Bezug auf Genderthemen im Ausschuss? Und wenn ja welche?)** Ja. Auch da sind wir wieder bei Bildung- und Jugendarbeit. **(Ja.)** Das ist, also dazu braucht man ganz klare Programme. **(Hmm.)** Hab ich auch bei mir im Haus. Also so was fängt ja früh an. **(Hmm.)** Also Gleichberechtigung fängt ja ziemlich früh an. Hier im Haus gibt es kein Mobbing. Oder kein, keine, ja "Meine Schwester darf das, ich darf das nicht, ich darf das." **(Hmm.)** Grabschen. Irgendwelche blöden Sprüche. **(Hmm.)** Irgendwelche, also da gibt es, also da gibt es wirklich eine rote Linie. Also alle kennen mich hier als einen sehr friedlichen Menschen, aber bei dieser Geschichte hört es auf, **(Ja.)** weil, weil, weil dann, dann, dann, dann wird es ein ganz hartes Gespräch geben. **(Hmm.)** So. Da, jetzt mal zurück zu, zu Bildungs, Bildung und Migrationsausschuss. Ich finde das ist sehr wichtig, dass man dieses Thema sehr sehr früh und gezielt mal angeht. **(Hmm.)** Wir fingen mit ganz, ganz simplen Sachen an. Ja. Oft haben wir ja "Das ist ja nur ein Mädchen." Also wenn, wenn ich das, "Das ist ja NUR ein Mädchen!" **(Ja. Ja.)** Das sagt schon alles. **(Hmm.)** Weißt du so. Und da muss, muss, muss man das mal angehen. Weißt du, so, wenn man richtig mal hinhört, "Das ist ja NUR ein Mädchen", dann, dann, dann muss, muss man anfangen mit den Jugendlichen, sowohl mit Mädels als auch mit Jungs darüber zu sprechen. Wir haben hier im Haus, also auch ziemlich ungewöhnlich, habe ich dir ja auch glaube ich geschrieben, wir haben 70% Mädchen hier. **(Hmm.)** Und das finde ich total klasse. **(Ja.)** Das haben wir uns hart erarbeitet. Und die Mädchen, die kommen hier, auch die deutschen, die kommen hier ziemlich schüchtern an, gucken, weißt du so, ne, **(Hmm.)** und nach einem Jahr sind sie gar nicht mehr wiederzuerkennen. **(Hmm.)** Weil sie haben gelernt ihre Meinung zu sagen. Ihre Meinung wird, wird, wird gehört und umgesetzt. **(Hmm.)** Und das gibt ihnen Selbstbewusstsein, das ist so. **(Ja.)** Das wünsche ich mir, dass wir im, im Bildung, im Migrationsausschuss, also zum Beispiel, noch eine andere Sache. Ich wünsche mir das, dass zwischen dem Migrationsausschuss und zum Beispiel Jugendhilfeausschuss **(Hmm.)** klare Kooperationen gibt. Das ist das, was mich an diesen ganzen Ausschuss, diese Ausschussgeschichte nervt. **(Hmm.)** Also wir haben Leute, wie ▇▇▇▇▇▇, die sowohl im Bildungsausschuss sind als auch im Migrationsausschuss. Aber es gibt dann wieder, also ich hab den Eindruck, dass es eine klare, klare Trennung gibt. **(Hmm.)** Da sprechen wir doch andere Themen an, hier sprechen noch andere Themen an. **(Hmm.)** Ja, gut, **(Okay.)** aber Migran-

203

ten sind ja überall. **(Ja, klar.)** Also was das Bildung angeht, **(Ja.)** sollten wir auf jeden Fall im, im Jugendhilfeausschuss darüber reden. **(Hmm.)** Oder Leute einladen, die irgendwie nicht, nicht, die nicht, die nicht dazu gehören, aber aktiv sind mindestens. **(Ja, klar.)** Aber das fehlt mir. **(Hmm. Okay.)** Also von daher was Gender angeht das ist ein wichtiges Thema, aber bei den Jugendlichen. Wie gesagt, ich beobachte das, das ist, dass es wichtig ist. **(Hmm.)** Also auch, auch, auch, auch Mädchen, die hier sitzen und sagen die haben sowieso keine Chance eine, eine, eine, eine, eine Ausbildung zu bekommen. **(Hmm.)** Also oder "Ich werd gemobbt", "Ja, wie wirst du denn gemobbt?", "Ja, die grabschen mich an" und so weiter. Hallo? **(Hmm.)** Was? (lacht) Wie? Wer denn? Wie? Wieso, wieso lässt du das denn mal zu? Und das dauert seine Zeit bis sie das Selbstbewusstsein dann auch haben. **(Ja. Ja.)** Also ich sag mal so, ich brauch immer zwei Jahre bis ich auf Augenhöhe **(Hmm. Ja.)** auf jemanden wirke und die auf mich wirkt oder der auf mich wirkt. **(Ja.)** Es soll auf jeden Fall mal eine gegenseitige Geschichte (lacht) sein. **(Ja. Okay.)** Ja. Gut.

Interviewerin: Also auf die Frage, ob der AMI mit gleichstellungspolitischen Institutionen, also sprich dem Frauenbeirat oder der Gleichstellungsstelle kooperiert, haben nur zwei der Befragten gesagt, ja, es gibt so eine Kooperation. Und die anderen zehn haben gesagt, nö, es gibt keine Kooperation, sie wissen von keiner Kooperation oder haben keine Angaben gemacht.

Befragter: Kooperation mit wem noch mal? **(Mit der Gleichstellungsstelle oder dem Frauenbeirat. Also mit gleichstellungspolitischen Institutionen innerhalb der Stadt.)** Dieses, du, ich hör jetzt zum ersten Mal von einem Frauenbeirat. **(Okay. Gut. Wie schätzt du denn diese Angaben ein? Also wie gesagt zwei haben gesagt, ja, es gibt eine Kooperation. Der Rest hat gesagt)** Ich weiß es nicht. **(keine Ahnung. Also.)** Ich, ich schätze eher, dass es wirklich die zehn Recht haben. Wie gesagt, ich kenn **(Ja.)**, ich kenn keine, ich, ich, ich hör das zum ersten Mal jetzt von dir, dass wir einen Frauenbeirat haben. **(Ja, okay. Also das ist im Grunde der gleiche Status der, der, der Ausschuss für Migration und Integration war ja bis 2004 glaube ich auch ein Ausländerbeirat und ist dann zum Ausschuss geworden. Also dadurch, dass, dann hat ja mehr exekutive Macht bekommen, also sprich kann Entscheidungen treffen. Ne? Und es gibt halt auch diesen Frauenbeirat in der Stadt Bochum. Die haben quasi diesen Status, den der Ausländerbeirat früher hatte. Also die wirken im Grunde beratend. So. Und die Gleichstellungsstelle. Klar, gibt's auch. Also du sagst, es gibt keine Kooperation? Und du wüsstest auch nicht)** Ich weiß, ich weiß es, ich weiß gar nichts von. **(Okay. Ja, gut. Ähm, das ist auch eine Aussage, die, wenn das alles ausgewertet ist, ja, auch eine Aussage ist, ne, dass es da an der Stelle vielleicht Handlungsbedarf gibt.)** Ja.

Interviewerin: Ja, okay. Im Integrationskonzept der Stadt Bochum wird der Aspekt "Gender Mainstreaming" als Handlungsgrundlage für die Arbeit der politischen Akteure genannt. **Was verstehst du denn unter dem Aspekt "Gender Mainstreaming"?**

Befragter: Dass die Gleichberechtigung Mainstream wird? Ist es, ist es so? Ach so, ich versteh erstmal gar nicht. Erstmal muss ich passen. **(Okay.)** Ich hör zum ersten Mal diese, diese, also Mainstreaming (lacht) und Gender, also da, diese, diese Zusammensetzung hör ich zum ersten Mal von dir. **(Hmm. Okay. Also ist im Grund kein Wissensstand da?)** Ne. **(Okay. Weißt du denn, ob es irgendwelche Umsetzung von Gender Mainstreaming innerhalb des AMI gibt? Also wenn das im Integrationskonzept der Stadt Bochum verankert ist, ja? Als, als Handlungsgrundlage. Da steht ganz klar drin, irgendwie die, die, die politischen Akteure der Stadt müssen unter dem Mantel von Gender Mainstreaming handeln. Gibt's da so ein Übertrag auf den AMI?)** Nicht, dass ich wissen, wüsste.**(Okay.)** Null. **(Null.)** Hmm.

Interviewerin: Hmm. Okay. Dann sind wir schon bei der letzten Frage. **Gibt's etwas, von dem du glaubst, dass du aus der Auseinandersetzung mit Gender Mainstreaming lernen könntest? Und meinst du, es wär wichtig sich intensiv in der inhaltlichen Arbeit des Ausschusses damit zu befassen?**

Befragter: Müsste ich, müsste ich hören, lesen und gucken, was, was, was damit gemeint ist. Also wie gesagt, ich hör dieses, diese Kombination jetzt zum ersten Mal. Kann mir selber ungefähr vorstellen wie das gemeint ist, aber da möchte, möchte ich nicht mich drauf verlassen. **(Hmm.)** Also was ich mir vorstelle und was, was wirklich mal Sache ist. Ähm. Ja, da kann ich, kann ich dazu nichts sagen. **(Hmm.)** Also. **(Und glaubst du denn, dass wenn der Ausschuss sich inhaltlich intensiver damit auseinandersetzten würden, dass das für die Arbeit des Ausschusses wichtig wäre?)** Ja. Also auch wenn wir ziemlich fortgeschritten sind in dieser Gesellschaft was Gleichberechtigung angeht, hab ich ja grade gesagt, bei den Migranten wegen, wegen der kulturellen Zugehörigkeit gibt es sehr, sehr große Diskrepanzen. Sehr sehr große. Also, und da ist, da kann man jede Menge was tun. Ich beobachte das, wie gesagt, bei meinen Jugendlichen.

Sowohl bei, bei, bei den Mädels, die selbstbewusst werden und den Mund aufmachen und auch wirklich selbstbewusst auftreten. Als auch bei Jungen, bei den Jungs, die einen Schritt zurückgehen, **(Hmm.)** da sie merken, dass sie besser, besser auch damit klar kommen. Das sind, ey, das sind alles, alles Probleme, wie gesagt, ich komm, ich komm ja aus so, so einem Kreis. Ich war 14 als wir hierher kamen. Also. Es gibt, also diese sexuelle Frustration. Also ne? **(Hmm.)** Man, man möchte, man möchte irgendetwas machen. Machen, aber im Kopf sind so viele Grenzen, die dazu dann führen, dass, dass man auf, auf Konfrontationskurs mit, mit den Mädels ist. Als Junge mein ich. **(Hmm.)** Also man möchte, man ist voller Hormone, ich sag mal **(Ja, ja.)** ganz, ganz einfach, man ist voller Hormone, 14-15, möchte, uah, uah, aber wird nicht angenommen, die, die Signale werden missverstanden, **(Hmm.)** und dann geht man auf Konfrontationskurs. Also ich schlage die. **(Hmm.)** Also wenn die mich nicht knutschen will, dann werde ich ihr an den Arsch gehen. Ganz einfach. Also so, pff, mir ist scheißegal alles. **(Hmm.)** So. Und das, das führt dann dazu, dass, wenn irgendjemand **(Hmm.)** mit 14-15 damit anfängt und das nicht richtig, das, das, das nicht richtig behandelt wird, dann ist das mit 18-19-20 ist es so, so, so, so Gewohnheit geworden. **(Hmm.)** Sieht man, sieht man auch, wenn, wenn irgendwelche Probleme auf der Straße oder grade Diskotheken zum Beispiel, ich hab jetzt zehn Jahre (lacht) (unverständlich) gewesen sind und ich musste **(Hmm.)** immer, immer sehen wie schwer es für Migranten ist nicht in die Disco, also grade Männer, nicht in die Disco reinkommen zu dürfen, wie frustriert sie sind. Aber ich kann, könnte genau so gut die Türsteher verstehen warum sie nicht reingelassen werden. **(Ja.)** Weil, wenn du das nicht gelernt hast und in die Disco kommst **(Ja.)** und dann diese Energie, also das ist glaube ich der eine, der, der besten Beispiele, dann, dann bist du auf Konfrontationskurs. **(Hmm. Also würdest du sagen, wenn jetzt zum Beispiel ihr als politische Akteure euch mehr mit dieser,)** Ja. **(mit diesem Thema auseinandersetzt, dann seid ihr auch Multiplikatoren, um das im Grunde auch weiterzutragen.)** Definitiv. **(Okay.)** Also in dieser Hinsicht finde ich es sehr wichtig. **(Hmm.)** Also auf einer, auf der evolutionären Ebene, auf der, auf der primitivsten Ebene mal das ziemlich früh anzugehen. Da, da, da, da, da können wir dann halt diese Gendergeschichte und Gleichberechtigungsgeschichte können wir mal richtig gründlich mal angehen. **(Hmm.)** Ziemlich früh anfangen, damit später die Probleme nicht da sind. **(Hmm.)** Also wie gesagt, ich kann das auch verstehen, dass es wichtig ist, auch wenn es mich nicht interessiert, wenn, wie es bei einer rituellen Wäsche ist, dass ein, ein, ein Mann eine Frau nicht anfassen darf. **(Hmm.)** Gut, alles klar. Aber in Bezug auf die Zukunft wird es sich nicht viel ändern. **(Ja.)** Also mein, mein Thema ist immer die Zukunft und die Weitsicht, also, und deswegen halt bei den Jugendlichen anfangen. Da ist, da ist wirklich sehr sehr großer Handlungsbedarf da. Leider haben wir das bis jetzt im Migrationsausschuss und auch sonst, haben wir das nicht **(Hmm.)** richtig behandelt. Es gibt auch zum Beispiel welche, Partizi, also Landesjugendplan, Partizipation, aber ich hab bis jetzt dieses Thema ein einziges Mal haben wir die Ehrenmorde mal dann gehabt als **(Hmm.)**, es gab sogar auch mal eine, eine große Kampagne **(Ja.)** von der Landesregierung mit Plakaten und, und Broschüren und so. Aber dann war's das auch. So wie sonst hat mein ein Batzen Geld zur Verfügung gestellt und man ist es angehen, fand ich gut aber. **(Hmm.)** Fand ich sehr gut. **(Okay.)** Ich, ich überlege, ob ich jetzt mal im Rahmen meiner, meiner Schultour dieses Thema noch mal angehen soll. **(Hmm.)** Ich hab immer 90 Minuten. Die Begeisterung ist extrem groß, also ich freu mich auch super selber. Die Lehrer kommen dann zu mir und sagen "Hey, wie haben Sie es geschafft, dass die nach 5 Minuten ruhig waren?" Das sind, die hassen Bücher, die hassen lesen, die haben vorher gedacht da kommt ein Trottel (lacht) und, und, **(Ja.)** und erzählt uns jetzt irgendwas. Aber nach 5 Minuten war Ruhe gewesen. So. Und ich merke, ja, das ist Infotainment, was ich dir gesagt habe. **(Ja, ja.)** Also und ich komm ja, (ganz leise) ich komm aus von (unverständlich), ich komm von, von der Bühne. Ich, ich, ich weiß wie ich die Leute, die Leute begeistern soll. Aber viel wichtiger finde ich auch die Themen, die ich mal anspreche, **(Hmm.)** sind wichtig. Das, was ich dir gesagt habe. Deutschland ist das Land der unbegrenzten Möglichkeiten. Seht mal zu, dass ihr mal euren eigenen Weg findet, was das auch immer **(Ja.)** ist. Und das kommt dann gut an. Weil da ist einer, der schwafelt, der ist genauso wie die gewesen **(Ja, ja, klar.)** und ist genauso wie die. Und ich überlege, ob ich das mal mit, weil ich muss mal auch ehrlich sagen, also wenn ich mal beobachte, nach der Lesung sind es von zehn Leuten, die auf mich zukommen, sind 7-6 sind Mädchen. **(Hmm.)** Also komm, komm, kommen, kaufen die Bücher, schreiben mir dann, bedanken sich und ich find das toll. **(Hmm.)** Ich find das toll, weißt du, die ist, die Empfindsamkeit für so was **(Ja.)** ist dann ziemlich groß. Meistens Kopftuchmädchen. **(Hmm.)** Also die Fotos sind. auch so mehr auf Facebook, es ist, ich finde, weißt du, England was bewegt sich. Und deswegen hab ich mir immer gedacht, dieses Thema gehe, gehe ich jetzt mal gezielt an. **(Hmm.)** In diesen 90 Minuten. Ich hab auch Stellen in meinem Buch, wo ich, wo ich dieses Thema (unverständlich), ah ja gut, wollte ich nur gesagt haben. **(Ja, okay. Gut. Dann sind wir fertig. Danke schön.)** Danke auch.

Interview 6 – Person F

Leitfadeninterview zur Vertiefung der Ergebnisse der Fragebogenerhebung zum Thema „Erfahrungen, Umsetzungen und Handlungsansätze gleichstellungspolitischer Themen im Ausschuss für Migration und Integration der Stadt Bochum."

Einleitungstext s. Interview 1

Interviewerin: Okay. Können Sie mir zunächst noch mal Ihren Namen und die Gruppe, der Sie im Ausschuss für Migration und Integration in Bochum angehören, nennen? Und mich würde interessieren, wie Sie in den Ausschuss gekommen sind.

Befragter: ███

Interviewerin: Okay. Ich möchte nun zunächst auf die Ergebnisse der von mir durchgeführten Fragebodenerhebung bezüglich der Hauptaufgaben des Ausschusses für Migration und Integration eingehen. Zu den drei meist genannten Hauptaufgaben des AMI gehören laut der Angaben der Befragten Mitglieder: 1. die Förderung der kulturellen, sozialen und sprachlichen Integration von Menschen mit Migrationshintergrund; 2. die Interessensvertretung von jungen und alten Migranten, sowie deren Grundversorgung; und 3. die interkulturelle Öffnung der Stadt Bochum, also der Stadtverwaltung. **Welche der zuvor genannten Hauptaufgaben halten Sie persönlich für besonders wichtig und warum? Und würden Sie diesen Angaben noch etwas hinzufügen aus Ihrer Perspektive?**

Befragter: Also fangen wir hinten an, also hinzufügen würde ich eigentlich nichts, weil das wirklich auch glaube, dass das so die drei Hauptaufgaben sind. Ähm, ich glaube die interkulturelle Öffnung der Stadt Verwaltung, ähm, würde ich dann schon als, weiter nach vorne schieben, weil wir das glaub ich auch viel unmittelbarer im Ausschuss wirklich auch mitbestimmen können. Natürlich können wir gucken wo wir vielleicht gute Projekte auch zur Sprachförderung haben, die wir fördern können, ähm, bei der Pflege können wir natürlich auch gucken, von älteren Migranten uns einsetzen, dass zumindest in den Städten Altenpflegeheime da Sachen zusammen gemacht werden, aber vielfach ist ja da auch die Einflussnahme der Politik dann auch beschränkt. Die Verwaltung, ähm, da kann man dann nur im Zusammenspiel mit anderen Akteuren, ähm dann vielleicht irgendwas machen. Mit runden Tischen, dass man sich da mit anderen auseinandersetzt. Bei der interkulturellen Öffnung, haben wir ja unmittelbar auch den Zugriff dann gewissermaßen. Und können uns, ähm, dann auch dementsprechend viel besser dafür einsetzen, ähm. Wir haben ja, ähm die Charta der Vielfalt in Bochum ja bereits verabschiedet, die ja den Grundvorgaben entsprechend auch vorsieht, ähm, da müssen wir weiterhin, ähm, dran arbeiten und gucken das wir uns neue Kompetenzen auch wenn wir Neueinstellungen in der Verwaltung haben auch ähm holen. Ich persönlich bin dann allerdings dann auch der Meinung, dass wir da wie es durchaus auch schon mal diskutiert wurde nicht mit einer Quote arbeiten, also dass es wirklich eine Migrantenquote gibt oder so, da halte ich wirklich nicht viel von, ich halte auch nichts davon ne anonymisierte Bewerbung zu machen, ähm, weil das in gewissermaßen positiv Diskriminierung eigentlich eher erschwert. Wenn wir also auch speziell vielleicht ähm an bestimmten Punkten uns Migranten ran holen wollen, weil wir die Sprachkompetenz, kulturelle Kompetenz hier rein holen wollen haben wir da ja dann Schwierigkeiten bei einer anonymisierten Bewerbung da wir im ersten Schritt diese positive Diskriminierung gar nicht machen können.

Interviewerin: Hmm, okay. Auf die Frage nach der Migrantengruppe, welche die inhaltliche Arbeit des Ausschusses für Migration hauptsächlich umfasst, wurden die Gruppen der türkischen Migrant_innen, der russischen Migrant_innen und die der Flüchtlinge bzw. der unbegleiteten minderjährigen Flüchtlinge genannt. Weitere Nennungen entfielen auf iranische, polnische, irakische und syrische Migranten. **Auch hier, können Sie mir, aus Ihrer persönlichen Sicht heraus schildern, welche der zuvor genannten Gruppen die hauptsächliche inhaltliche Arbeit des AMI ausmacht und warum das so ist?**

Befragter: (kurze Pause) Ja, das ist sicherlich, wie man so schön sagt die türkische Community. Die ist hier sicherlich im Fokus, weil das allein ähm, aufgrund des Migrationshintergrundes derjenigen Leute die hier eben ähm, halt die Migranten die hier eben wohnen eben die große Gruppe, schlicht und ergreifend ist und wir haben ja sowieso die Situation auch, dass dadurch das wir die Migrantenvertreter in der Wahl frei bestimmen, da auch immer eine starke Gruppe, eben die deutlich aus diesem, diesem Kulturkreis eben entsprechend kommt oder sich spießt und wir da, deshalb ist natürlich, deshalb da ein besonderer Fokus auch immer drauf, muss auch so sein, wenn es eben die große Gruppe ist, **(Hmm.)** gibt es da ja auch das meiste zu tun. Ähm, russisch, ähm natürlich auch, aus den Ostblockstaaten, wo wir ja auch viel die Kontingentflüchtlinge gekriegt haben, die ja jetzt eben ähm, ja über die die über den jüdischen Glauben entsprechend da sind und das ist ja sicherlich auch eine Sache, aber da haben wir in Bochum ja auch viel geschafft mit der neuen Errichtung der Synagoge und ähnliches mit einer sehr rührigen Gemeinde die da ist ähm das sind so die, die Hauptgruppen denen man jetzt ganz ganz genau entsprechend bearbeitet. Hab ich jetzt einen Aspekt vergessen? **(Ähm. Ja, die Flüchtlinge, also die wurden halt relativ häufig genannt auch die unbegleiteten Minderjährigen.)** Hmm. **(Also anscheinend ist da auch nen besonderer Fokus, zumindest von denen die an der Fragebogenerhebung teilgenommen haben.)** Flüchtlinge, ist eben auch nen wichtige Frage für die kommunale Arbeit, wie es eben bei der Unterbringung ähm entsprechend ist. Wir haben ja äh, als Stadt Bochum uns eigentlich vorgestellt und es, das hab ich auch unterstützt, dass wir diese Sammelflüchtlingsheime eigentlich die Plätze reduzieren, weil wir sagen, äh, diese Art der Unterbringung wird halt oftmals zum Problem, wenn unterschiedliche Kulturgruppen in einem Haus untergebracht sind die sich vielleicht jetzt nicht gerade ähm besonders gut leiden können, weil da auch eine gewisse Stigmatisierung ist und weil das eben auch kein, kein normales Leben in Anführungszeichen ist. Da haben wir eigentlich einen Fokus drauf gesetzt, äh, oder der sollte da auch in näherer Zukunft halt auch gemacht werden, dass wir stärker, Flüchtlinge halt auch in ganz normalen Wohnungen entsprechend auch im Stadtgebiet entsprechend verteilt unterbringen können, weil da eben auch die Stigmatisierung nicht so gut, nicht so hoch ist. Das wäre eigentlich ein wichtiger Punkt. Nun haben wir aber die Situation, dass ähm die Flüchtlingszahlen ja ähm höher, äh hoch gegangen sind **(Hmm.)** ähm und das wir jetzt darauf reagieren mussten. Ähm und da ne Lösung finden mussten, dass wir eben manche Heim dort, eben dementsprechend nicht äh schon ab ähm abwickeln konnten, um erstmal nen Platzbedarf da zu decken, aber wenn man sich ein Flüchtlingsheim anguckt, wie zum Beispiel in Werne in der Krachtstraße, äh, wer die sich angeguckt hat weiß, wie die müssen auf kurz oder lang, müssen die dicht gemacht werden, weil es schlicht weg kein, ähm, menschenwürdige Unterkunft eigentlich ist. Das ist eine Sache die deswegen da in den Fokus geraten ist und natürlich ähm da auch die Sache ähm um Bochum als weltoffene und tolerante Stadt auch zu zeigen. Bochum ist da halt auch immer wieder an die ewig gestrigen vom zum Beispiel die von Pro NRW die eben ähm am Anfang des Jahres dann gegen die Flüchtlingsheime, also dem Übergangsheim protestiert haben und dass ist auch wichtig das da alle Demokraten ähm zusammenstehen und sagen wir stehen hinter dem Recht auf Asyl und äh wer wirklich Not leidet, Verfolgt wird hat, der muss hier natürlich auch Unterschlupf finden können und wir wollen ähm nicht auf dumpfen Ressentiments irgendwie arbeiten und dann das Zeichen setzen, äh, dass solche Gruppierungen wie Pro NRW und ihre Hetze eigentlich hier entsprechend nicht haben wollen.

Interviewerin: Okay. Aus den Angaben zu den gesellschaftlichen, sozialen und politischen Bereichen, in denen im Bereich der Migration und Integration ein besonderer Handlungsbedarf gesehen wird, gehen sowohl im Allgemeinen als auch auf die Stadt Bochum bezogen folgende Ergebnisse vor: Als besonders wichtig angesehen wird eine gezielte Arbeitsmarkt- und Bildungspolitik für Migrant_innen, der Spracherwerb von Migrant_innen, die gesellschaftliche und kommunalpolitische Partizipation, wie eben schon angesprochen die interkulturelle Öffnung der Stadtverwaltung, sowie die interkulturelle, sowie der interkulturelle Austausch und die interkulturelle Arbeit. Also ich wiederhole noch mal die Aussagen. Gezielte Arbeitsmarkt- und Bildungspolitik, Spracherwerb, gesellschaftliche und kommunalpolitische Partizipation, interkulturelle Öffnung der Stadtverwaltung und interkultureller Austausch und interkulturelle Arbeit. **Auch hier noch mal die Nachfrage, wie schätzen Sie diese Angaben ein und welche Aspekte sehen Sie als besonders wichtig für die Stadt Bochum an?**

Befragter: (kurze Pause). Also das sind also, hmm, da würd ich mich anschließen erst mal an den Punkten, dass das wichtige Sachen sind **(Hmm.)** Entscheidend seh ich nen Punkt immer nen Spracherwerb, weil ähm nur so kann auch wirklich ne, ne Integration wirklich, äh, ähm geschafft werden. Das ist die Grundlage für alles. Ähm, da würde ich, deswegen würd ich das jetzt als, als spezielles Bochumer Problem in dem Sinne eigentlich ansehen, weil das ist nen grundsätzliches Problem **(Hmm.)** von ähm, ähm von Integration und wir müssen eben hier in Bochum gucken dass wir unsere Sachen dann eben da schaffen. Was die ähm, sag ich mal Interaktion, oder bzw. noch bessere Einbindung angeht, solcher Gruppen halt auch in den gesellschaftlich-, politischen Prozess halte ich für ganz entscheidend auch das wir dahin kommen, dass wir kommunales Wahlrecht für Migranten entsprechend kriegen, wir haben ja jetzt bereits äh für die EU Bürger bereits so eine Regelung und hier könnte ich mir sehr gut vorstellen, dass auch äh Migranten außerhalb von EU Staaten die eben eine gewisse Zeit lang hier eben legal entsprechend ihren Aufenthalt schon haben, dass sie eben auch ein bestimmtes Recht bei Kommunalwahlen dazu kriegen, da gibt es Initiativen, da hat es bisher aber leider noch keine entsprechende Mehrheiten gegeben, weil die Union das eben kritischer sieht, aber das wäre für mich nen wichtiger Punkt, den man auch weiter im entsprechenden Fokus haben sollte, dass wir da eben entsprechend mal hinkommen, weil wir haben zwar den Ausschuss wo **(Hmm.)** auch gewählt wird, aber ähm, man merkt es manchmal auch bei den Migrantenvertretern das sie sich da eben nicht als Vollwertig gegenüber den Ratsmitgliedern empfinden, weil natürlich eben die Ratsmitglieder sind ganz anders eingebunden, haben Geschäftsstellen im Hintergrund oder ähnliches **(Hmm.)** und wir haben das eben mit der Konstruktion ja eben auch, dass der Ausschuss ja erst dann beschlussfähig ist, wenn die Ratsmitglieder in der Mehrheit sind. Also wenn es wirklich mal sein sollte, dass drei Ratsmitglieder gar nicht da sind und ähm, äh auch kein Ersatz für ihn da ist, aber alle Migrantenvertreter da sind, dann würd das bedeuten wir können nicht arbeiten. Und das ist natürlich eine Situation die, die überhaupt nicht gut ist, ähm, da wäre es natürlich gut, wenn sich da Dinge natürlich eben auf Landesebene dann entsprechend, da werden die Maßstäbe wieder entsprechend zu ändern, dass man dann halt zu einem echten Ausschuss wieder kommt, der diese Missstände eben nicht hat und ich glaube es ist für die Integration viel hilfreicher wenn da wirklich nicht nur ein Vertreter in einen Ausschuss entsprechend mitbringt, sondern wenn ich wirklich hier seit langer Zeit lebe und hier eben entsprechend auch meinen Lebensmittelpunkt hier auch habe und auf absehbarer Zeit hier weiter leben werde, ist es glaub ich richtig, dass dann auch hier vor Ort diese Sachen mitzubestimmen, weil dann auch die Identifizierung dann auch ganz, ganz anders **(Hmm.)** mit der Stadt und dem Stück Heimat, dass man in dem Moment ja dann entsprechend auch hat und dann wird glaub ich auch vieles, was auch bürgerschaftliches Engagement angeht, auch da denn auch noch weiter äh weiter befördert, weil das äh nicht ganz so dem luftleerem Raum entspricht und schwebt. **(Hmm.)**

Interviewerin: Gut. Das war es im Grunde zu den allgemeinen inhaltlichen Hauptaufgaben des AMI. (Hmm.) Jetzt kommen wir zu den geschlechtspolitischen Themen in der inhaltlichen Arbeit. Nur eine Nennung der befragten Ausschussmitglieder entfiel auf den Aspekt "Gender" als Hauptaufgabe des Ausschusses. **Welche Rolle spielt Ihrer Meinung nach das Thema "Gender " innerhalb der inhaltlichen Arbeit des AMI?**

Befragter: Also, ähm das kam schon mal vor **(Hmm.)** Ähm, dass hat man sicherlich auch im Blick, aber das würde ich tatsächlich jetzt auch so sehen, dass das nicht ne Hauptaufgabe ist. Es ist eine Aufgabe die wir entsprechend halt immer mitdenken müssen, ähm, da hatten wir so nen, da gibt es äh (kurze Pause), da gibt es sicherlich dann äh den Aspekt ähm, was wir bei uns beim Spracherwerb hatten, dass äh oftmals bei Migranten ja die ähm, ja die Problematik ist, auch aus dem türkischen Bereich, dass da dann vielleicht die Männer, weil sie eben arbeiten gehen, das wir dann aber ganz schlecht an die Frauen **(Hmm.)** entsprechend ran kommen und dass da eben Projekte gibt wo man da halt stärker versucht den Sprachkompetenz an diese Leute dann entsprechend ranzukommen und da dann halt zum Beispiel halt den Kindern in der Schule sind und dort Maßnahmen ergriffen werden, dass man über diesen Weg dann vielleicht auch an die Eltern kommt und da den Spracherwerb auch stärken kann. **Warum glauben Sie denn dass die anderen Hauptaufgaben als wichtiger eingeschätzt wurden? Also Sie haben jetzt eben gesagt, ja okay, das gibt es, das kommt vor, das denken wir mit, aber wie gesagt nur eine Person** (Ja.) **hat das explizit genannt. Ist vielleicht die Aufgabe des Ausschusses eine andere?** Ich glaube ja, weil das, weil wir Migration ist ja eben eine Querschnittsaufgabe, es ist, wir haben ja sowieso nen Problem, da in einem Bereich arbeiten der sowieso eine Querschnittsaufgabe ist. Wir müssen ja alles entsprechend als Ausschuss eigentlich bearbeiten, geben Anregungen für alle Politikbereiche herein und ähm da tun wir uns dann vielleicht schwer gewissermaßen da dann die Schwerpunkte zu setzten, weil wir ja auch noch ein anderes kommunales Gremium haben, ähm, mit dem Frauenbeirat der eben vielleicht stärker diese Genderfragen auch, auch im Fokus hat, aber da nimmt man, da nehm ich vielleicht auch mal selber für meinen Hinterkopf mit, das mal man da gucken sollte diese beiden Gremien auch mal zusammenführt und da vielleicht mal ne Bestandsaufnahme macht und guckt was kann man da vielleicht in Zukunft vielleicht mal stärker auch fokussieren und machen. Ich sag mal da ist dann so eine Umfrage wie ihre auch hilfreich, um mal selber das eigene politische tun noch mal zu hinterfragen. **Okay, warum glauben Sie denn wurde dieser Aspekt nur so selten genannt?** (kurze Pause) Ja, weil wahrscheinlich (kurze Pause) die anderen Fragen dann erstmal als dringender äh angesehen wurden. Das wird wahrscheinlich der Grund sein. Auch bei den anderen, also ich kann mir jetzt nicht vorstellen, dass ähm man jetzt sagt das ist jetzt überhaupt kein Thema für uns, das interessiert uns nicht. Ich würde es also dann auch nicht als so gewichtig, ähm, als so nen Missstand deklarieren, dass dem jetzt vielleicht nicht die Hauptaufgabe in den Nennungen da jetzt so häufig dann vorgekommen ist. **Wie wichtig finden Sie denn den Aspekt „Gender" in der inhaltlichen Arbeit des AMI?** (kurze Pause) Also, wo, wo es jetzt Probleme jetzt vielleicht in diesem Bereich gibt, ähm, da muss man dann daran arbeiten, ähm. Also wie gesagt das ist meine Meinung, da auch immer, immer, immer drauf guckt und ähm das man guckt wo, wo da, wenn es jetzt ähm gleichberechtigte Teilhabe geht oder so, dass man da auch versucht an den Missständen die dann auch da sind zu arbeiten. Das sind so die Punkte. **Okay, jetzt noch die letzte Nachfrage dazu.** (Ja.) **Sehen Sie denn konkreten Handlungsbedarf in der Arbeit des AMI in Bezug auf geschlechtspolitische Themen und wenn ja, welche?** Also ich würde akuten Handlungsbedarf eigentlich nicht sehen, wobei ich eigentlich schon den Eindruck habe, wie ich es eben schon erwähnt habe, dass es immer, immer durchaus mitgedacht wird. Es ist sicherlich nen Punkt, wie ich erwähnte, dass man dafür auch vielleicht mal stärker draufgucken muss und dass man auch vielleicht mal neue Kooperationen auch mal vielleicht auch findet, ähm, aber das wären jetzt so die Punkte.

Interviewerin: Okay. Auf die Frage, ob der AMI mit gleichstellungspolitischen Institutionen (Hmm.), also zum Beispiel dem Frauenbeirat oder der Gleichstellungsstelle kooperiere, gaben nur zwei der befragten Ausschussmitglieder an, dass es eine solche Kooperation gibt. Die anderen zehn befragten Mitglieder, gaben an, dass es entweder keine Kooperation gibt, sie von keiner Kooperation wüssten, oder machten keine Angaben. **Wie schätzen Sie diese Angaben ein? Gab es bzw. gibt es Kooperationen zu den zuvor genannten Institutionen und wenn ja, wie sehen diese Kooperationen aus?**

Befragter: Also die Gleichstellungsbeauftragte oder ähnliches hatten wir schon mal bei Sitzungen dabei, ähm, wenn ich mich da richtig erinnere, dass ist sicherlich der Aspekt der funktionierte. Frauenbeirat, muss ich wirklich sagen, hab ich nicht in Erinnerung, dass dort eben mal ma eine gemeinsame Sitzung gemacht hat, oder ein gemeinsames Projekt oder ähnliches und das wäre jetzt halt eben nen Punkt, der wirklich mal angegangen werden müsste, verbessert werde müsste, da muss ich sagen, äh, war mir vorher jetzt auch nicht so, nicht bewusst geworden (Hmm.) das ist jetzt durch die Umfrage jetzt so ne Sache die wo man sich sicherlich da jetzt nen Fokus vielleicht noch mal drauf nehmen sollte. **Also würden Sie, noch mal als Nachfrage die Einschätzungen Ihrer Ausschusskollegen im Grunde teilen?** Ja. Okay. Ja. Also es ist jetzt als Bestandsaufnahme, ist das weitgehend so richtig, aber das da sieht man eben das es da eben da durchaus halt auch Handlungsbedarf oder ne Idee für weitere Kooperationen dann eben entsprechend auch gibt. **Okay.**

Interviewerin: Im Integrationsaspekt der Stadt Bochum ist der Aspekt des "Gender Mainstreaming" als eine Hauptaufgabe für die Arbeit aller daran beteiligten

Akteur_innen verändert. **Was verstehen Sie unter dem Aspekt "Gender Mainstreaming"? Und sehen Sie konkrete Umsetzung dieser Handlungsanweisung in der Arbeit des AMI? Und können Sie mir vielleicht konkrete Beispiele dazu nennen?**

Befragter: Ein konkretes Beispiel aus der Arbeit könnte, könnte ich jetzt nicht nennen. Also für mich Gender Mainstreaming ist äh Chancengleichheit. (Hmm.) Als entsprechender Punkt, dass man dort äh eben keine Diskriminierung aufgrund des Geschlechts entsprechend vornimmt. Ähm, ich halte viele Diskussionen, die dann manchmal geführt werden was man vielleicht auch ein bisschen als polemisch ansehen könnte, in gewisser weise mit verbindet, ähm, was Sprache angeht, nicht für so entscheidend. Also ich halte nicht viel von der Diskussion ob wir jetzt ein Gender-Gap-Binnen-I oder sonst irgendwas da ähm in offiziellen Publikationen der Stadt irgendwie reinbringen und ähm man sollte da jetzt auch nicht in Sprachverwirrung kommen, wie es jetzt in Hannover jetzt geschehen ist, ob man jetzt Fußgängerzone nicht jetzt besser Flaniermeile nennen sollte. Weil Fußgängerzone ja ein männlich besetzter Begriff wär und Zone nur militärisch, das wären demnach also Nebenschaukriegsplätze auf die ich mich nicht begeben wollte, sondern da wirklich gucken das Gleichbehandlung auch wo wir da auch sicherlich als öffentliche Institution in der Verwaltung zum Beispiel es auch einfacher haben was Bezahlungen angeht und da nicht so die Gleichheit gegeben ist wie in der Wirtschaft und da so für eine Gleichbehandlung sorgt. Ich mein und sonst das jetzt vielleicht nicht ganz so ernst zu nehmen, müssen wir vielleicht auch manchmal auch im politischen Bereich Männerbeauftragte haben, denn wir haben ja eine Bochumer Oberbürgermeisterin und drei Bürgermeisterinnen als Stellvertreterinnen, so gesehen ist Bochum da etwas flapsig gesagt auch in dieser Repräsentation nach draußen eigentlich auch auf einem sehr, sehr guten Weg. **Sie haben gesagt es gibt keine konkreten Umsetzungen, oder bzw. keine konkreten Beispiele? Jetzt ist das im Integrationskonzept verankert, ja als eine Haupthandlungsaufgabe, wie könnte denn so eine Umsetzung in der Arbeit des AMI aussehen?** (kurze Pause) Das ist da glaub ich auch eher als Merkposten angesehen worden **(Hmm.)** ähm und dass man da jetzt vielleicht auch wirklich was weiß ich, ich tu mich da jetzt selber auch schwer muss, muss ich ganz ehrlich sagen. Da jetzt konkrete Projekte zu benennen oder was vorzugeben, muss ich jetzt, weil ich auch von mir selber sagen jetzt bisher nen politischer Aspekt, den ich jetzt nicht besonders in den Vordergrund gestellt habe, deshalb könnte ich da jetzt noch nicht mal etwas wirklich dazu sagen, sondern kann es jetzt auch in gewisser Maßen, das jetzt nehmen, also die Umfrage, dass das eine weitere Sensibili-

215

sierung ist und dass man da auch von unserer Seite aus etwas stärker drauf guckt und dann Konzepte und ansonsten kann ich zu dem Punkt entsprechend jetzt auch nichts sagen.

Interviewerin: Dann sind wir schon bei der letzten Frage. **Gibt es denn etwas, von dem Sie glauben, dass es, dass Sie es persönlich aus einer Auseinandersetzung mit gleichstellungspolitischen Themen lernen würden, bzw. wie durch eine intensivere Auseinandersetzung die inhaltliche Arbeit des Ausschusses beeinflusst werden würde?**

Befragter: Also da wahrscheinlich auch noch mal eine Sensibilisierung für die Themen (kurze Pause) Also beim Ausschuss sicherlich das man vielleicht neue Ideen entwickelt und für mich eben auch was ich eben gerade auch schon nen Stückweit genannt habe, vielleicht auch einfach nen bisschen stärker darauf zu gucken, das würde ich für mich jetzt nicht abstreiten, dass das vielleicht auch nen Aspekt ist, den man selber auch in der politischen Arbeit noch nicht so im Fokus hatte. Ich glaube das da das Hinterfragen vieler Dinge könnte dazu führen, dass man wirklich eine verstärkte Wahrnehmung hätte. **Und würden Sie sich denn wünschen sich im Ausschuss mit diesem Thema mal auseinanderzusetzen?** Durchaus, warum nicht. Es ist jetzt auch nicht so, dass wir in dem Ausschuss an Überarbeitung leiden, wir haben da sicherlich Raum uns auch da neue Schwerpunkte zu setzen. **(Hmm.)** Und ähm, das wäre sicherlich eine Sache die auch in der künftigen Arbeit, dieser Ausschuss hat ja noch nen gutes Jahr, wo er noch mal Schwerpunkte setzten kann und nach der nächsten Kommunalwahl wird er ja vielleicht neu zusammengesetzt, aber das man da jetzt vielleicht die Zeit die wir bis dahin noch haben, dass wir da vielleicht noch mal das vielleicht auf die Schiene setzen und das vielleicht im künftigen neuen Ausschuss, der nicht noch mal von null anfangen muss, sondern wir vorarbeiten leisten.

Centaurus Buchtipp

Almut Kipp

»Alltagswelten« obdachloser Frauen

Theaterpädagogik als Methodik der (Re)Integration

Gender & Diversity, Band 11
2013, 204 S., br.,
ISBN 978-3-86226-248-9, € **24,80**

Obdachlose Frauen stellen noch immer ein soziologisch schwer fassbares Phantom dar, bewegen sie sich in ihrem täglichen Daseinskampf doch mehr oder weniger anonym innerhalb unserer Gesellschaft. Einige sammeln Pfandflaschen, andere durchforsten die Abfallcontainer in den Hinterhöfen der Lebensmittelfilialen. Bisweilen tauchen sie in niederschwelligen Hilfeeinrichtungen auf, bleiben ansonsten aber unsichtbar...

Ausgehend von stadtsoziologischen Raum- und Aneignungsstrategien werden – neben rechtlichen Problematiken – die weibliche Wohnungs-/ Obdachlosigkeit im Sinne des Lebenslagen-Ansatzes untersucht, wobei ihre spezifischen Lebensverhältnisse und subjektiven Deutungsmuster ebenso wie ihre Überlebens- und Bewältigungstaktiken innerhalb realer „Alltagswelten" als ein Strukturmerkmal für die gesellschaftliche und geschlechtsspezifische Verteilung von Chancen und Risiken analysiert werden.

Ferner wird der Frage nachgegangen, ob über Theaterpädagogische Ansätze eine (Re)Integration obdachloser Frauen als Reproduktion der sozialen und geschlechtlichen Ordnung erreicht werden kann.

www.centaurus-verlag.de

Gender & Diversity

Miriam Soudani
»Männer schlagen keine Frauen?! – Und umgekehrt?«
Das Gewaltverhalten von Mädchen und jungen Frauen
Band 10, 2013, 270 S., br.,
ISBN 978-3-86226-218-2, **€ 24,80**

Nicole Majdanski
Männer »doing« Gender!
Väter in Elternzeit
Band 9, 2012, 135 S.,
ISBN 978-3-86226-192-5, **€ 19,80**

Marlene Alshut
Gender im Mainstream?
Geschlechtergerechte Arbeit mit Kindern und Jugendlichen
Band 8, 2012, 190 S.,
ISBN978-3-86226-191-8, **€ 20,80**

Ümit Koşan
Interkulturelle Kommunikation in der Nachbarschaft
Zur Analyse der Kommunikation zwischen den Nachbarn mit türkischem und deutschem Hintergrund in der Dortmunder Nordstadt
Band 7, 2012, 248 S.,
ISBN978-3-86226-177-2, **€ 25,80**

Garnet Katharina Hoppe
Selbstkonzept und Empowerment bei Menschen mit geistiger Behinderung
Band 6, 2012, 130 S.,
ISBN 978-3-86226-163-5, **€ 18,80**

Elisabeth Heite
Bürgerschaftliches Engagement älterer Menschen im Stadtteil
Gleiche Beteiligungschancen und Mitgestaltungsmöglichkeiten für alle?
Band 5, 2012, 130 S.,
ISBN 978-3-86226-132-6, **€ 18,80**

Katja Nowacki (Hrsg.)
Pflegekinder
Vorerfahrungen, Vermittlungsansätze und Konsequenzen
Band 4, 2012, 278 S.,
ISBN 978-3-86226-124-6, **€ 24,80**

Marianne Kosmann, Harald Rüßler (Hrsg.)
Fußball und der die das Andere
Ergebnisse aus einem Lehrforschungsprojekt
Band 1, 2011, 164 S.,
ISBN 978-386226-050-8, **€ 18,80**

Informationen und weitere Titel unter **www.centaurus-verlag.de**

MIX
Papier aus verantwortungsvollen Quellen
Paper from responsible sources
FSC® C105338

If you have any concerns about our products, you can contact us on
ProductSafety@springernature.com

In case Publisher is established outside the EU, the EU authorized representative is:
**Springer Nature Customer Service Center GmbH
Europaplatz 3, 69115 Heidelberg, Germany**

Printed by Libri Plureos GmbH
in Hamburg, Germany